William Acker

Où sont les « gens du voyage » ?

Inventaire critique des aires d'accueil

éditions du commun

Les Éditions du commun reçoivent le soutien financier
de Rennes Métropole et de la Région Bretagne.

Maquette couverture : Clément Buée – www.clementbuee.fr
Illustration de couverture : Lucie David
Traitement des photos aériennes : Philippe Rivière, visionscarto.net
Maquette intérieure : Lucie Quézin et Marine Ruault
Relecture : Émilie Bernard, Sylvain Bertrand, Manon Fillonneau, Philippe Rivière et Benjamin Roux

Éditions du commun – Rennes
www.editionsducommun.org

Les données ainsi que le prolongement numérique de ce travail sont accessibles librement à l'adresse : www.editionsducommun.org/ousontlesgensduvoyage

ISBN : 979-10-95630-39-5
Dépôt légal : avril 2021

SOMMAIRE

À mon grand-père, Roland Robin.

LE PARKING

Parce que c'est toujours un peu la même histoire,
il convient de ne jamais la laisser passer.
Cécile Canut[1]

C'était un mois d'août brûlant, l'asphalte collait aux souliers dans ce non-lieu situé à l'arrière d'une usine ou peut-être d'un entrepôt qui ne servait plus depuis longtemps. Sur le goudron noir dansaient des flammes sans feu, nous cramions. Le terrain, grêlé d'innombrables nids-de-poule, ressemblait à un champ de bataille. Les mauvaises herbes poussaient avec nous depuis les interstices. Des déchets, papiers et plastiques parsemaient le parking, comme nous parsemions les espaces laissés vides.

La grande-tante faisait ici une halte, sa caravane trônait, seule, au centre du *no man's land*. Dans le pays comme partout s'organisait une chasse aux nous, ceux qui ne doivent pas vivre en dehors de leurs espaces réservés. Alors faute de mieux le parking brûlant et abandonné servait de repli.

La grande-tante servit une grenadine fraîche et un café. Chez elle, il y avait toujours du café. Son hospitalité détonnait dans ce coin oublié, elle souriait les yeux plissés et le front dégoulinant.

Ce souvenir ressurgit en 2019 dans une salle de la clinique de Saint-Denis. Papou était malade, la famille espérait dans une attente interminable. Tous les jours pendant quatre mois la famille occupait l'espace, suscitant tantôt la défiance, l'agacement, tantôt l'admiration du personnel hospitalier. Papou était un pilier, nous venions faire bloc comme des claveaux sur une clé de voûte et pour conjurer la peur de l'effondrement, les souvenirs heureux se mêlaient aux inquiétudes. Les médecins ne comprenaient pas pourquoi nous restions là à attendre. Pour ne pas avoir à répondre aux innombrables questions de la famille, ils évitaient de passer devant la salle. La famille n'avait pas la main sur la maladie, il fallait donc s'en remettre entièrement aux sachants, ce qui n'arrive qu'avec la maladie. Perdre le contrôle n'est pas acceptable, la famille sait que dans ces situations le risque de se faire

1. Il s'agit d'un mot qu'elle m'a adressé comme dédicace d'un de ses ouvrages.

endormir est trop important. Le Voyageur demande, il espère, il patiente, puis il n'a rien, c'est toujours comme ça.

Par sa simple présence, la famille exerçait une pression constante. Une vingtaine de Voyageurs dans une salle d'attente suffit le plus souvent à motiver les troupes. Une incompréhension mêlée de crainte, partout, tout le temps. Mais ce que les médecins ne pouvaient comprendre, certaines infirmières parvenaient à le saisir. La famille avait peur qu'une fois de plus sa condition ne soit un obstacle à son traitement juste. Le parking est en cela une analogie, la crainte de recevoir les Voyageurs dans sa ville pousse à les chasser, la crainte d'être chassé pousse à lutter. Ces sentiments antagonistes obligent à instituer un rapport de forces dans toute situation, et en l'absence de confrontation ils contraignent au qui-vive permanent. Le Voyageur se prépare sans cesse au conflit, il sait qu'il viendra. Alors dans cette salle d'attente face à une énième situation d'incertitude, face aux positions d'alarme, à ces corps à l'affût, la vue de ces visages familiers imposait une question : quels sont les résultats de ces luttes ? En regardant la grande-tante, le parking revenait, en regardant l'oncle c'était l'arrière d'usine, pour la mère c'était l'aire d'accueil de Lannion. Chaque visage s'associait à un lieu : des rues que de nous, des zones commerciales ou industrielles, des terrains inondables, des espaces de goudron et de grillage, des lieux réservés aux « gens du voyage ».

Sans comprendre le parking, il est impossible d'entendre les discours. Ainsi lorsque les plus jeunes de la famille expriment quelques fiertés excessives, la grande-tante rappelle le passé, celui de la pauvreté, de l'errance et de la mise au ban. Celui de la guerre et de l'après-guerre, ce passé à ne pas oublier pour apprécier le présent. Du passé elle tirait cette aptitude à accepter le parking comme repli temporaire, perdre une bataille n'est pas une honte. Elle avait un passé, nous n'avions pas de mémoire. À peine savait-on pour ces doigts cassés, la faim et les mauvais traitements subis par l'arrière-grand-mère dans les camps pour « nomades »[2]. Vaguement savait-on pour les morts.

Papou, né en 1945 parlait sans cesse de la guerre qu'il n'avait pas connue, mais qui avait détruit et construit sa vie. Il parlait des camps de Coudrecieux (72), de Mulsanne (72) et de Montreuil–Bellay (49), il parlait de sa mère, de ses projets de stèles, il luttait contre l'oubli. Cette barbarie faisait partie de ses réflexions. Sa vie était faite de voyages et de métiers variés : docker,

2. La loi du 16 juillet 1912 dite « loi sur l'exercice des professions ambulantes et la circulation des nomades » crée le statut juridique de « nomade ».

routier ou marchand. Une vie en camion, en caravane, en maison ou en mobile-home, une omniprésence de la nature dans ses récits, la chasse, les champs, les forêts, son *djoukel*[3] et les *niglé*[4].

Sa fille, ma mère, évoque souvent son premier lieu de vie, le plateau de la Marine, un bidonville de la Pallice, quartier portuaire de La Rochelle. Elle y vivait avec Papou, dans une caravane posée au milieu de cabanes en tôle. Le plateau de la Marine c'était un environnement industriel, fait d'usines, de voies ferrées, de métal, de béton et de terre. Dans ces souvenirs maternels apparaît l'idée d'une succession de périphéries et d'espaces ségrégés où la nature ne fait plus que de rares apparitions et où le Voyageur continue de brouiller les pistes. L'arrière des camions qui amènent à la plage, les chevaux de Papou, les hivers rigoureux où « on cassait la glace avant de laver le linge ». Elle évoque aussi son premier drame, lorsque le voyage a cessé, lorsque la caravane s'est arrêtée en Seine-Saint-Denis, puis au pied d'un complexe HLM à Chelles (77). Son drame a nourri un irrépressible besoin de voyage. Comme les autres, elle garde et transmet du voyage une préparation continuelle au conflit et une lutte pour la liberté. L'un ne va pas sans l'autre.

Il faut une mémoire pour comprendre le parking.

De manière récurrente, dans les moments heureux ou tristes, coexistait dans la famille une forme de résilience naturelle, mais aussi une posture d'attente. Aux beaux jours les caravanes partent, aux mauvais ils reviennent, ça respire. Les lieux où les membres de la famille vivent, les places où ils s'arrêtent, ceux dont ils sont propriétaires servent de *tempo*. Ils ne sont pas seulement là, ils sont là maintenant. Et comme une respiration les lieux se font oublier, à l'image d'une toux récurrente, ils deviennent invisibles.

Nous avions notre chez nous, il s'agissait d'un fond de chemin en Seine-et-Marne, coincé aux frontières de la commune, entre une zone commerciale et des cultures de maïs. Le chemin était partiellement goudronné, jusqu'au portail de la dernière maison de Gadjé[5], ça s'arrêtait là. Après c'était de la terre, pour nous c'était la terre. Là où la ville cessait, nous étions. Le week-end la famille s'armait de brouettes pour remplir les trous incommodants. Les demandes à la mairie restaient lettre morte.

3. Chien en langue manouche.
4. Hérissons en langue manouche.
5. Non-Rrom, non-Voyageur en langue romani.

Des décennies de procédures et de luttes pour ce simple revêtement furent satisfaites lorsque la mairie décida d'installer un programme de logements sociaux au bout du chemin. La ville qui nous avait relégués à ses frontières venait aujourd'hui nous absorber.

Cette anecdotique lutte pour l'urbanité s'ajoute à une bataille globale. L'existence des carnets de circulation, l'impossibilité d'accéder au droit de vote, les refus d'accès à l'eau, le traitement administratif, ce renvoi incessant à notre condition de Voyageur, l'impression de ne pas être chez soi dans son propre terrain, n'offraient que peu de perspectives. Au lycée personne ne savait, là-bas j'étais le seul. Le soir je prenais le bus pour rentrer, j'étais accompagné d'une camarade de classe qui vivait dans un quartier pavillonnaire à deux pas. Elle m'invitait souvent chez elle après les cours, j'en profitais pour fumer une cigarette avant de rentrer chez moi. Un jour je décidai de l'inviter en retour, lorsqu'elle su où je vivais elle refusa et me mit en garde : « il y a des gitans là-bas, c'est dangereux ».

Un paradoxe : cette remarque me donnait envie, l'altérité me donnait envie. La conviction d'être légitimement à sa place, de mériter ce privilège qui ne tient qu'au simple fait d'être bien né, au point de ne pas avoir à le penser, semblait offrir une sorte de tranquillité que j'enviais. Le parking s'éloignait.

Papou encourageait cette envie, il voulait un petit-fils avocat pour défendre les Voyageurs. Mais après cinq années à étudier le droit, un sentiment de malaise persistait. Si le parking existe c'est parce que la loi non seulement le permet, mais aussi l'organise. Notre place est désignée, choisie et séparée. Nos places sont celles qui restent. Derrière le cadre légal imposé aux « gens du voyage », il est possible de saisir l'existence d'une gestion de l'indésirable au quotidien. Dans le cadre légal, il est possible d'entrevoir l'esprit conditionné des rédacteurs. Lorsque le jardinier passe sa vie à arracher les mauvaises herbes, difficile de comprendre qu'elles font aussi partie du paysage.

En 2018 je reste bouleversé à la lecture d'un article de l'anthropologue Lise Foisneau[6], intitulé « La crainte des Roms. Pratiques romanès de la défiance »[7].

---

6. Lise Foisneau est anthropologue à l'EHESS, ses champs de recherche sont l'ethnographie des collectifs romani et voyageurs – Histoire des persécutions et des résistances des « nomades » pendant la Seconde Guerre mondiale – Étude critique de l'histoire des sciences sociales portant sur le monde du voyage. (biographie ici : http://lier.ehess.fr/index.php?2506) Je raconte notre rencontre dans la revue *Tracés* en janvier 2020. URL : https://traces.hypotheses.org/2918

7. Lise FOISNEAU, « La crainte des Roms. Pratiques romanès de la défiance », dans *Tracés. Revue de Sciences humaines*, n° 31, 2016. URL : http://journals.openedition.org/traces/6714

Elle y décrit notamment la crainte des mères vis-à-vis de l'école. Je l'ai vu de très nombreuses fois. Nos parents ont eu le plus souvent une scolarité parsemée de rejet, de coloriages au fond de la classe, de refus d'inscription à l'école, de discrimination et surtout d'absence d'école. Lise décrit cette crainte avec beaucoup de finesse. En lisant certaines lignes, il persiste une impression forte, une projection dans mes propres souvenirs, de ma mère ou d'autres femmes de ma famille. Des gestes, des paroles et des postures familières.

Après une première prise de contact et quelques rencontres, Lise me propose de l'accompagner aux archives départementales des Alpes-Maritimes. Elle souhaite me faire découvrir les différents fonds sur les « nomades ». Avec Valentin Merlin, photographe, chercheur et auteur, ils m'ont appris à chercher les informations, les fichiers, les carnets, les notes, tous les éléments qui ont servi à la traque organisée, au contrôle, à l'assignation et à l'internement de ceux que la France appelait tour à tour les « bohémiens », les « nomades » et les « gens du voyage ». Lise et Valentin ont eu une patience infinie et pendant de longues heures m'ont permis d'éclairer, dans le même temps, les parties ombragées d'une mémoire familiale et collective.

En mars 2019, Lise m'invite à travailler avec elle aux archives départementales de la Sarthe. Quelques mois avant elle me transmettait des copies numérisées de documents d'archives sur mon arrière-grand-mère, Micheline Destouches. Une première lettre écrite par sa mère, une demande de libération des camps, puis une liste prouvant son internement avec le reste de sa famille. Je me rends donc au Mans avec beaucoup de joie et d'attente, comme pour un voyage initiatique. Assis dans la salle principale, j'épluche frénétiquement le contenu des cartons demandés. Carnets anthropométriques, fiches individuelles, rapports sur le moral, articles de presse, lettres de dénonciations, notes administratives pour le transfert d'internés, organisation du transport des internés par l'entreprise Renault, listes matérielles, plans des camps, un fatras impressionnant et une première impression : tout le monde savait pour l'existence des camps et leur vocation. En fin d'après-midi, Lise exhume une photographie, un portrait anthropométrique datant de 1947, celui de mon arrière-grand-mère. C'était ma mère en noir et blanc. Dans les fichiers « M » des archives départementales dormaient les documents que Papou a cherché toute sa vie. Du Mans je filais à la clinique de Saint-Denis lui montrer ce portrait, il reconnut sa mère, pendant de longues minutes il m'écouta sans ne pouvoir dire mot. Il partit le lendemain, sa mémoire en héritage.

Le 26 septembre 2019, j'allume ma télévision, Lubrizol est en feu, c'est un site Seveso[8] situé à Petit-Quevilly, près de Rouen (76). Pendant l'été, Lise m'avait longuement parlé de ses travaux sur les aires d'accueil, de ce qu'elle qualifie d'« encampement nomade » en référence à la notion d'« encampement » de Michel Agier[9]. Durant plusieurs semaines elle m'avait donné à lire des articles sur la question, dont un des siens sur les inégalités environnementales dont sont victimes les habitants des aires et comment ces atteintes s'inscrivent dans un continuum historique de discriminations publiques. Dans cet article[10] elle y expose notamment le cas de l'aire d'accueil de Saint-Menet (13), elle aussi située au pied d'un site Seveso.

Ce jeudi matin, face à l'incendie d'un énième site industriel, j'ouvre le « schéma départemental d'accueil et d'habitat des gens du voyage » (SDAHGDV) de Seine-Maritime. Sans grande surprise, une aire d'accueil siège aux pieds de Lubrizol, coincée entre deux sites Seveso. J'envoie un SMS à Lise : *Explosions et incendie en cours sur le site Seveso Lubrizol de Rouen, je regarde le schéma départemental, devine qui on a installé juste en face ? 25 familles dans une aire d'accueil…* Dans la matinée nous appelons les différentes collectivités, mairie de Petit-Quevilly, Métropole Rouen Normandie et Préfecture de Seine-Maritime, sans résultat. Personne n'est capable de nous répondre sur les mesures prises pour protéger les habitants de l'aire d'accueil de Petit-Quevilly. Nous rappelons la Métropole, affirmant être sans nouvelles de mon père résidant sur l'aire, au bout du fil la standardiste prend ma fausse détresse au sérieux et va se renseigner auprès de la cellule de crise. Rien, elle ne peut rien me dire sur l'aire et ses habitants, la cellule ne semble à ce moment-là même pas au courant de sa présence.

L'aire d'accueil de Petit-Quevilly, un espace séparé de plus. Dans une zone dédiée à l'activité industrielle, au bord de la Seine, entourée de sites Seveso et de silos agricoles. Un espace de bitume, de béton, de produits dangereux, d'amiante et de métal. Une absence quasi totale de végétal, une aire d'accueil standardisée comme toutes les autres. Sûrement,

8. Du nom d'un ensemble de directives européennes imposant aux États membres de l'Union européenne de répertorier les sites industriels dangereux. Ces sites sont couramment appelés « sites Seveso ». Ils peuvent être classés « seuil haut » ou « seuil bas » en fonction de la quantité et de la caractéristique des produits qu'ils accueillent.

9. Michel AGIER, « L'encampement du monde », dans : Michel AGIER (dir.) *Un monde de camps*, La découverte, 2014, p. 11.

10. Lise FOISNEAU, « Dedicated Caravan Sites for French Gens du Voyage : Public Health Policy or Construction of Health and Environmental Inequalities ? », dans *Health and Human Rights Journal*, vol. 19, n° 2, décembre 2017.

PETIT-QUEVILLY
49°26'10.9"N 1°03'05.8"E

l'anthropologue Marc Augé la qualifierait de « non-lieu »[11], peut-être que le géographe Jacques Lévy y trouverait un très faible degré d'« urbanité », autrement dit une forte densité urbaine associée à une pauvreté d'« objets de société »[12]. Quel qualificatif retenir ? Où classer ce lieu ? Les questions restent en suspens, quant au constat il est clair : aucun être humain ne devrait avoir à vivre ici.

Nous passons donc un appel sur une page Facebook très suivie par les Voyageurs[13] où nous obtenons quelques témoignages indirects : les habitants n'ont pas fait l'objet d'évacuation ou de mesure de protection. Abandonnés à leur sort au milieu des fumées. Lise et Valentin partent le dimanche pour l'aire d'accueil et arrivent le lundi. Sur place, ils découvrent une aire insalubre de plus, située dans un immonde complexe industriel, dépourvue de local de confinement comme le prévoit pourtant la réglementation en vigueur pour les habitations situées en zone Seveso. Mais l'aire n'est pas considérée comme zone d'habitation, les habitants sont allés seuls solliciter des informations auprès de policiers le jeudi matin et se sont vu interdire d'évacuer avec leurs véhicules. On leur laissait donc un faux choix : la rue ou l'aire. La première visite réelle est celle du gestionnaire de l'aire d'accueil, qui passe une première fois en coup de vent donner trois masques pour l'ensemble des habitants, puis quatre jours après l'incendie pour récupérer les loyers, c'est tout. Sur place des personnes souffrent d'atteintes pulmonaires, tout empeste la fumée, les odeurs d'hydrocarbures prennent à la gorge. Les habitants, pendant l'incendie et les jours qui ont suivi, se sont réfugiés dans leurs caravanes, non étanches et exposées aux fumées.

Avec eux nous décidons de monter une action collective, pour médiatiser le sort de l'aire de Petit-Quevilly, pour faire passer des demandes de relocalisation d'urgence, mais aussi pour évoquer la récurrence du problème de la localisation des aires d'accueil réservées aux « gens du voyage » en France. Quelques jours plus tard, trois collectifs d'habitants d'aires d'accueil[14], Lise Foisneau, Valentin Merlin, Rémy Vienot et moi-même signons

11. Marc AUGÉ, *Non-lieux : introduction à une anthropologie de la surmodernité*, Le Seuil, 1992.

12. Jacques LEVY, « Penser la ville : un impératif sous toutes les latitudes », dans *Cahiers d'études sur la Méditerranée orientale et le monde turco-iranien*, n° 24, 1997, http://journals.openedition.org/cemoti/1458

13. « Les gens du voyage de Besançon », page tenue par Rémy Vienot, Président de l'association Espoir et Fraternité Tsigane de Franche-Comté. URL : https://www.facebook.com/Les-Gens-Du-Voyage-De-Besan%C3%A7on-579898545397382/

14. Dont les habitants de l'aire d'accueil de Petit-Quevilly (76), le Collectif des femmes d'Hellemmes Ronchin (59) et un collectif d'habitants de l'aire de Saint-Menet (13).

dans *Libération* une tribune qui rencontre un succès inattendu[15]. Les médias s'emparent de la question, quant aux collectivités elles bottent en touche. Ainsi peut-on lire dans un communiqué de la Métropole Rouen Normandie : « Les services de la Métropole étaient présents sur place dès 6 h 30 jeudi matin et sont restés toute la matinée aux côtés des habitants de l'aire d'accueil et des pompiers [...] Aucune mesure d'évacuation du périmètre, qu'il s'agisse des habitations voisines ou de l'aire d'accueil, n'a été décidée par les services de l'État. Dans ces conditions, les familles de l'aire d'accueil ont décidé de rester sur site. [...] Il n'y a pas de tensions avec les habitants de l'aire d'accueil. »[16] Tous les habitants peuvent témoigner du contraire, l'agent de la métropole n'est passé que quelques minutes, leur conseillant de rester confinés dans les caravanes.

Pour une fois cette action mettait en avant la parole des principaux concernés, pour une fois les médias ne reprenaient pas seulement la version officielle des autorités, de *Paris Normandie*, en passant par *Le Monde* ou *Radio France,* tous mettent les témoignages des habitants au cœur de leurs articles. *Paris Normandie* dans un article lapidaire évoque « une maltraitance institutionnelle »[17].

Une maltraitance qui sait se faire discrète. Dans la presse, peu d'articles traitent de ces questions et rares sont les responsables politiques qui s'expriment à ce sujet. Dès lors, l'exercice pour nous s'avère difficile : faire en sorte qu'un sujet soigneusement ignoré depuis les premières créations d'aires d'accueil devienne visible et occupe l'espace, que le sujet s'affranchisse des contraintes spatiales et institutionnelles. Mais une limite existe pour parvenir à ce résultat. Très vite après la publication de notre tribune, les commentaires se sont concentrés sur les chiffres. Nous affirmons que les aires sont des terrains majoritairement mal situés, volontairement isolés et plus sujets aux pollutions que les autres espaces d'habitat. Mais où sont les chiffres ? En l'absence de données viables, le désintérêt des interlocuteurs

---

15. Tribune collective, « Les gens du voyage, victimes invisibles de Lubrizol », *Libération,* 1er octobre 2019. URL : https://www.liberation.fr/debats/2019/10/01/les-gens-du-voyage-victimes-invisibles-de-lubrizol_1754743
16. Métropole Rouen Normandie, « Fiche Sujet Presse MRN – LUBRIZOL, Sujet : "aire d'accueil des gens du voyage de Petit-Quevilly" », le 3 octobre 2019. URL : https://www.ville-bois-guillaume.fr/wp-content/uploads/2019/10/FICHE-Gens-du-Voyage-031019.pdf
17. Benoît MARIN-CURTOUD, « Personne n'a évacué les gens du voyage du Petit-Quevilly, installés à 300 m de l'incendie Lubrizol », *Paris Normandie,* 2 octobre 2019. URL : https://www.paris-normandie.fr/rouen/personne-n-a-evacue-les-gens-du-voyage-du-petit-quevilly-installes-a-300-m-de-l-incendie-lubrizol-NH15650739

arrive rapidement, pire il est parfois suivi d'une accusation de démagogie. Sans chiffres, pas de preuves, le problème n'existe pas. Comment est-il possible que personne avant n'ait initié ce travail ?

L'absence de données condamne le sujet à l'invisibilité. Mais les Voyageurs, Rroms[18], Sinté, Manouches, Gitans ou Yéniches savent, connaissent et voient depuis des années où l'État et ses collectivités les parquent, loin des villes, près d'installations polluantes ou nuisibles. Si bien que l'adage revient sans cesse « si tu ne trouves par l'aire, cherche la déchèterie ». À Petit-Quevilly encore une fois cela se vérifie, ailleurs aussi, partout en fait. Dans le Nord, le Collectif des femmes d'Hellemmes Ronchin[19] lutte pour les mêmes raisons depuis des années. Un parking de plus, insalubre, surpeuplé, situé aux pieds d'une usine de béton, d'une concasserie de pierre, de lignes de TGV et de zones d'épandages de pesticides. Des malades chroniques, des nuisances insupportables, une relégation hors de la ville : même schéma. À Saint-Menet (13), il y a à 10 mètres des caravanes une autoroute, derrière une usine Seveso seuil haut, un transformateur électrique, des câbles haute tension, une décharge pour BTP qui soulève des nuages de poussière infernaux, et dernière cocasserie spécialement choisie par l'ancienne maire Valérie Boyer, un terrain de motocross dont les nuisances finissent de compléter l'inhumanité du lieu. Dans un article du 21 août 2015, *La Provence* titrait « Marseille – Saint-Menet : du motocross pour repousser les "gens du voyage" »[20], Valérie Boyer s'y exprimait en ces termes « Ce sont les écuries d'Augias » à propos des installations illégales de Voyageurs sur le futur terrain de motocross. Si la journaliste relève le manque de place et le non-respect de l'accueil dans la ville de Marseille, ni elle, ni la maire des 11e et 12e arrondissements habituée à de nombreuses sorties anti « gens du voyage », ne piperont mot sur les conditions inhumaines des habitants de l'aire officielle attenante, qui en plus devront maintenant supporter les motocross.

Ce sont donc des parkings, des centaines, des milliers de parkings, fermés, à l'écart, surveillés, obligatoires, imposés, payants, pollués, réservés à des collectifs regroupés sous une même catégorisation administrative, celle des « gens du voyage ». Catégorisation administrative qui, dans la pratique,

---

18. Cette variation orthographique, Rom et Rrom, est explicitée page 30.
19. Hellemmes et Ronchin sont deux communes différentes qui possèdent une aire d'accueil commune appelée « aire d'accueil Hellemmes-Ronchin ».
20. Stéphanie LUKASIK, « Marseille – Saint-Menet : du motocross pour repousser les gens du voyage », *La Provence*, 21 août 2015. URL : https://www.laprovence.com/article/edition-marseille/3542350/st-menet-du-motocross-pour-repousser-les-gens-du-voyage.html

se superpose indistinctement aux catégories ethnologiques. Ainsi il n'est pas rare de lire des textes utilisant « gens du voyage » et « tsiganes » comme synonymes. Ce qui est vrai dans les sciences sociales[21], mais aussi dans la doctrine administrative et juridique.

Nos parkings ne s'appréhendent pas par leur fonction usuelle, ils ne sont pas faits pour se garer, ils ne sont même pas vraiment faits pour « l'accueil », ils ont avant tout pour fonction de stocker, mettre à l'écart et contrôler. Mais pour quantifier ce phénomène, il faut des chiffres. Ainsi, depuis octobre 2019 je recense toutes les aires d'accueil françaises, département par département. Systématiquement leur localisation est analysée : place dans la ville et environnement immédiat. Sur les réseaux, au téléphone ou sur place je récolte les témoignages d'habitants, certains me contactent directement, m'envoient des photos, me parlent de leur mal-être, de leurs conditions de vie, du sentiment d'abandon et d'infantilisation. Astreints à une surveillance ponctuelle ou constante sur les aires, à un contrôle de leurs déplacements et de leurs espaces de vie, d'autres entrent en contact pour des conseils sur leurs droits. Un besoin énorme de témoigner et d'exister. Pourtant nombre d'entre eux sont dans une position délicate. Parler est un risque. Ainsi dénoncer ses conditions de vie c'est prendre le risque d'une fermeture de l'aire d'accueil sans aucune solution de relogement et donc se voir condamné à l'errance et l'illégalité. Parler c'est aussi prendre le risque de se faire expulser, d'attiser l'hostilité des responsables publics ou privés en charge de l'accueil.

La précarité économique et administrative réduit au silence. Les aires ne sont pas faites pour l'habitat, elles sont faites pour le stationnement. Or un nombre important d'« occupants » des aires sont en réalité des « habitants », c'est-à-dire qu'ils s'y fixent en l'absence de solutions alternatives. Le volet « habitat » des politiques publiques à l'égard des « gens du voyage » doit prendre le relais dans ces situations et proposer des solutions pérennes à ces personnes qui expriment une « volonté de sédentarisation ». Mais là aussi nombre de collectivités traînent des pieds pour la réalisation de ces terrains familiaux[22], il n'est pas rare de rencontrer des familles dans l'attente depuis

21. Voir Lise FOISNEAU, « Terrain partagé. Remarques méthodologiques sur l'ethnographie des gens du voyage », *Études Tsiganes*, n° 61-62, 2017, p. 144-159. DOI : https://doi.org/10.3917/tsig.061.0144

22. Ces formes d'« habitat adapté » sont réservées aux « gens du voyage sédentaires », les terrains familiaux sont mis à disposition par les collectivités contre un loyer payé par les familles y résidant. Les obligations quantitatives en matière de réalisation de solution d'habitat figurent dans les SDAHGDV.

plus d'une décennie. Mettre les personnes en position de demandeur face à l'administration est un levier pour la force publique : j'ai pu en constater l'usage pour « calmer » certaines protestations.

Le silence se love dans la peur et suscite parfois l'hostilité des habitants de l'aire eux-mêmes à l'égard de celui qui témoigne. Peur de se voir expulser ou de perdre quelques petits avantages d'emplacement et de commodités obtenus au prix de longues années de présence et de négociation. Une habitante d'une aire en Loire-Atlantique m'a confié : « je veux rien dire publiquement parce que les autres m'en voudront si le terrain vient à fermer, même si on a pas grand-chose c'est difficile de prendre le risque de devoir partir, faut enlever les enfants de l'école et on va encore se retrouver sans rien dehors. Moi je leur dis de toute façon on est comme des chiens là, ici ou ailleurs ça pourra pas être pire, mais il n'y a rien à faire ». Même chose pour cet autre habitant d'un terrain privé dans l'Eure-et-Loire : « dans la ville les seuls terrains qui n'ont pas d'eau c'est les nôtres, le maire nous refuse ça depuis 25 ans, si on fait venir les journalistes il nous ouvre l'accès aux bornes à incendie, mais dès qu'ils repartent il se venge en nous faisant des crasses, depuis plusieurs années maintenant il nous menace de détruire nos chalets, alors parmi toutes les familles aucune ne veut parler ». Le statu quo par le silence. Parler c'est risquer de perdre ces petits mieux qui créent l'illusion d'échapper au pire, parler c'est risquer d'attirer l'attention et de provoquer une forme de vengeance de la part des autorités locales en charge des « gens du voyage ».

L'inventaire critique des aires d'accueil entend pallier ces limites individuelles. Il se conçoit comme un outil pour celui qui porte un discours de lutte contre les mauvais traitements, et plus largement contre toute forme d'antitsiganisme[23], qu'il soit d'origine publique ou privée. Au-delà il permet de mettre en lumière le sujet du racisme environnemental, de l'assignation spatiale et du caractère antirépublicain du système d'accueil des « gens du voyage ». La simple existence de plusieurs dispositifs d'accueil publics des habitations mobiles, dont la distinction repose sur la seule qualité de « gens du voyage » est une aberration juridique. L'ampleur de l'exclusion territoriale induite par cette forme d'accueil constitue également une rupture majeure d'égalité entre les citoyens.

23. Voir la définition proposée par l'alliance contre l'antitsiganisme, « Antitsiganisme : texte de référence », 2019. URL : https://www.antigypsyism.eu/

SAINT-PIERRE-LES-NEMOURS
48°16'51.6"N 2°41'17.2"E

Prenons un exemple parlant, sur le territoire de la communauté de communes de Nemours, située en Seine-et-Marne (77), seules deux aires d'accueil existent. Ce territoire s'étend pourtant sur 223 km^2 et est composé de 21 communes, mais la présence des « gens du voyage itinérants » est légale dans deux espaces : l'aire d'accueil de Nemours, et l'aire d'accueil de Saint-Pierre-Lès-Nemours. Elles sont situées toutes les deux dans le même quartier : une zone industrielle à l'écart, entre déchèterie, usine et station d'épuration. Sur 223 km^2 la place assignée aux « gens du voyage » par les gens-du-sur-place est donc de 6 000 mètres carrés, soit une présence légale sur 0,001 % du territoire.

Alors l'inventaire ne révèle rien, simplement il force ses lecteurs à poser le regard sur ces petits toits de tôle blanche qui parsèment les interstices des villes. Cet ouvrage est une preuve par la récurrence, de l'exclusion organisée du regroupement de l'indésirable dans des lieux indésirables. Il met en avant l'ampleur de la faillite du système d'accueil, l'échec d'une urbanité promise, les effets d'un antitsiganisme profond qui s'exerce à toutes les échelles et qui se retrouve logiquement dans la mise en œuvre des politiques publiques d'encadrement des « gens du voyage ». La question du lieu ne peut être indifférente à celles de l'histoire du contrôle, de l'internement, du processus général de sédentarisation, d'une forme programmatique d'avènement d'un « sujet abstrait et universel des droits de l'homme et du citoyen »[1] débarrassé de tout attribut tsigane, une méprise où égalité et uniformité se confondent. L'inventaire est un outil de lutte contre l'invisibilisation, terreau fertile des rumeurs et des préjugés. Enfin il démontre que les choix de localisation des aires d'accueil sont tout à la fois des phénomènes dans les villes et des phénomènes de la ville. Tel est le sens notre question : où sont les « gens du voyage » ?

1. Leonardo PIASERE, « Qu'est-ce que l'antitsiganisme ? » *in* Catherine COQUIO et al., *Roms, Tsiganes, Nomades*, Éditions Karthala, « Hommes et sociétés », 2014, pp. 237-262.

LES NOMS

Celui-là veut le détruire comme homme pour ne laisser subsister en lui que le Juif [le Tsigane]*, le paria, l'intouchable ; celui-ci veut le détruire comme Juif* [Tsigane] *pour ne conserver en lui que l'homme, le sujet abstrait et universel des droits de l'homme et du citoyen. On peut déceler chez le démocrate le plus libéral une nuance d'antisémitisme* [antitsiganisme] *: il est hostile au Juif* [au Tsigane] *dans la mesure où le Juif* [le Tsigane] *s'avise de se penser comme Juif* [Tsigane]

Leonardo Piasere, manipulant une citation
de Jean-Paul Sartre[2]

« Enfants de Gitans : une vie de roi »[3], « Violence, traditions, mariages ! Plongée au cœur de la communauté des gens du voyage »[4], « Délinquance, la route des Rroms »[5]. Les Français sont abreuvés par ces productions médiatiques sensationnalistes depuis des décennies. Amalgames, essentialisme, stéréotypes, clichés et préjugés, tout y passe.

Roms, Manouches, Romanichels, Yéniches, Tsiganes, Gitans, gens du voyage, Voyageurs, nomades, se mélangent dans les discours, les uns s'écharpent à distinguer Rom et gens du voyage, les autres affirment que Gitan est une insulte, tour à tour les médias piochent dans ce lexique pour sortir des titres originaux. Le président Emmanuel Macron lui–même affirma que Christophe Dettinger, un gilet jaune ayant frappé un policier n'avait pas « les mots d'un boxeur gitan »[6]. Mais pourquoi monsieur Dettinger, né dans une famille yéniche, devrait-il avoir les mots d'un gitan ? Et quand bien même, un boxeur ou un gitan ne pourrait-il pas maîtriser le parler français tel qu'il existe à Paris ?

Cette inculture du président teintée de racisme et d'un certain mépris de classe n'a rien d'exceptionnel, elle est à l'image des positions juridiques et

---

2. Leonardo PIASERE, *op. cit.*
3. Zone interdite, 2018, diffusé sur M6.
4. Enquête sous haute tension, 2019, diffusé sur C8TV.
5. « Discrimination envers les Roms : France télévision blanchie », 15 juin 2011, *Le Point*. URL : https://www.lepoint.fr/medias/discrimination-envers-les-roms-france-televisions-blanchie-15-06-2011-1342152_260.php
6. P. R., « Pour Emmanuel Macron, Christophe Dettinger "n'a pas les mots d'un gitan" », 1er février 2019, *Le Parisien*. URL : https://www.leparisien.fr/politique/pour-emmanuel-macron-christophe-dettinger-n-a-pas-les-mots-d-un-gitan-01-02-2019-8001990.php

des politiques ambiguës de l'État français depuis (au moins) le XIXe siècle et particulièrement après la création du statut juridique de « nomade » en 1912. La construction du système d'accueil des « gens du voyage » s'est réalisée sur ces mêmes bases ambiguës. Tout le monde perçoit bien que les « gens du voyage » ne se caractérisent pas uniquement par l'habitat mobile. On fait bien la distinction avec les autres, ceux qui décident de revendre leur maison pour vivre l'aventure itinérante en camping-car, eux ne seront jamais obligés de vivre dans une « aire d'accueil des gens du voyage ». Ceux qui vivent à l'année dans un terrain de camping en mobile-home, ceux qui choisissent la yourte, la *tiny house* ou optent pour la « vie de bohème » en van Volkswagen. Le gens-du-sur-place fait parfaitement la distinction, il parle de « communauté des gens du voyage », en a une image aux contours flous, mais relativement bien ancrée et parfois se pose la question : qui sont les « gens du voyage » ?

Les noms

S'il est une tâche ardue, voire impossible à réaliser, c'est bien celle de créer un lexique des noms. Toute personne qui se risque à cette entreprise suscite toujours des débats à n'en plus finir. Les noms peuvent avoir plusieurs sens, certains sont connotés, d'autres ont une valeur politique, certains sont contestés ou rejetés, d'autres revendiqués et parfois même tout ça en même temps pour un même terme. Les usages diffèrent également d'un groupe à l'autre, d'une aire géographique à l'autre.

Ce flou n'empêche pas les Voyageurs, les Rroms, les Sinté, les Manouches, les Yéniches, les Gitans ou même les gadjé d'établir des distinctions. Celles que je propose ici forment une synthèse qui reprend mes connaissances et les usages que je fais ou constate depuis l'enfance. Ma proposition est critiquable et sera différente en fonction des individus, elle ne prétend donc ni à l'exhaustivité ni détenir un caractère savant, mais correspond à un usage. Ce n'est donc pas à proprement parler un lexique définitif que je vous propose ici, mais bien une démarche d'explicitation de ma pratique. Le lexique tel que je le conçois inclut aussi le terme « Gadjo »[7], qui désigne la personne non-Voyageuse, non-Rom, non-Gitane... Le lexique tel que je le conçois doit permettre au lecteur novice de se retrouver dans les termes

7. Gadjo (masculin singulier), gadji (féminin singulier ou pluriel), gadjé (pluriel).

usités tout au long de l'ouvrage, mais aussi de comprendre que des processus d'assignation, et donc de domination, sont sous-jacents à l'existence de certains termes. Le mot « Gadjo » est utilisé par tous les collectifs romani (Voyageurs, Roms, Gitans, Sinté, etc.), il peut être neutre ou non, certains collectifs en ont un usage péjoratif. Je l'utilise tout au long de l'ouvrage, car chez moi il n'est pas négatif et surtout il doit amener le lecteur à se penser. Nombre de Gadjé me rappellent souvent que je suis « gens du voyage » et quand en retour je les questionne la réponse vient spontanément : « moi ? Et bien je suis Français ». Et bien moi aussi je suis Français, mais en plus vous me collez parfois l'étiquette de Gitan, de Manouche ou de « gens du voyage ». Moi je dois continuellement me penser, et je souhaite que le temps d'une lecture vous fassiez de même. Pour cela j'utilise parfois quelques stratagèmes, qui sous couvert d'humour vous invitent à « penser dans la tête des autres », à vous penser un instant comme gens-du-sur-place.

Il n'existe pas de lexique définitif, en côtoyant des Rroms roumains et français, des Gitans catalans ou des Manouches, j'ai pu me rendre compte que les usages diffèrent. Il convient donc de garder à l'esprit que je suis Voyageur français, que ma famille s'identifie ainsi, que nous avons des origines manouches et sinté, mais aussi gadjé et que par conséquent une partie de nos usages diffèrent de ce qui peut se rencontrer ailleurs.

Il est également important de comprendre d'emblée la différence entre les exonymes et les endonymes. Je suis Voyageur, en famille je dis que je suis Voyageur, c'est un endonyme. En revanche lorsque je parle à des non-voyageurs (Gadjé) je dis que je fais partie des « gens du voyage », c'est un exonyme. Parfois les frontières sont minces, à titre d'exemple, le mot « Gitan » est utilisé par les Gitans comme un endonyme, en revanche il peut être utilisé par un Manouche qui souhaite simplifier les choses avec ses interlocuteurs Gadjé, dans ce cas il s'agit d'une réappropriation d'une identité assignée par l'Autre.

Tsigane / Tzigane

Commençons par le plus controversé de tous : « Tsigane » ou « Tzigane ». Pourquoi ce terme est-il controversé ?

Dans les sciences humaines, le mot « Tsigane » est couramment utilisé et la littérature scientifique sur le sujet est pour le moins prolifique.

Ainsi en France depuis 1955 il existe une revue scientifique dédiée. Toujours active, elle est nommée *Études tsiganes*. Dans le cadre des *Études tsiganes*, le terme désigne un ensemble de collectifs dit Tsiganes et recouvre une acception ethnologique. Selon les sciences humaines, trois grands groupes se distinguent parmi les Tsiganes :

- les Rroms ;
- les Sinté et Manouches ;
- les Gitans.

Le terme « Tsigane » n'englobe cependant pas tous les collectifs assimilés à la catégorie administrative « gens du voyage » en France. Ainsi les Yéniches, ne sont pas considérés comme Tsiganes d'un point de vue ethnologique. D'autres personnes sont catégorisées « gens du voyage » de longue date, mais n'ont ni origines tsiganes, ni origines yéniches.

Le terme a aussi une dimension politique et historique forte. Il s'agit d'un terme exogène, c'est-à-dire créé et assigné par des non-Tsiganes pour désigner des collectifs identifiés. Étymologiquement le terme aurait des origines grecques, mais historiquement il a suscité plusieurs usages selon les époques et les aires géographiques. Dans l'aire roumanophone par exemple, le terme « *ţigani* » est historiquement lié à l'esclavage en Roumanie[8], dont les premières traces écrites remontent au XIVe siècle. Pendant cinq siècles, les Tsiganes sont réduits à la « robie »[9] et pourront être vendus comme esclaves[10]. Ainsi en 1818 le *Legiuirea Caragea* (ouvrage de droit qui contient des normes de droit civil, pénal et de procédure) prévoit le statut d'esclave des Tsiganes et son hérédité[11]. L'esclavage est officiellement aboli en 1856 en Valachie et en Moldavie (principautés médiévales qui constituent l'actuelle Roumanie). Mais si tous les *ţigani* ne sont pas nécessairement Rroms (le terme désignait une catégorie juridique plus qu'ethnique en visant les « serfs non-autochtones »[12]), tous les Rroms naissent et meurent *ţigani*. Le terme s'emploie comme un générique et s'importe au XIXe siècle en Europe occidentale. En France les sciences humaines reprennent le mot

8. Martin OLIVERA, *op. cit.*, p. 10-41.

9. Institution de l'esclavage en Valachie et en Moldavie.

10. Petre PETCUT, « La valeur des esclaves tsiganes en Valachie (1593-1653) », *Études Tsiganes*, vol. 38, n°2, 2009, pp. 44-61.

11. Codul CARAGEA, 1818, Partie I, Chapitre VII. URL : https://lege5.ro/Gratuit/heztqmjt/codul-civil-din-1818-codul-caragea

12. Martin OLIVERA, *La tradition de l'intégration. Une ethnologie des Roms Gabori dans les années 2000*, Pétra, 2012, pp. 83-105.

« Tsigane » sous forme générique dès 1826[13] pour désigner tous les collectifs communément appelés « Bohémiens », « Romanichels » ou « nomades ». Historiquement c'est aussi sous la dénomination raciale *Zigeuner*[14] que la déportation et l'extermination des populations dites « rom » et « sinti » fut organisée par le régime nazi. Cette histoire explique aujourd'hui pourquoi le mot « Tsigane » est rejeté par une partie des concernés. Mais il est à noter que tous les militants, acteurs associatifs ou personnes assimilées aux Tsiganes ne rejettent pas le terme. Certains se l'approprient et le revendiquent, à l'image de l'avocate Anina Ciuciu et de son livre *Je suis Tzigane et je le reste*[15]. Parmi mes amis et collègues Rroms roumains, certains l'utilisent comme endonyme, presque comme revendication identitaire. Il est également arrivé plus d'une fois que des hommes Rroms français me disent « nous on est les vrais Tsiganes », en opposition à moi Voyageur qui aurais perdu ma tsiganité. L'usage des concernés n'est donc pas aussi tranché que certains discours militants peuvent l'avancer.

Le terme « Tsigane » a aussi donné naissance à la notion d'« antitsiganisme ». La notion entend désigner le racisme spécifique contre les Rroms, les Gitans, Voyageurs, Manouches, Sintés, Yéniches et toutes les personnes assimilées à la figure du Tsigane. Ainsi le Tsigane devient un concept qui transcende les frontières. Cette figure dispose de bases d'identification communes à toute l'Europe. Par exemple le Tsigane est indéniablement lié à des origines indiennes qui remontent au IXe siècle. Je dis indéniablement, car aujourd'hui encore le renvoi à ces origines est systématique. Par certains militants Rroms qui idéalisent un peuple commun et unifié, par d'autres qui cherchent à comprendre d'où viennent les Tsiganes. Mais c'est un peu comme si l'on affirmait que les Français sont gaulois, comme le remarque l'ethnologue Martin Olivera « l'affirmation nationale se construit en s'émancipant radicalement de ces lointains aïeux »[16], mais visiblement pas pour les Tsiganes, qui sont ainsi toujours placés dans une position d'étrangers sans territoire. Les origines indiennes sont donc réelles, mais ne correspondent plus à toutes les expressions identitaires contemporaines. L'ethnologue note également que « l'historiographie des Tsiganes correspond avant tout à celle de l'attitude des institutions à leur égard et à la manière dont ils subissent la politique des Gadjé. Comment, dès lors,

13. Martin OLIVERA, *op. cit.*
14. Tsigane en allemand.
15. Anina CIUCIU, *Je suis Tzigane et je le reste*, City Éditions, 2013.
16. Martin OLIVERA, *op. cit.*

ne pas avoir l'image d'une « population victime », tenue en marge, sans ancrage et ballottée au hasard des aléas secouant les sociétés européennes ? »[17]. La figure du Tsigane et l'assignation de toute personne appréhendée par des caractéristiques essentialistes présumées tsiganes (par exemple le nomadisme), est donc un des fondements de l'antitsiganisme et explique pourquoi des populations *a priori* non-Tsiganes comme les Yéniches sont également cibles de ce racisme.

À noter l'existence de deux orthographes « tsigane » et « tzigane », la deuxième est de moins en moins utilisée et rejetée par un nombre important de personnes. Plusieurs militants Rroms m'ont affirmé que l'utilisation du « Z » rappelait la lettre tatouée sur le bras des déportés *Zigeuner* dans les camps allemands.

Rom / Rrom

Le mot « rom » signifie « homme » en romani, « romni » veut dire « femme ». Tour à tour désignés comme minorité nationale, ethnique ou culturelle, groupe social ou même peuple[18], les collectifs rroms sont riches de leur diversité. Il existe ainsi de nombreux sous-groupes dont les noms peuvent être relatifs à une zone géographique ou désigner un corps de métier spécifiquement adossé au collectif. Par exemple les Rroms Churari ou Tshurari tiennent leur nom du mot roumain *ciurari* que l'on peut traduire par « orfèvres ».

À l'importance des catégories ethnologiques s'ajoutent des considérations identitaires et la question des exonymes et endonymes. Par exemple, tous les Ashkali ne se considèrent pas comme Rroms, alors que les sciences humaines les qualifient régulièrement de « Roms albanisés ».

Alors, autant vous dire que la typologie des endonymes est très variée et dépasse de très loin mes connaissances. Plusieurs dizaines de sous-groupes existent. Et une littérature spécifique pourra ravir les plus curieux à la médiathèque Matéo Maximoff située dans le XVIIIe arrondissement de Paris.

17. *Ibid.*

18. Sabira KAKOUCH, « Les Roms ou l'invention d'un peuple : dé-formation identitaire de la plus grande minorité d'Europe. L'exemple de l'Italie et de ses politiques ségrégationnistes », *Mémoire(s), identité(s), marginalité(s) dans le monde occidental contemporain*, n° 13, 2015. URL : http://journals.openedition.org/mimmoc/2085

Mais le mot « Roms » est aussi au centre d'enjeux de revendications politiques. L'Union Romani internationale de 1971 a choisi ce nom comme un générique. Le mot « Roms » est utilisé de cette manière, au pluriel, par les institutions européennes, regroupant tous ceux qui ailleurs peuvent s'appréhender sous le terme « tsigane ». Ainsi le terme « Roms » utilisé au Conseil de l'Europe désigne « les Roms, les Sintés (Manouches), les Kalés (Gitans) et les groupes de population apparentés en Europe, dont les Voyageurs et les branches orientales (Doms, Loms) ; il englobe la grande diversité des groupes concernés, y compris les personnes qui s'auto-identifient comme "Tsiganes" et celles que l'on désigne comme "gens du voyage" »[19].

C'est pour cette raison qu'une seconde orthographe existe : « Rrom ». Ainsi dans certaines pratiques institutionnelles, « Roms » fait office de terme générique (pouvant englober les Sinté ou Yéniches par exemple) quand « Rrom » désigne spécifiquement un collectif rrom. Le recours au terme générique est certes très pratique, mais contribue à créer de nouvelles catégorisations artificielles et générer des difficultés de compréhension. Ainsi à 27 ans, pour la première fois de ma vie, j'ai appris par une militante allemande que j'étais aussi un Rom, du moins que les institutions européennes me désignaient ainsi.

Enfin, si le droit et l'usage européen consacrent le caractère générique du terme « Rom », certains Voyageurs, Manouches, Sinté, Gitans, ou Yéniches français mettent souvent un point d'honneur à en être distingués. Les raisons sont multiples ; parfois politiques, parfois – il faut bien l'avouer – résultent d'une forme de rejet xénophobe. Le traitement médiatique, souvent raciste, autour des Rroms identifiés comme des migrants constitue l'une des raisons de ces rejets, cristallisant chez les collectifs français la peur d'être assimilé à un groupe perçu comme migrant quand les Voyageurs français se sont longuement battus pour la reconnaissance de leur citoyenneté.

L'antitsiganisme n'est donc pas uniquement externe, il en existe aussi des formes internalisées. Cependant, il est très important de noter qu'il existe des Rroms français présents sur le territoire depuis des siècles, qui se désignent eux-mêmes comme Rroms, c'est le cas par exemple des Kalderash communément qualifiés de « Roms hongrois » chez les Voyageurs.

19. Glossaire terminologique raisonné du Conseil de l'Europe sur les questions roms, édition mise à jour – 18 mai 2012 URL : https://rm.coe.int/1680088eaa

Romanichel / Bohémien

Au cours d'une discussion, Saimir Mile[20] me fait remarquer qu'une des caractéristiques de l'antitsiganisme est de priver ses cibles de leurs capacités à se nommer. Et à la vue de ce lexique, on comprend vite qu'il n'en existe aucun qui ne soit pas condamné à être partiellement faux tant l'exercice, souvent passage imposé, est lié à la traduction d'une multitude de pratiques.

Ainsi, lorsque les noms usités par les concernés sortent de leurs cercles, ils sont systématiquement salis. Romanichel en est le parfait exemple, alors que le terme est la retranscription française des mots « Rromani śel » qui signifient « peuple rrom » en romanès, il a été peu à peu associé à un qualificatif dégradant[21]. Mais il serait possible de décliner le processus avec à peu près tous les noms utilisés.

Quant au mot bohémien, il relie ceux qu'il vise à la région de Bohême.

Romanichel ou Bohémien sont des termes utilisés par l'administration française au XIXe siècle. Leur usage a progressivement pris fin à partir de 1912 avec l'établissement du statut de « nomade ». À noter toutefois : tous les bohémiens ou romanichels ne sont pas devenus « nomades », de même que tous les « nomades » ne viennent pas de familles dites « bohémiennes ».

Nomade / Gens du voyage

Voilà donc deux exonymes créés par le droit français. Le premier, « nomade », est un statut relatif à une loi de 1912. Le statut de « nomade » est assorti d'un ensemble de contraintes juridiques discriminatoires : carnet anthropométrique, fichage, obligation d'identifier un groupe de voyage, plaque d'immatriculation spécifique, visa obligatoire pour entrer dans une ville, etc. C'est sous ce statut que les « nomades » sont internés et à partir de ce fichage ethnique qu'ils sont assignés à résidence sous la IIIe République, puis internés en camps de concentration et d'internement à partir d'octobre 1940, jusqu'à l'été 1946.

À partir de 1948, l'administration française utilisera fréquemment l'appellation « personne d'origine nomade » qui fera l'objet de polémiques que

20. Président de l'association « La Voix des Rroms ».

21. Saimir MILE, « L'antitsiganisme : une tradition française », *in* Omar SLAOUTI, Olivier LE COUR GRANDMAISON (dir.), *Racismes de France*, 2020, La Découverte, p. 195.

je détaillerai plus tard. Pour le reste, le statut juridique de « nomade » est abrogé en 1969 et c'est une catégorie administrative, celle des « gens du voyage » qui le remplace. Fini les carnets anthropométriques, place aux carnets et livrets de circulations (abrogés en 2012 et 2017). La loi de 1969 est enfin complètement abrogée en 2017. Cependant l'appellation de « gens du voyage » continue d'exister en pratique, en témoigne le dernier décret du 16 décembre 2019, relatif aux « aires d'accueil des gens du voyage ».

Ces terminologies sont donc des exonymes légaux. Dans la loi, cette dénomination de « gens du voyage » ne comporte aucune connotation ethnique ou communautaire. Mais si le droit n'admet aucune définition identitaire, dans la pratique, la majorité desdits « gens du voyage » appartiennent à des groupes romani. Aussi la pratique administrative et policière superposent indistinctement les termes « gens du voyage » et « Tsigane ». Dans les documents administratifs organisant l'accueil et l'habitat des « gens du voyage », les schémas départementaux d'accueil et d'habitat des gens du voyage se trouve régulièrement, soit en préambule, soit dans un paragraphe dédié un lien explicite entre la catégorie administrative et la catégorie ethnologique. Ces documents, bien que signés par les Préfets représentants de l'État, démontrent toute l'ambiguïté de cette dénomination qui permet de motiver la racialisation de certaines pratiques administratives et policières.

Inscrit ainsi jusqu'en juillet 2018, l'article 1er de la Constitution de 1958 « assure l'égalité devant la loi de tous les citoyens sans distinction d'origine, de race ou de religion ». Les critères qui permettent de saisir le « gens du voyage » ont donc évolué au fil des années pour se concentrer aujourd'hui sur la résidence mobile comme « habitat traditionnel »[22] et l'absence de domicile fixe. Autrement dit sont exclues les personnes qui du jour au lendemain souhaiteraient adopter un mode de vie itinérant sans provenir de familles « gens du voyage ». Peu à peu le critère de la mobilité, qui a servi au contrôle et à la persécution des « nomades » jusqu'à la Seconde Guerre mondiale, a fini par disparaître avec la fin des carnets et livrets de circulation. Du moins en théorie, car en pratique l'administration ajoute des distinctions nécessaires à la conduite de politiques publiques pour l'organisation de l'accueil et l'« accompagnement à la sédentarisation ». Ainsi les pouvoirs publics distinguent trois catégories :

22. Aux termes de l'article 1er de la loi Besson du 5 juillet 2000.

- Le « gens du voyage itinérant », désignant le Voyageur qui voyage toute l'année.
- Le « gens du voyage semi-sédentaire », désignant celui qui voyage une partie de l'année.
- Le « gens du voyage sédentaire », un oxymore qui illustre tout le paradoxe de la situation, désignant une personne qui ne voyage plus, mais qui est toujours catégorisée « gens du voyage ». En théorie elle reste sous cette catégorisation en raison de la nature mobile (et « traditionnelle ») de sa résidence principale, en pratique des personnes vivant dans des résidences immobiles sont toujours catégorisées ainsi. Il s'agit là d'une résurgence incompressible qui traduit toute l'ambiguïté de cette catégorisation.

Quant à l'opposition entre Roms et « gens du voyage », elle est en partie politique. Les personnes catégorisées « gens du voyage » sont dans leur immense majorité de nationalité française. Elles peuvent être de différentes origines, romni, sinti, manouche, gitane, yéniche ou autre. L'opposition entre les deux termes se construit donc autour de la nationalité, ceux que les médias qualifient de Roms sont associés à une nationalité étrangère. Dans le contexte français, les deux termes renvoient donc à deux réalités différentes. Pour clarifier cette distinction les services de l'État établissent régulièrement des résumés tout à fait discutables sur leurs sites officiels, ainsi sur celui de la Préfecture du Bas-Rhin peut-on lire : « Les gens du voyage sont issus de plusieurs groupes, possèdent très majoritairement la nationalité française, et ont un mode de vie à l'origine fondé sur la mobilité. Les Roms migrants représentent environ 15 000 personnes et sont sédentarisés depuis plusieurs générations dans leur pays d'origine (Roumanie et Bulgarie), qu'ils ont fui à cause des discriminations dont ils sont victimes et pour des raisons économiques. Ils recourent parfois à un habitat mobile en France à défaut d'autre solution. »[23]

Au passage, notons que ces « 15 000 personnes » correspondent aux chiffres de la Dihal[24] sur les « habitants de bidonvilles de citoyenneté européenne ». Ce qui est intéressant, car cela revient à dire que tous les Roms

23. Préfet du Bas-Rhin, « Mieux connaitre les personnes itinérantes dites "gens du voyage" », 23 juin 2020. URL : http://www.bas-rhin.gouv.fr/Politiques-publiques/Solidarite-et-cohesion-sociale/Gens-du-voyage/Qui-sont-les-gens-du-voyage
24. Délégation interministérielle à l'hébergement et à l'accès au logement.

migrants de Roumanie et Bulgarie vivent en bidonville et qu'il est possible de compter un groupe selon ses origines ethniques...

Ce court texte est également intéressant en ce qu'il met en exergue quelques travers dont nous aurons le temps de détailler les effets :

- L'appréhension du « gens du voyage » par le groupe dont il est immédiatement fait mention ; remarquons également que l'appellation ne se décline ni au féminin, ni au singulier.
- Le critère essentialisant de la mobilité, qui provient de l'appréhension raciste historique d'un seul type de mobilité : le « nomadisme tsigane »[25].

Il faut aussi noter l'existence de revendications autour de la notion de « citoyens itinérants » ou de « citoyens français itinérants », qui regrouperait toutes les « personnes sans domicile ni résidence fixe, qui résident habituellement en résidence mobile, circulant en France ou exerçant des activités ambulantes »[26]. Cette catégorie inclurait ainsi les « gens du voyage » français et les autres itinérants : forains ou « gens du cirque » qui ne sont pas « gens du voyage ». Mais cette proposition souffre à mon sens de plusieurs écueils :

- elle crée une nouvelle catégorie artificialisante qui risque d'être vite assimilée aux « tsiganes » ;
- elle replace le critère de la mobilité au centre de la catégorisation, ce qui a été source des pires traitements dans l'histoire récente.

Gitan / Manouche / Sinté / Yéniche / Rom / Voyageur

Ces collectifs constituent la majorité des personnes catégorisées « gens du voyage » en France. Les typologies en sciences humaines considèrent que les Gitans, Manouches, Sinté et Roms sont des sous-groupes Tsiganes. Chacun se rapportant de manière très schématique à une partie de l'Europe. À l'Est de l'Europe les Roms, à l'Ouest et au Nord les Sinté et Manouches, au Sud les Gitans.

25. Henriette ASSEO, « Le "nomadisme tsigane" : une invention politique », 29 juillet 2010, *Le Monde*. URL : https://www.lemonde.fr/idees/article/2010/07/29/le-nomadisme-tsigane-une-invention-politique_1393596_3232.html
26. Marion LENNE, « Situation de l'accueil des gens du voyage ». URL : https://www.marionlenne.fr/situation-accueil-gensduvoyage/

Les Yéniches ne sont pas considérés comme des Tsiganes dans les sciences humaines, il s'agit de populations nomades ou semi-nomades dont l'apparition est attestée en Allemagne et en Suisse au moins depuis le XVIIIe siècle.

Le nom Voyageur enfin, s'est traditionnellement formalisé autour de la pratique du Voyage (sur laquelle nous reviendrons longuement). En France, la diversité des collectifs romani, voyageurs ainsi que les métissages entre tous les groupes sont tellement importants que ce nom de Voyageur s'est consolidé à la fois comme revendication d'appartenance à un groupe plus large et une culture commune. Voyageur est donc une identité positive fondée sur la pratique du Voyage qui se distingue du « nomadisme ». Comme moi, beaucoup de Voyageurs ne parviennent plus vraiment à se situer sur une « échelle ethnique », bien qu'il reste une conscience d'avoir des origines romani. Ainsi dans ma famille il y a des origines manouches, sinté mais aussi gadjé. C'est aussi un moyen de s'affirmer comme pluralité collective en altérité à l'État et aux Gadjé (non-Voyageurs, non-Roms, non-Gitans, etc.). Le mot Voyageur ne se limite pas non plus à celles et ceux que les sciences humaines considèrent comme Tsiganes puisqu'il inclut par exemple les Yéniches.

En pratique les choses ne sont donc pas aussi cloisonnées, on peut être à la fois Manouche et Voyageur, Gitan catalan et Voyageur, Roms et Voyageur, ou juste se désigner comme Voyageur. Les Voyageurs se distinguent également par leurs professions ou leur confession, les Voyageurs circassiens, les Voyageurs forains, les chrétiens (communément utilisé pour désigner les Voyageurs évangéliques), etc.

Quel usage est le plus approprié pour le non-Voyageur ?

Question épineuse, il n'y a pas de loi universelle, mais je conseille toujours de suivre quelques règles :

- Vous savez comment la personne se qualifie ? Utilisez ses mots.
- Vous êtes journaliste et vous devez / souhaitez écrire sur les « gens du voyage » ? Posez-vous une question : est-ce que la mention de la catégorisation administrative à une valeur informationnelle utile dans le contexte ? Par exemple, mentionner la catégorie d'une personne ayant commis un délit se révèle souvent inutile et stigmatisant,

voire hors propos. Vous écrivez sur le système de l'accueil ? Dans ce cas, la mention a un caractère utile à l'information.

- Vous ne voulez pas réduire une personne à sa catégorisation administrative et vous ne savez pas comment elle se désigne ? Dans ce cas, utilisez le mot « Voyageur », c'est plus englobant et respectueux.

Les mots « Gitans », « Roms », « Manouches », « Romanichels » sont souvent utilisés dans la logorrhée antitsigane, ça peut donc paraître un peu agressif de les utiliser d'emblée sans connaître votre interlocuteur.

LES GENS DU VOYAGE

Largement méconnue, pas encore enseignée dans les écoles de France, l'histoire des « gens du voyage » s'appréhende souvent à partir du droit et des pratiques publiques. Elle se raconte presque toujours sous l'angle des discriminations légales et du racisme d'État. L'historiographie se révèle relativement pauvre et de nombreux sujets n'ont pas encore fait l'objet d'études. J'aurais adoré écrire quelques dizaines de pages sur l'histoire glorieuse des « gens du voyage » et des « nomades », sur les faits de résistance, de lutte, sur les victoires, les arts et les idées, mais j'avoue être encore un peu limité sur ces sujets. Non pas qu'ils ne m'intéressent pas, simplement l'histoire que l'on m'a transmise, la familiale comme la nationale, celle qui est produite et à laquelle j'ai accès se présente majoritairement comme une longue suite de discriminations et de violences. Une partie de la recherche contemporaine s'oriente vers l'histoire de la participation active des « nomades » dans la résistance, et des projets comme *Rromani résistance* (projet lancé par l'association La voix des Rroms et l'institut Tom Lantos de Bucarest) entendent travailler la mémoire en réformant « la méthodologie du souvenir des crimes historiques de masse en déplaçant son centre de la figure de la victime à celle du héros »[1]. Mais le chemin qui mène des individus à être catégorisés « gens du voyage » est malheureusement celui d'une longue succession de discriminations juridiques, de pensées et de pratiques du rejet du Tsigane.

1795-1895 : La naissance d'une « question nomade »

Comme une résurgence du passé, un énième panneau du genre m'est signalé en août 2020 dans la ville de Courances (91) : « DÉFENSE aux nomades de stationner sur le territoire de la commune ». Ce panneau n'est pas le seul, certains sont même relativement neufs comme ceux de la ville de Metz, photographiés en 2020 par Valentin Merlin. L'interdiction vise les porteurs d'un statut, celui de « nomade », créé en 1912. Il s'agit en réalité

1. https://www.lavoixdesrroms.com/rromani-resistance

d'une interdiction implicite contre les Rroms, Gitans, Manouches, Sinté, etc., ceux qui constituaient la majorité desdits « nomades ».

Ces panneaux prennent racine au XIXe siècle, celui du tournant et de l'émergence de la « question bohémienne ou nomade »[2]. La mobilité de ceux que l'on qualifiait alors de Bohémiens devient peu à peu suspecte, voire délictueuse. Les premières mesures de police administrative pour tenter d'encadrer l'itinérance apparaissent en 1795 par la création d'un passeport de l'intérieur. Il s'agit du premier document d'une longue liste à venir, permettant de voyager entre départements français.

En 1810 ces mesures se renforcent avec l'introduction dans le Code pénal d'un délit de vagabondage et en 1815 l'apparition des carnets pour colporteurs. L'article 270 du Code pénal de 1810 donne la définition suivante : « Les vagabonds ou gens sans aveu sont ceux qui n'ont ni domicile certain, ni moyens de subsistance, et qui n'exercent habituellement ni métier ni profession ». Les « délinquants » risquent alors jusqu'à six ans d'emprisonnement. Cependant le délit de vagabondage est difficile à sanctionner dans les faits, puisqu'il suffit d'être en possession d'argent ou de travailler pour l'éviter, ce qui est souvent le cas des Bohémiens[3]. De plus, à cette époque, le nombre de personnes « ambulantes » est particulièrement important[4], les dispositions de ces mesures de police ne visent donc pas uniquement les Bohémiens.

La présence de collectifs manouches est attestée en France depuis au moins le XVe siècle, il existe donc un réel enracinement[5] ou comme les acteurs de l'accueil l'écriraient aujourd'hui, un réel ancrage[6] des Bohémiens au XIXe. Leur présence est plutôt acceptée par les populations locales, en particulier dans les campagnes où leur passage assure un lien commode avec la ville.

---

2. Henriette ASSEO, « La gendarmerie et l'identification des "nomades" (1870-1914) », dans Jean-Noël LUC (dir.), *Gendarmerie, État et société au XIXe siècle*, Publications de la Sorbonne, 2002, pp. 302-311.
3. Emmanuel FILHOL, *Le contrôle des Tsiganes en France (1912-1969)*, Khartala Éditions, 2013, pp. 17-49.
4. Henriette ASSEO, *Les Tisganes. Une destinée européenne*, Découverte Gallimard, 1994, p. 82.
5. Henriette ASSEO, « La gendarmerie et l'identification des "nomades" (1870-1914) », *op. cit.*
6. Fnasat-Gens du voyage, « Ancrages et besoins des habitants permanents de résidence mobile. Analyse nationale des politiques départementales », Pôle habitat - Février 2017. URL : https://fnasat.centredoc.fr/doc_num.php?explnum_id=1180

Pourtant durant la seconde moitié du XIXe, trois faits majeurs viendront bouleverser cet équilibre fragile entre les Bohémiens et le reste de la population : les nouvelles migrations Tsiganes à partir de 1860, l'installation de forces de police locales chargées du respect de l'ordre public et la guerre franco-allemande en 1870.

Le vent tourne dans les années 1860, lorsqu'arrivent de nouveaux collectifs tsiganes, gitans, catalans du midi, mais aussi de l'est, Rrom kalderash de l'empire russe, Oursari des balkans ou encore Sinté d'Italie[7]. Ces migrations vont avoir pour effet d'accentuer les craintes des autorités qui, dans un contexte transfrontalier tendu, vont rapidement associer ces nouveaux groupes aux Bohémiens français. L'assimilation des Bohémiens à un « fléau social » prend une plus grande ampleur dans les discours publics[8].

Les mesures s'accentuent en 1863 par la création d'un carnet de saltimbanque, outils de contrôle et de surveillance. Il vient remplacer le passeport de l'intérieur de 1795, et permet à son détenteur d'exercer une profession ambulante sur un département déterminé[9]. Dans la continuité, une circulaire de 1864 de la direction générale de la sûreté rappelle les efforts réalisés afin de garantir les « populations rurales contre les méfaits et les déprédations de bandes d'individus vagabonds et nomades connus sous le nom de bohémiens ». Ce rapport note aussi le manque de moyens pour faire appliquer efficacement toutes ces dispositions répressives[10].

On peut donc affirmer que les vagues migratoires Tsiganes à partir des années 1860 vont exercer une forme de pression sur les Préfets de départements transfrontaliers. Ils auront rapidement la charge de repousser toute nouvelle entrée de Bohémiens afin que ceux-ci ne puissent aller plus loin. Est ainsi renvoyée hors des frontières toute personne ne pouvant justifier ni de son identité, ni de sa nationalité. Mais la tâche est titanesque, les Bohémiens savent se jouer de ces règlementations[11], ils résistent à ces entraves,

7. André GUESLIN et Dominique KALIFA (dir.), *Les exclus en Europe. 1830 - 1930*, Les éditions de l'Atelier, 1999. URL : http://www.romsintimemory.it/assets/files/conosciamo_rom_sinti/la_storia/II.2.B%20ALLEGATO%2012%20Asseo%20perception.pdf

8. Ilsen ABOUT, « De la libre circulation au contrôle permanent », *Cultures & Conflits*, 76 | hiver 2009. DOI : https://doi.org/10.4000/conflits.17757

9. Fnasat-Gens du voyage, « Le traitement administratif des Gens du voyage en France. Deux siècles de législation spécifique, 1789 - 2016 », Pôle juridique - Mars 2016. URL : http://www.fnasat.asso.fr/Traitement%20administratifGV.pdf

10. Michael STEWART, *The gypsy "menace". Populism and the news anti-gypsy politics*, Hurst & Company, London, 2012. URL : https://books.google.fr/books?id=69Jw2Ye5Vl8C

11. Ilsen ABOUT, *op. cit.*

continuent de circuler, ce qui contribue à renforcer les craintes des autorités, surtout après 1870 dans le contexte de la guerre franco-allemande[12].

Peu à peu les Bohémiens français sont assimilés à des étrangers ou des asociaux, que ce soit dans les discours politiques, dans la presse ou par un certain nombre de juristes[13]. L'arrivée de collectifs étrangers va accélérer un peu plus le processus de suspicion de la mobilité, au détriment des collectifs français installés depuis le XVe siècle. On dit que les Bohémiens pourraient bien être des espions à la solde de l'ennemi allemand.

C'est donc naturellement que le rejet s'accentue. Les premières interdictions départementales d'installation de caravanes apparaissent, c'est le cas en Saône-et-Loire en 1874[14] ou en Seine-et-Oise en 1878[15]. La relégation spatiale et sociale des Bohémiens prend de l'importance.

L'émergence de cette « question nomade » utilise les mêmes ressorts antitsiganes que celle de la « question Rom » dans les années 2010[16]. Ainsi les Bohémiens sont considérés comme criminels par nature. Au XIXe cette entreprise de stigmatisation utilise le ressort du vagabondage et l'on parle alors de « bande errante ». Leurs activités cachent à coups sûrs des réseaux criminels[17]. Et comme c'est le cas aujourd'hui, les Bohémiens sont considérés comme des « envahisseurs », ni totalement étrangers, ni totalement citoyens. Leur prétendue « oisiveté » est perçue comme une « menace pour l'ordre social »[18], les Bohémiens exerceraient une forme de prédation économique, la présence d'argent liquide et leurs activités interrogent et attisent les suspicions.

12. Henriette ASSEO, « Pourquoi tant de haine ? L'intolérance administrative à l'égard des Tsiganes de la fin du XIXe siècle à la veille de la Deuxième Guerre mondiale », *Diasporas. Histoire et sociétés*, 10, 2007, pp. 50-67. URL : https://www.persee.fr/doc/diasp_1637-5823_2007_num_10_1_1090

13._Henriette ASSEO, *op. cit.*

14. Ilsen ABOUT, « De la libre circulation au contrôle permanent », *op. cit.*

15. Claire LÉVY-VROELANT, « Un siècle de surveillance des garnis à Versailles : 1830-1930 », *in* Marie-Claude BLANC-CHALÉARD (dir.) et *al., Police et migrants : France 1667-1939*, Presses universitaires de Rennes, 2001. DOI : https://doi.org/10.4000/books.pur.21067

16. E. FASSIN, C. FOUTEAU, S. GUICHARD, A. WINDELS, *Roms & Riverains : une politique municipale de la race*, La Fabrique, 2014.

17. Henriette ASSEO, « L'invention des "nomades" en Europe au XXe siècle et la nationalisation impossible des Tsiganes », pp. 161-180, *in* Gérard NOIRIEL (dir.), *L'identification. Génèse d'un travail d'État*, Belin, 2007. URL : https://www.academia.edu/26987431/

18. André BOIRE, *Du Vagabondage*, thèse de doctorat, droit. Paris. A. Chevalier-Maresq, 1899, cité *in* Jean-Noël LUC (dir.), *Gendarmerie, État et société au XIXe siècle*, Publication de la Sorbonne, 2002. URL : https://www.academia.edu/27040116/

1895-1912 du recensement des « nomades » au statut juridique

La question nomade est née et se consolide autour de l'appréhension d'un « nomadisme tsigane »[19]. Souvent on entend que le rejet des « nomades » est seulement dû aux difficultés « d'intégrer » ce mode de vie dans une société construite autour des valeurs de propriété et de sédentarité. C'est une explication insuffisante dans la mesure où toutes les mobilités ne feront pas l'objet du même contrôle et de la même répression que celle des Bohémiens, Romanichels et Tsiganes. Et ce « nomadisme tsigane » va susciter un nombre important de commentaires hostiles dans l'opinion publique. La « question nomade » s'enracine dans la société et une forme de pression va s'exercer sur les pouvoirs exécutif et législatif pour qu'ils répondent à ce « péril errant »[20].

En 1895, le besoin d'identifier les « nomades » se traduit par un premier recensement d'ampleur. Ainsi le 20 mars un recensement général des « Bohémiens et des nomades » est lancé simultanément dans tous les départements français. Les gendarmes et gardes champêtres sont mis à contribution, les maires et même parfois les populations[21], pour arrêter les caravanes sur les chemins, relever les identités de chaque individu, leurs professions, nationalités, sexes, âges et « bande » d'appartenance. Mais ce grand recensement se révèle décevant pour les autorités qui ne parviennent pas à couvrir tous les territoires. Peu après, un comité spécial non parlementaire se réunit pour en analyser les résultats. Le comité produit un rapport en 1898 qui évalue à environ 25 000 le nombre d'individus « nomades ». Il relève, là aussi, le manque de moyens de la police des campagnes[22] pour parvenir à un résultat satisfaisant. L'identification des « nomades et Bohémiens » reste donc largement imparfaite. Aujourd'hui seulement 22 départements gardent une trace de ce grand recensement dans leurs archives.

Le recensement reste un objectif gouvernemental. En avril 1907 Georges Clemenceau, alors ministre de l'Intérieur, va déployer ses brigades mobiles

19. Henriette ASSEO, « Le "nomadisme tsigane" : une invention politique », *op.cit.*

20. Emmanuel FILHOL, *Le contrôle des Tsiganes en France (1912-1969)*, Éditions Karthala, 2013, p.18. URL : https://books.google.fr/books?id=AYiQAAAAQBAJ

21. Emmanuel FILHOL, « Le traitement administratif des Tsiganes dans les Landes (1895-1946) », *nnales du Midi : revue archéologique, historique et philologique de la France méridionale,* Tome 122, n°271, 2010, pp. 407-429. DOI : https://doi.org/10.3406/anami.2010.7332

22. Michael STEWART, *op. cit.*, p.182.

de police pour photographier « vagabonds, nomades et Romanichels, circulant isolément ou voyageant en groupe ». Jusqu'en juillet 1909, 7 790 « nomades » seront recensés et fichés[23].

Parallèlement dans la période 1897-1912 plusieurs travaux vont être menés pour trouver une réponse à la « question nomade ». Une commission extraparlementaire est spécialement constituée en 1897 et préconise la création d'une « carte d'identité pour les nomades » et d'un délit en cas de défaut de présentation. Cette obsession de l'identification ne sert qu'un objectif, celui de mieux appréhender le « nomade » pour parvenir à appliquer des mesures de coercition. Ainsi en 1904 le préfet de Gironde met en place un ensemble de mesures visant à « débarrasser le département, les campagnes principalement, de cette population nomade composée en partie de gens sans profession avouée, le plus souvent dangereux »[24].

Élargir le champ légal de la répression devient donc indispensable pour venir en appui des Préfets dans les régions, encadrer et contraindre les « nomades ». C'est dans cet objectif qu'en 1908 Clemenceau propose un « projet de loi à la règlementation de la circulation des nomades » qui sera adopté seulement en 1912, en raison des difficultés particulières à définir cette nouvelle catégorie de « nomade ». En effet il subsiste un problème majeur : comment éviter une catégorisation ethnique dans un ordre juridique qui ne le permet pas ? Les travaux préparatoires et les débats de la Commission parlementaire sont explicites en la matière. Clemenceau lui-même présente les nomades comme « des individus presque toujours étrangers, sans état civil, sans domicile fixe, sans profession déterminée, qui circulent avec facilité sur le territoire, vivant de rapine et de mendicité, exploitant et rançonnant les populations et troublant par de monstrueux attentats la tranquillité des campagnes »[25]. Citons également le président de la commission sur le vagabondage, le député radical-socialiste Fernand Dubief pour qui les « tristes exploits des romanichels ne sont plus à compter [...]. La menace à la bouche, ils exigent l'hospitalité ou des subsides, ayant tôt fait de se venger d'un refus par l'incendie et quelquefois même l'assas-

23. Emmanuel FILHOL, « Le traitement administratif des Tsiganes dans les Landes (1895-1946) », *op. cit.*

24. Emmanuel FILHOL, « La loi de 1912 sur la circulation des "nomades" (Tsiganes) en France », *Revue européenne des migrations internationales*, vol. 23 - n°2, 2007, pp. 135-158. DOI : https://doi.org/10.4000/remi.4179

25. Jean-Pierre LIEGEOIS, « Nomades, tsiganes et pouvoirs publics en France au XIXe siècle : du rejet à l'assimilation ». URL : https://fnasat.centredoc.fr/doc_num.php?explnum_id=262

sinat »[26]. Mais le parlementaire qui résume le mieux l'esprit de cette loi et ses visées racistes est certainement le sénateur Étienne Flandin, rapporteur du texte qui s'exprime devant le sénat le 22 décembre 1911. Après avoir pris soin de distinguer les nomades « n'ayant ni domicile, ni résidence, ni patrie, la plupart vagabonds à caractère éthique, romanichels, bohémiens, tziganes », des commerçants ambulants et des forains « français » et « honorablement connus », le sénateur entame un long discours, fondamental pour comprendre la nature de l'antitsiganisme en France :

« Nous arrivons à la troisième catégorie, à ceux contre lesquels nous voulons légiférer, aux nomades, c'est-à-dire à ceux qui circulent en France, sans domicile ni résidence fixes, encore qu'ils prétendent avoir ou qu'ils aient des ressources ou qu'ils exercent ou prétendent exercer une profession ambulante : ce sont les bohémiens, les romanichels, les tziganes, toute cette légion de roulottiers suspects qui, sous l'apparence d'une profession problématique, traînent leur fainéantise le long de nos routes, vivant d'aumônes qu'on n'ose leur refuser, de braconnage, de maraude, de rapine, et considérés à trop juste titre comme le fléau de nos populations rurales. Ce sont incontestablement les pires des vagabonds, et cependant nous ne pouvons pas, dans l'état actuel de notre législation, leur appliquer les lois sur le vagabondage »[27].

Dans l'assemblée, Jean Cruppi, garde des Sceaux et ministre de la Justice s'exclame « c'est très juste ».

Le rapporteur poursuit :

« [...] Il importe tout d'abord de fixer l'identité des nomades. Les roulottes servent trop souvent de refuge à de dangereux repris de justice. Nous vous demandons de décider que les nomades ne pourront plus circuler en France sans être munis d'un carnet anthropométrique d'identité.

Ce carnet anthropométrique devra donner le signalement de chaque individu, avec photographie à l'appui. Ce carnet sera individuel. Toutefois, nous spécifions que le chef de tribu pourra réclamer pour tous nomades qui voyagent avec lui un carnet collectif. Dans ce dernier cas, le carnet devra mentionner tout d'abord l'état civil et le signalement, avec photographie à l'appui, de toutes personnes voyageant avec le chef de famille,

26. *Ibid.*

27. Journal officiel de la République française. Débats parlementaires. Sénat : compte rendu in-extenso du 22 décembre 1911. URL : https://gallica.bnf.fr/ark:/12148/bpt6k62179289/f7.item

ainsi que le lien de droit ou de parenté le rattachant à chacune de ces personnes. Au fur et à mesure que des naissances, des mariages, des divorces pourront intervenir, le carnet devra en faire mention.

[...] Est-il téméraire de penser que toute cette règlementation, peu compatible avec le genre de vie des bohémiens ou romanichels, et sanctionnée par des pénalités sévères, aura pour effet de les éloigner de notre terre de France, considérée par eux comme insuffisamment hospitalière, et de les décider à cesser de venir exercer contre nous leur menaçante mendicité ? En tout cas, la gendarmerie, les forces de police seront désormais tenues au courant de leur surveillance de leurs allées et venues, pouvant exercer la surveillance nécessaire et prendre les mesures de protection qui s'imposent en faveur de nos populations rurales. »

1912-1918, une guerre sous statut

La loi est votée le 16 juillet 1912, intitulée loi sur « l'exercice des professions ambulantes et de la circulation des nomades » elle consacre trois catégories distinctes :

- Les marchands ambulants, qui exercent une profession, une industrie ou un commerce ambulant et possèdent une résidence fixe.
- Les forains qui exercent le même type d'activité et sont dépourvus de domicile fixe, ils sont obligatoirement de nationalité française.
- Les nomades, qui ne rentrent dans aucune des deux catégories précitées, sont indifféremment français ou étrangers.

La catégorie « nomade » présume de la non-activité professionnelle, elle se distingue en cela de la catégorie « forain ». Lesdits « nomades » peuvent quand bien même exercer une activité, par nature leur profession sera jugée suspecte. La loi de 1912 ajoute ainsi que les « nomades » ne peuvent être considérés comme « forains » ou « marchands ambulants » et ce « même s'ils ont des ressources ou prétendent exercer une profession ». Il est intéressant de noter que la distinction entre forain et nomade dans les projets préliminaires n'est pas claire. Les forains représentant un poids électoral important (près de 100 000 personnes) ont exercé une forme de lobbying, soutenu par la presse, afin de ne pas être confondus avec les nomades, réputés délinquants[28]. Les forains jouissent aussi d'une meilleure réputation

28. Emmanuel FILHOL, « La loi de 1912 sur la circulation des "nomades" (Tsiganes) en France », *op. cit.*

dans l'opinion publique. Ainsi la catégorie de « nomade » reste réservée à ceux que l'on qualifiait alors de Bohémiens, Romanichels et Tziganes, qu'ils soient étrangers ou français. Des individus suspects par nature.

La loi de 1912 est assortie d'un ensemble de mesures de contrôle. Les « nomades » sont ainsi les premiers à posséder une pièce d'identité en France (alors qu'il faut attendre 1940 pour la création des premières cartes d'identité nationales). Un carnet anthropométrique d'identité est imposé, leurs détenteurs doivent le faire viser dès l'âge de 13 ans. Plusieurs feuillets servent aux visas qui doivent être apposés à chaque entrée et sortie d'une ville. Chaque carnet est accompagné de relevés anthropométriques précis sur les caractéristiques physiques du détenteur. Ses empreintes digitales sont relevées. Une première section du carnet est consacrée à l'état civil, et une autre aux mesures de prophylaxie comme la vaccination. Le carnet individuel est accompagné d'un carnet collectif regroupant les noms de chaque membre de la « bande » ou « tribu ». Ce livret impose ainsi de voyager en groupe, car chaque évènement (naissances, décès, etc.) doit être déclaré dans un délai précis au chef-lieu de délivrance, tout comme chaque perte ou renouvellement de carnet anthropométrique. En cas de défaut, des peines d'emprisonnement peuvent être prononcées. Ces carnets collectifs constituent la première forme légale d'appréhension par le groupe qui jouera (et continue de jouer encore aujourd'hui) un rôle majeur dans le contrôle, puis l'internement des « nomades ». Chaque carnet, qu'il soit individuel ou collectif, fait également l'objet d'une notice conservée par les préfectures et centralisée par le ministère de l'Intérieur. C'est à partir de ce fichier central que l'internement sera mis en œuvre. Nombre de ces notices sont aujourd'hui consultables dans les dépôts d'archives départementales.

En plus des carnets, des signes distinctifs sont imposés comme la plaque d'immatriculation bleue à l'arrière des véhicules, le numéro d'identification spécial et une mention à la loi de 1912. Les peines en cas de non-respect de ces mesures, peuvent aller jusqu'à la confiscation des véhicules. Les « nomades » ne peuvent plus passer inaperçus et ils l'ont bien compris, plusieurs familles tentent ainsi d'échapper à la catégorisation nomade au profit de celle de forain, parfois avec succès en louant ou en achetant un terrain[29]. En réalité la loi de 1912 a une faiblesse intrinsèque, celle de l'impossibilité de viser explicitement les Tsiganes (qui est pourtant un des objectifs affir-

29. Henriette ASSEO, « La gendarmerie et l'identification des "nomades" (1870-1914) », *op. cit.*

més par les parlementaires à l'origine de la loi) et les plus avertis peuvent jouer de ce flou juridique[30].

Et on comprend aisément tout l'intérêt qu'il y a d'éviter ce statut, car en plus de peser lourdement sur le quotidien, le statut est héréditaire (seule une décision préfectorale peut y mettre fin) et promet un sort similaire à sa descendance. En cela il s'agit d'un moyen de contrôle et de surveillance d'individus en raison de leurs caractéristiques ethniques ou raciales, un dévoiement réel du droit français[31], et cette loi perdurera jusqu'en 1969.

La Première Guerre mondiale ouvre une nouvelle période. Les « nomades » sont contraints à une fixation plus longue qu'à l'accoutumée, les hommes en âge de combattre partent au front. Leur statut de sous-citoyens n'est soudainement plus un point bloquant lorsqu'il s'agit de mourir pour la patrie.

Mais cet enrôlement n'a pas pour effet d'améliorer le sort des « nomades ». Plusieurs départements prennent des dispositions d'assignation à résidence. Par exemple dans le Maine-et-Loire le préfet ordonne dès 1915 l'assignation des « nomades » à un seul et même canton. Et cet arrêté n'est levé que bien après la guerre, le 24 février 1920 ![32] Ces assignations sont particulièrement éprouvantes pour les familles, privées de moyens de subsistance. Mais qui pour s'en soucier en ces temps de souffrance collective ?

Quant aux « nomades » étrangers, la fixation est de rigueur. Leurs possibilités de voyage sont fortement réduites pendant la période, en particulier pour les « nomades » d'origines allemandes qui sont déportés dans les camps d'internés civils austro-allemands[33] répartis sur l'ensemble du territoire français[34].

---

30. Marie-Christine HUBERT, « Les réglementations anti-Tsiganes en France et en Allemagne, avant et pendant l'occupation », *Revue d'Histoire de la Shoah*, vol. 167, n°3, 1999, pp. 20-52. URL : https://www.cairn.info/revue-revue-d-histoire-de-la-shoah1-1999-3-page-20.htm
31. Christophe DELCLITTE, « La catégorie juridique «nomade» dans la loi de 1912 », *Hommes et Migrations*, n°1188-1189, Juin-juillet 1995, pp. 23-30. DOI : https://doi.org/10.3406/homig.1995.2485
32. Emmanuel FILHOL, « Pouvoirs publics et minorités tsiganes en France pendant la Grande Guerre », *Recueil Alexandries*, Collections Esquisses, février 2017. URL : http://www.reseau-terra.eu/article1391.html
33. *Ibid.*
34. Jean-Claude FARCY, *Les camps de concentration français de la Première Guerre mondiale (1914-1920)*, Anthropos-Economica, 1995.

La Première Guerre mondiale est également le théâtre de l'internement des Romanichels d'Alsace-Lorraine. Certains sont pourtant français, mais ils n'échappent pas à cet internement spécial[35], car c'est aussi la première fois qu'un camp appelé « dépôt surveillé » sert spécifiquement à l'internement des « nomades » sur le territoire. Le camp d'internement est créé en 1915 dans la ville de Crest (26)[36]. Et ça ne sera malheureusement pas la dernière fois que la France internera les « nomades ».

1918-1940, un chemin certain vers l'internement

La répression continue après la guerre. Les interceptions de nomades et le fichage reprennent de plus belle, et certains témoignages viennent éclairer ces pratiques, comme celui du criminaliste suédois Harry Söderman en exercice à Lyon de 1926 à 1932 auprès du professeur de médecine légale Edmond Locard :

> « Il y avait là un grand bonhomme barbu, le type même du patriarche, de toute évidence un Gitan. Derrière lui se bousculaient des femmes et une ribambelle d'enfants qui semblaient à première vue innombrables, mais dont le nombre plus tard se révéla comme étant de dix-sept. C'était une tribu au complet [...]. La loi en France impose à tout nomade, Gitan ou autre, vieux ou jeune, mâle ou femelle, de posséder un livret d'identité spécial. Nous avions donc non seulement à photographier toute la bande, à prendre les empreintes digitales, mais encore à bertillonner chacun de ses membres. C'était un travail ingrat, mais trois d'entre nous s'y attelèrent, l'un photographiant et prenant les empreintes, le deuxième établissant les livrets, le troisième traînant les Gitans près de la fenêtre et criant au précédent les chiffres des mensurations et les portraits parlés. À force d'énergie, nous en terminâmes vers midi. »[37]

35. Emmanuel FILHOL, « Pouvoirs publics et minorités tsiganes en France pendant la Grande Guerre », *op. cit.*

36. François UBERFILL, « Filhol (Emmanuel), Un camp de concentration français. Les Tsiganes alsaciens-lorrains à Crest, 1915-1919 », Revue d'Alsace, 132, 2006, pp. 540-541. DOI : https://doi.org/10.4000/alsace.1353

37. Harry SÖDERMAN, *Quarante ans de police internationale*, trad. J. David, Presses de la Cité, 1956, pp. 76-77. cit. *in* https://journals.openedition.org/conflits/17757#ftn59

Les années 1920 marquent vraiment l'accélération des mesures de contrôle. La préfecture de police va créer une équipe spécialisée[38] dans la surveillance des « nomades » et y est adjoint un « registre à feuillets mobiles » qui répertorie tous les carnets délivrés. L'objectif est d'aboutir à la création d'un véritable fichier nomade national, pour un meilleur échange entre les services de police. En 1926 de nouvelles dispositions de durcissement des exigences administratives sont prises à l'égard des « nomades » étrangers, ceux déjà présents sur le territoire doivent désormais renouveler leurs carnets tous les deux ans[39], ceux souhaitant venir en France sont interdits de territoire[40]. En 1928 les « nomades » doivent prendre en charge le coût de leurs photographies anthropométriques, à moins de prouver qu'ils en sont dans l'incapacité, ce qui revient à une forme de taxe spécifique aux « nomades »[41]. Les conditions d'entrée sur le territoire pour les « nomades » sont encore renforcées en 1930, par l'établissement d'un accord tripartite avec la Belgique et le Luxembourg. Les années 1930 sont ainsi marquées par une intensification des contrôles, et le théâtre de rafles violentes de « nomades ». Plusieurs journaux publieront des listes de noms de famille qu'ils relient à la commission de plusieurs crimes et délits. Le renforcement des mesures de répression à l'égard des « nomades » durant les années 1930 préfigure les dispositions concentrationnaires à venir[42].

1939-1946, le temps du malheur

Dès le 16 septembre 1939, les premières mesures d'enfermement des « nomades » en temps de guerre voient le jour. C'est le préfet d'Indre-et-Loire qui interdit le premier la circulation des « nomades » dans le département. Ce n'est pas seulement une mesure d'assignation qui est ici prononcée, mais en réalité l'interdiction même de leur présence, jugée par le préfet comme « indésirable »[43]. Ainsi tous les « nomades » sont expulsés

38. Par la circulaire du 12 octobre 1920.
39. Article 42 de la loi du 4 avril 1926.
40. Circulaire de la sûreté générale, « Nomades de nationalité étrangère », 8 novembre 1926 ; Circulaire de la sûreté générale, « Nomades étrangers », 26 février 1926.
41. Michael STEWART, *op. cit.*
42. *Ibid.*
43. AD Indre-et-Loire, 4 M 221 : Correspondance entre le préfet et le chef d'escadron de gendarmerie, 16 septembre 1939 cit. *in* http://www.memorialdelashoah.org/wp-content/uploads/2016/05/texte-reference-memorial-shoah-hubert.pdf

du département. Huit autres départements suivront et interdiront soit le stationnement (ce qui revient à une expulsion pure et simple), soit la circulation auquel cas des mesures d'assignation sont alors prononcées[44].

Le 6 avril 1940, le dernier président de la IIIe République, Albert Lebrun, étend ces mesures à l'ensemble du territoire, en signant un décret-loi ordonnant l'interdiction de la circulation des « nomades ». Le même Albert Lebrun qui en 1908 alors qu'il est député s'illustrait dans ses propositions pour « combattre le nomadisme et les Romanichels »[45]. Cette date du 6 avril 1940 est importante, car c'est bien sous la IIIe République que commence cette phase immorale dans la persécution des « nomades », qui n'est donc pas l'œuvre d'une France occupée et soumise. Le même schéma qu'en 1870 ou en 1914 avec les Romanichels d'Alsace se reproduit : en temps de guerre, les « nomades » deviennent suspects par nature, leur mobilité est intolérable.

L'assignation à résidence des « nomades » est la première mesure, bien souvent ignorée des commémorations officielles, il s'agit pourtant du régime principal d'enfermement des « nomades » pendant la Seconde Guerre mondiale. Plusieurs réussissent à échapper à ces contraintes soit en quittant le territoire lorsqu'ils figurent sur les listes de recensement préalablement établies à partir de 1912, soit en se sédentarisant juste avant[46]. D'autres tentent la parade de la sédentarisation, faire croire en un point de chute, ceux qui prouvent l'existence d'un domicile peuvent échapper à l'assignation.

L'assignation à résidence se fait sous le contrôle de la gendarmerie. Les « zones de séjour » sont généralement situées à proximité des brigades. Cette sédentarisation forcée détruit les schémas économiques et sociaux. Les assignés peinent ainsi à trouver de quoi subsister, car si le décret-loi du 6 avril 1940 prévoit l'assignation, il ne prévoit en revanche aucun budget pour mettre en œuvre ces dispositions. Les « nomades » sont nombreux à connaître la faim, mais aussi l'hostilité de leurs voisins qui n'ont pas intérêt à voir les « nomades » se fixer et travailler dans leur secteur. En effet, les voisins sont nombreux à craindre les vols ou la concurrence pour les commerces établis. À partir d'octobre 1940, c'est la phase d'internement qui démarre, ordonnée par les occupants allemands, elle est mise en œuvre par les autorités françaises en zone occupée, mais aussi en zone libre.

---

44. AD Indre-et-Loire, *op. cit.*
45. Jean-Pierre LIEGEOIS, « Nomades, tsiganes et pouvoirs publics en France au XIXe siècle : du rejet à l'assimilation », *op. cit.*
46. *Ibid.*

Dans le même temps en Allemagne, la répression des *Zigeuner* bat son plein depuis les années 1930. Dès 1933, les mairies allemandes, partant d'initiatives locales bien souvent sous la pression même des habitants, ont mis en place des ZigeunerLager[47], desquels il n'est pas possible de sortir[48]. Dans l'Allemagne nazie, la catégorisation est explicitement raciale, les premières déportations commencent en septembre 1939, avant la mise en place de la solution finale. L'extermination des Tsiganes d'Europe à partir de décembre 1942 est plus tardive que celle des Juifs. Les premières persécutions contre les Tsiganes en Allemagne reposent sur leur prétendu caractère asocial et sont organisées au niveau local. Mais avec l'essor des théories de la race, les Tsiganes posent un problème, leurs racines indiennes et donc aryennes entrent en contradiction avec les théories nazies sur la pureté de la race. Le Reich commande alors une « étude » au Docteur Robert Ritter, expert du IIIe Reich en matière de tsiganes et à son assistante Éva Justin, qui concluent que les Tsiganes se sont corrompus au fil de leurs migrations[49]. Pour cette étude, Éva Justin mobilise un groupe d'enfants Tsiganes avec qui elle passera plusieurs années. On peut les apercevoir dans un film d'archive de 1943, en couleur, d'une durée de 5 minutes[50]. Ces enfants sont gardés avec d'autres par des religieuses dans l'orphelinat de Josefspflege à Mulfingen, en Allemagne. Dans le film, on peut les voir rire et s'amuser avec la caméra. Les fillettes sont coiffées de nattes soigneusement tressées et habillées de blouses bleues, les garçons portent des chemises bleues, ils cueillent des pommes et s'attablent autour d'un repas. À la fin de son étude, l'ensemble de ces enfants est déporté à Auschwitz-Birkenau, où la plupart d'entre eux sont tués[51]. Cette histoire agit comme un rappel : il y a 75 ans l'Europe tuait ses enfants. Le contexte du IIIe Reich reste néanmoins à différencier. L'historienne Henriette Asséo affirme ainsi : « il y a une différenciation qui est importante de bien comprendre, il y a une liquidation intra germanique de la population Tsigane et il y a des rafles sélectives dans le reste de l'Europe »[52].

47. Camp pour Tsiganes.
48. Raphaël ENTHOVEN, « Du révisionnisme au négationnisme. Épisode 4 : le génocide des Tziganes », Les chemins de la connaissance, *France culture*, 31 mars 2006. URL : https://www.franceculture.fr/emissions/les-nouveaux-chemins-de-la-connaissance/du-revisionnisme-au-negationnisme-44-la-maison-des
49. Guenter LEWY, *The Nazi persecution of the Gypsies*, Oxford, Oxford University Press, 2000, p.306.
50. Vidéo « Enfants tziganes utilisés dans le cadre d'études raciales », 1943, United States Holocaust Memorial Museum. URL : https://encyclopedia.ushmm.org/content/fr/film/romani-gypsy-children-used-in-racial-studies
51. *Ibid.*
52. *Ibid.*

En France la transposition du cadre juridique allemand pose problème. Les nazis ont une vision extensive du *Zigeuner*, et le flou juridique français dans la distinction entre Tsigane, « nomade » et « forain » conduit l'occupant à réclamer également l'internement des forains. Ainsi nombre d'entre eux, particulièrement dans l'ouest de la France, sont internés à partir du 22 novembre 1940. Mais les autorités françaises agissent auprès des Allemands pour éviter cet internement. Dans cet objectif le 5 avril 1941 une ordonnance est publiée, elle réduit la loi de 1912 à deux catégories : marchands ambulants et « nomades ». Les forains commencent à être libérés[53]. Pas les « nomades ».

Une partie est internée dans une trentaine de camps répartis partout en France. Même en zone libre où si une majorité de « nomades » reste astreinte à un régime d'assignation à résidence, certains sont internés dans des camps, comme celui de Saliers (13). Les mauvais traitements, l'absence d'hygiène et la piètre qualité des infrastructures caractérisent ces lieux[54]. Les camps sont gardés, administrés et gérés par des Français.

Les camps ont profondément marqué nos familles. Micheline Destouches, mon arrière-grand-mère alors adolescente, est internée avec sa famille dans les camps sarthois (72), à Coudrecieux, Mulsanne, puis transférée à Montreuil Bellay (49). Elle a confié à sa fille, la grande-tante, quelques-unes des horreurs des camps, la faim, le manque de soin, l'impossibilité d'accéder à une quelconque forme d'hygiène et les mauvais traitements. En passant du gnouf (sorte de cachot toujours visible aujourd'hui) du camp de Montreuil Bellay, à ses doigts cassés par les gendarmes français, son expérience agit encore aujourd'hui comme un rappel utile dans la famille : « se souvenir de quoi ils sont capables ». Du reste, des morts nous n'en parlons pas, ça ne se fait pas, surtout de ceux-là. Micheline est décédée le 11 septembre 2001.

Comme ma famille, de nombreux « nomades » sont spoliés[55]. Par les administrations des camps, qui ne leur rendent pas leurs caravanes, leurs outils de travail et le reste de leurs biens ou par leurs anciens voisins qui

53. AD Indre-et-Loire, *op. cit.*

54. Jacques SIGOT, « La dernière guerre et les camps de nomades », *Études tsiganes*, n°3, 1987, pp. 29-38. URL : https://gallica.bnf.fr/ark:/12148/bpt6k96833933/f28.image

55. Ilsen ABOUT, « Gens du voyage : l'heure des réparations », *Libération*, 9 octobre 2019. URL : https://www.liberation.fr/debats/2019/10/09/gens-du-voyage-l-heure-des-reparations_1756564

viennent se servir dans les terrains laissés vacants[56]. Dans les dépôts d'archives départementales que j'ai eu l'occasion de consulter en compagnie de Lise Foisneau, les lettres de dénonciation sont présentes. Non seulement les riverains avaient connaissance du sort réservé aux « nomades », mais parfois ils participaient même activement à leur traque, signalant aux gendarmes telle ou telle personne à interner, organisant des pétitions pour réclamer l'internement de familles entières et allant même jusqu'à participer au transport des « nomades » dans les camps.

Une lettre m'a particulièrement marqué, elle est adressée au préfet de la Sarthe. D'une écriture appliquée, comportant de nombreuses fautes, elle ressemble à des dizaines d'autres, mais sûrement a-t-elle retenu mon attention, car elle concerne une dénommée Auffré, nom que je connais bien :

« *Jeudi 17 juillet 1941, Monsieur le Préfet, Jaurais l'honneur de vous informé que nous avons des nomades dans le quartier et qui habite dans des roulottes et que la marthe Auffré va tous les jours à la mendicité en ville avec une petite fille de 8 ans qui ne va pas à l'école et la femme Auffré et tous les jours ivre et insulte tous les gens dans le quartier, monsieur le préfé voulez vous être assez aimable de bien vouloir la mettre dans un camp recevez mes sincére salutations. À georges Louis* »[57]

Sûrement cette lettre m'a bouleversé, car elle tranche avec une autre, celle d'Ernestine Destouches, la mère de mon arrière-grand-mère, où elle fait écrire :

« *Mulsanne le 21 juin 1942, Monsieur, Excusez moi si je me permets de vous envoyer ce petit mot je vous sollicite de votre bienveillance quant à ma libération. Interné au camp de Coudrecieux depuis le 12 mars 1941 et je suis actuellement au camp de Mulsanne. J'habitais avant mon arrestation à Aeroville depuis plus de 30 mois. Je payais toujours bien mon loyer à raison de 90 francs par mois et je payais tous les trimestres. Je ne vois pas la raison pour laquelle je suis ici dans le camp. Je suis seule avec mes 6 enfants dont l'ainé Prudent est infirme et âgé de 18 ans, Micheline 17 ans, Solange 14 ans, Guy 11 ans, Louis 10 ans et Christiane 6 ans, moi à mon âge de 41 ans. J'ai en ma possession mon certificat d'hébergement lequel je joins à ma lettre si d'autres papiers vous sont nécessaires je vous les ferez parvenir et si vous serez reconnaissant de bien vouloir acter à ma libération, car nous désirons de tout*

56. AD Indre-et-Loire, *op. cit.*
57. AD Sarthe, 653 W 56.

cœur reprendre le travail qui nous réclame. Veuillez agréer Monsieur mes sincères salutations. Ernestine Destouches, Camp de Mulsanne Sarthe »

La note du directeur du camp en bas de page fait office de réponse laconique :

« Sollicite sa libération pour aller travailler chez son oncle dont le certificat d'hébergement est joint. Cet homme était ouvrier agricole et doit toujours l'être, aussi pour héberger 7 personnes la garantie ne semble pas suffisante. Le Directeur du Camp. »

Le traitement de la presse sur le sujet est également évocateur d'un certain état d'esprit. Que ce soit à l'occasion de brèves ou d'articles.

Deux exemples trouvés dans les archives départementales de la Sarthe.

Le premier est une courte brève de presse en date de 1941 : « L'appel de la route. Chevallier Marie, 41 ans, nomade, en résidence... forcée au camp de la Pierre, à Coudrecieux, ne sut pas résister à l'appel de la route et s'en fut. Hélas, peu loin, car, en arrivant sur la commune de Vezot, elle fit la rencontre des gendarmes et son périple fut ainsi terminé à peine commencé. Pour infraction à la circulation des nomades, elle est condamnée à 15 jours de prison et, sa peine accomplie, elle rejoindra le camp qu'elle quitta. »[58]

Le second est un article intitulé « Visite au camp de Coudrecieux où sont internés les nomades venus d'un peu partout »[59], il évoque la beauté du camp de Coudrecieux, sa « bonne odeur » de cuisine, son gardien « aimable », son « infirmerie modèle », la corvée de soupe qui devient sous la plume du journaliste une « récréation » et cette « heureuse initiative » d'apprendre la lecture aux enfants. Article d'autant plus insupportable lorsqu'il est classé avec d'autres notes de rapport, dont celle du médecin inspecteur de la santé de la Sarthe, docteur Delavelle qui le 12 mars 1942 écrit : « en plus de l'installation défectueuse, de l'inconfort et de la promiscuité que j'ai déjà eu l'honneur de vous signaler, j'ai constaté que la nourriture servie indistinctement aux enfants, aux vieillards et aux adultes était composée uniquement de rutabagas mal préparés et insuffisamment cuits. Chacun des récipients que présentait le chef de famille ou sa femme comprenait bien un navet, mais ce dernier se trouvait lui aussi à l'état de crudité »[60] ou dans un autre rapport du capitaine Le Dall, commandant de la section sur l'état des internés du

58. *Ibid.*
59. AD Sarthe, 653 W 59.
60. AD Sarthe, 653 W 59.

camp de Mulsanne du 13 mai 1942 : « Le 12 mai 1942, à l'occasion du repas de midi, les nomades internés au camp de Mulsanne ont manifesté leur mécontentement en raison de l'insuffisance d'alimentation, réclamant : "à manger ou la liberté". Cette insuffisance alimentaire est réelle. Hier, la portion de légume dévolue était d'environ un quart de litre de pois chiches pour deux ou trois personnes »[61]. Une femme explique sa tentative d'évasion de la manière suivante : « la nourriture laisse trop à désirer, et cela dure depuis plusieurs mois. Ce sont là les raisons de mon évasion »[62].

Pendant la phase d'épuration en septembre 1944, plusieurs « nomades » sont victimes d'exécutions sommaires, notamment dans le Puy-de-Dôme. Les bourreaux sont les forces de libération et même certains voisins, qui en profitent pour régler leur compte et se débarrasser de cette présence encombrante[63]. Certains sont exécutés, car soupçonnés de collaboration avec l'ennemi, la mobilité suspecte n'a pas disparu. Parfois même sans raison apparente, c'est le cas de la famille Schutt « que l'on promena en camionnette dans la ville avant de fusiller les hommes au cimetière, le plus jeune n'avait pas 14 ans »[64].

Les nomades internés ou assignés se sont souvent rebellés : évasion des camps, affrontement avec les gardiens, réfractaires au STO[65], participation active à la Résistance[66], les témoignages sont nombreux, leur rôle est malheureusement bien souvent éludé, ils restent oubliés des commémorations officielles.

Il est important de noter que les « nomades » français ont majoritairement échappé à la déportation comme Tsiganes, du moins le temps a semble-t-il joué en leur faveur comme le souligne justement l'historienne Christine Hubert :

61. *Ibid.*
62. *Ibid.*
63. Lise FOISNEAU, « Mass Arrests and Persecution of "Nomads" in France from 1944 and 1946 : Post-Liberation Purges or Evidence of Anti-Gypsyism ? », *in* C. DONERT and E. ROSENHAFT (éd.), *The Legacies of the Roma Genocide in Europe since 1945*, Routledge (à paraître).
64. Emmanuel FILHOL, « 10. Pouvoirs publics et Tsiganes après la Libération. L'exemple de la Gironde (1944-années 1950) », *in* Catherine COQUIO (éd.), *Roms, Tsiganes, Nomades. Un malentendu européen*. Éditions Karthala, 2014, pp. 213-236.
65. Service du travail obligatoire.
66. Sur le rôle méconnu d'engagement de Tsiganes dans la résistance, KENRICK et PUXON, 1995, pp. 136-137, citation *in* Emmanuel FILHOL, « 10. Pouvoirs publics et Tsiganes après la Libération. L'exemple de la Gironde (1944-années 1950) », *op. cit.*

« La France et l'Allemagne ont abordé le règlement de la "question tsigane" sous deux angles différents. La France a combattu un comportement, le nomadisme, qui marginalisait les Tsiganes, provoquant ainsi des tensions entre les différents membres de la société française. Les Tsiganes ne devaient pas être exclus de cette société, mais y être pleinement intégrés. Pour ce faire, ils devaient abandonner le nomadisme qui constituait le mur porteur de leur culture. En Allemagne, les Tsiganes ne menaçaient pas la cohésion de la société par leur nomadisme, mais par leur existence même. [...] les Allemands laissèrent une marge de manœuvre aux autorités occupées. La participation des autorités françaises dans l'internement des Tsiganes a sauvé ces derniers de l'extermination, non parce qu'elles œuvrèrent volontairement dans ce sens, mais parce que leur approche du règlement de la "question tsigane" ne menait pas à leur extermination. La confrontation des deux approches tourna à l'avantage de la France uniquement parce que l'occupant ne s'impliqua pas suffisamment dans les persécutions qu'il avait projetées. »[67]

Mais tous n'échappent pas à la déportation, deux convois marqués « Z » sont partis du nord de la France et ont conduit aux camps d'extermination 351 « nomades » français et belges[68] et plus de 70 hommes du camp de Poitiers ont également été déportés[69]. D'autres « nomades » sont aussi déportés à l'Est sous des motifs politiques par exemple.

L'internement des « nomades » en France perdure bien après la libération, puisque les derniers sont libérés seulement durant l'été 1946. Il a fallu attendre 2016 pour qu'un président de la République, François Hollande, reconnaisse le rôle de l'État dans la persécution des « nomades » pendant la guerre[70]. Les camps sont des outils de sédentarisation forcée et de contrôle total. D'une certaine manière, ils préfigurent les politiques à venir.

Comme le note Lise Foisneau : « L'ouverture des camps français est un moment particulièrement indigne de l'histoire nationale : alors même que

67. AD Indre-et-Loire, *op. cit.*
68. Danielle DELMAIRE, « Des Tsiganes vers Auschwitz. Le convoi Z du 15 janvier 1944 », Tsafon, 77, 2019, pp. 177-179. DOI : https://doi.org/10.4000/tsafon.2142
69. Emmanuel FILHOL, « L'internement et la déportation de Tsiganes français sous l'Occupation : Mérignac– Poitiers-Sachsenhausen, 1940-1945 », *Revue d'histoire de la Shoah*, 170, 2000, pp. 136-182.
70. AFP, « La France admet sa responsabilité dans l'internement de Tsiganes de 1940 à 1946 », *Le Monde*, 29 octobre 2016. URL : https://www.lemonde.fr/societe/article/2016/10/29/francois-hollande-reconnait-la-responsabilite-de-la-france-dans-l-internement-de-tsiganes-durant-la-seconde-guerre-mondiale_5022473_3224.html

beaucoup n'ont plus ni chaussures, ni roulottes, les "Nomades" sont obligés de présenter leurs carnets anthropométriques quotidiennement. Petit à petit, certaines familles vont quitter les lieux d'assignation sans indemnisation de ce qu'ils ont perdu. Les autorités ne se soucient pas de ceux qui ne sont pas rentrés des camps nazis. »[71]

Rappelons à toutes fins utiles que le génocide des Tsiganes aura causé la mort de 300 000 à 600 000 personnes en Europe. Soit 80 % à 90 % de la population tsigane germanophone et 40 % de la population tsigane du reste de l'Europe[72].

1946 – 1969, préfiguration de la catégorie administrative de « gens du voyage »

La fin de l'internement des « nomades » arrive bien après la fin de la guerre, ils sont les derniers à être libérés, même après les collaborateurs qui eux sortent fin 1945[73]. La fin de l'état de guerre signe leur libération qui est annoncée par voie de télégramme du ministre de l'Intérieur aux Préfets en juillet 1946 et conclut qu'il faut continuer à « profiter de certains résultats heureux »[74] du décret du 6 avril 1940. Paradoxalement donc la fin de l'internement ne sonne pas la fin des persécutions. Une nouvelle page s'ouvre et l'objectif après tant d'années reste le même : faire en sorte que les « personnes d'origine nomade » abandonnent leur mode de vie construit autour d'un nomadisme réel ou supposé. Je dis supposé, car en réalité un bon nombre d'entre eux avaient déjà abandonné ce mode de vie, voire ne l'avait jamais vraiment exercé et surtout l'itinérance ou le Voyage reste à différencier des pratiques traditionnelles liées au nomadisme qui s'articulent le plus souvent autour d'activités pastorales. Nous reviendrons sur cette notion de « Voyage » tout au long de cet ouvrage. Comme le souligne Henriette Asséo : le « nomadisme tsigane » est avant tout une « invention politique »[75].

71. Lise FOISNEAU, « Résistances voyageuses : un long combat », *Lundi.am*, #213, 21 octobre 2019. URL : https://lundi.am/Resistances-voyageuses-un-long-combat

72. Raphaël ENTHOVEN, « Du révisionnisme au négationnisme. Épisode 4 : le génocide des Tziganes », *op. cit.*

73. Sur le sujet lire : Laurent Duguet, *Incarcérer les collaborateurs – Dans les camps de la Libération, 1944-1945*, Vendémiaire, 2015.

74. Note télégraphique du ministère de l'Intérieur aux préfets. Juillet 1946. AD Côte d'Or, 3 Z 7 M14A.

75.Henriette ASSEO, « Le "nomadisme tsigane" : une invention politique », *op. cit.*

L'après-guerre est aussi marquée par le silence dans certaines familles. Il faut se débarrasser de ses oripeaux, dans le sens où il devient nécessaire de se fondre dans la masse. Dans les récits de mes grands-parents, cette capacité à se fondre dans la masse existait même avant la guerre. Se jouer des apparences c'est réussir à être pris pour un Gadjo lorsque l'on s'adresse aux Gadjé. C'est une façon ancienne de se protéger, de s'éviter des ennuis ou de pouvoir continuer à travailler. Mais la guerre a renforcé cette pratique. Après la libération, il existe une vraie crainte d'un retour de l'internement. D'autant que les mauvais traitements ne disparaissent pas, ni les formes d'assignation à résidence. Cette volonté de se « fondre dans la masse » est passée, chez certaines familles, par un arrêt de la transmission des langues romani. Les raisons me paraissent multifactorielles. Elles sont probablement liées à la peur et au fait que la langue se concentre peu à peu sur l'essentiel, être capable de parler devant les Gadjé, rapidement et sans être compris. Dans ma famille elle se réduit désormais à quelques dizaines de mots de manouche, de romanès et de sinto, ma mère dit : « parler le voyageur ».

De nombreux « nomades » parviennent à changer de statut, certains s'en débarrassent par la sédentarisation, d'autres basculent vers celui de forain, c'est le cas de mon arrière-grand-mère qui y parvient en 1947 en devenant « parent de forain », car son concubin, mon arrière-grand-père Charles Robin, possède un carnet forain depuis 1935, Voyageur par sa mère, Gadjo par son père.

Peu à peu le contingent des « nomades » se réduit et l'outil étatique de contrôle et de répression s'appauvrit. Il est donc plus que temps de réformer.

Le ministère de l'Intérieur est ainsi chargé de constituer une commission interministérielle ayant pour vocation de résoudre les questions liées aux « nomades ». Le conseiller d'État Pierre Joint-Lambert en devient le président. Cette commission est chargée de proposer au gouvernement une nouvelle politique à l'égard des « personnes d'origine nomade ». Elle marque l'ouverture d'une période de réflexion autour du « problème du nomadisme »[76] dans la société. Pierre Joint-Lambert sera particulièrement influent dans la préfiguration du système moderne d'accueil. Encore aujourd'hui les principales lignes directrices des politiques publiques suivent

76. Fnasat-Gens du voyage, « Rapport présenté par M. Queyreau à la commission interministérielle chagée de présenter au gouvernement les mesures nécessaires au relèvement des populations d'origine nomade », 8 juin 1949. URL : https://fnasat.centredoc.fr/doc_num.php?explnum_id=515

« la solution »[77] que ce conseiller d'État n'a cessé de marteler pendant trois décennies. La solution de Joint-Lambert est toute contenue dans un rapport du ministère de l'Intérieur qui à mon avis est un des documents les plus importants de la mémoire collective voyageuse. Ce rapport est présenté en 1949 par le fonctionnaire Queyraud.

Ce document est fondamental en trois aspects. Il démontre en premier lieu la minimisation après-guerre de l'internement des « nomades ». Ainsi à propos du camp pour « nomades » de Saliers, présenté comme modèle par le régime vichyste, Queyraud écrit en 1949 : « ce village ne devait pas avoir le caractère d'un centre d'hébergement ni d'un camp répressif, mais d'un centre de rééducation professionnelle et sociale ayant pour objet essentiel, la suppression du nomadisme en exerçant une influence stabilisatrice sur ces perpétuels errants ; en les orientant vers un artisanat familial utile à l'économie française par le développement des aptitudes professionnelles qui leur sont familières [...], en s'efforçant de redresser les individus dont la formation morale autant que physique laissait à désirer et en les soustrayant à une vie parasitaire et enfin, en les dotant des conditions de confort et d'hygiène auxquels tous les membres de la communauté nationale pouvaient prétendre en contrepartie de leurs efforts. »

Assignation spatiale, sédentarisation, mise au travail, assimilation et hygiénisation. Une formule qui n'évoluera guère que sur le fond au cours des décennies suivantes.

Le rapport Queyraud démontre ensuite le racisme profond qui conditionne le regard des autorités publiques à l'époque. Les « nomades » y sont décrits comme suit :

> « Parmi les nomades qui sont en possession de carnets anthropométriques, que trouvons-nous ? Sans doute les gens les plus déshérités des classes sociales existant dans la Nation. S'ils n'ont pas obtenu de la population, ni des services chargés du maintien du bon ordre et de la paix publique, les concours qui auraient pu leur être bien souvent nécessaires, c'est que d'un tempérament un peu spécial dû à leurs origines, ils n'ont rien fait et ne font rien pour cela.

77. Pierre JOIN-LAMBERT, « Discriminations raciales et tsiganes », *Études tsiganes*, n°4, 1971, pp. 12-34. URL : https://gallica.bnf.fr/ark:/12148/bpt6k9676783r/f15.item

L'oisiveté permanente dans laquelle vivent les hommes en état de travailler les rend odieux aux yeux des populations laborieuses qu'ils rencontrent au cours de leurs incessants déplacements.

Race très prolifique, ils ont trop tendance à exploiter leur situation de famille, pour émouvoir la pitié publique et rapporter le morceau de pain qui aidera toute la famille à subsister. Leurs insistances pour obtenir la moindre assistance les fait craindre des populations, et la légende aidant, on leur prête toutes sortes d'influences néfastes, sur les enfants, sur les animaux, etc.

Comment remonter l'handicap qui depuis plus d'un siècle, pèse lourdement sur ce problème ? »

En bref, les « nomades » y sont appréhendés comme des sauvages qui restent à civiliser. C'est en cela que l'antitsiganisme tel qu'il s'est construit et exercé en France ne doit pas être radicalement et définitivement opposé à l'appréhension de la race. Le rejet des « nomades » français ne s'est pas fondé exclusivement sur la quête de la disparition du mode de vie, il ne s'agit pas uniquement d'un rejet résultant de difficultés à intégrer l'itinérance dans une société sédentaire. Car rappelons-le à toutes fins utiles, les « nomades » n'ont jamais constitué les seuls collectifs itinérants en France. Non, l'antitsiganisme tel qu'il s'est construit et pratiqué en France, s'est bel et bien établi aussi sur des considérations d'ordres raciales ou ethniques, celui de « groupes », intrinsèquement dangereux et asociaux, qui représentent un fléau et qui restent encore à civiliser, c'est-à-dire sédentariser, immobiliser, mettre au travail et assainir de leur caractère « parasitaire ».

Il existe un champ d'études comparatiste très peu exploré entre le traitement des « nomades » en France hexagonale et le traitement des Indigènes ou Autochtones dans les colonies. Ainsi en s'intéressant aux politiques de sédentarisation forcées des Autochtones d'Amazonie, on se rend compte que des mécanismes similaires ont été mis en œuvre pour les « nomades ». En s'intéressant au régime de l'« indigénat » en Algérie, il devient délicat d'ignorer quelques similitudes au statut de « nomade », dont certaines dispositions s'inspirent directement du permis de circulation obligatoire pour les indigènes[78]. À mon sens, le contexte colonial ou postcolonial ne peut

78. Emmanuel FILHOL, « Le discours républicain sur les "nomades" (1908-1912) : les cas d'Étienne Flandin et de Marc Réville », *Ethnologie française*, vol. 48, n°4, 2018, pp. 687-698. DOI : https://doi.org/10.3917/ethn.184.0687

être éludé ou pris à part pour comprendre les mécanismes d'appréhension et d'encadrement « nomades ».

Enfin ce rapport est un document majeur, car ses conclusions offrent une ressemblance frappante avec le système contemporain d'accueil et d'habitat des « gens du voyage ».

- Ainsi le rapport préconise de marquer plus clairement la distinction entre les « personnes d'origine nomade » et les autres, réunies sous une nouvelle catégorie, celle de « marchands forains ». La commission propose de revoir les règles afin d'« assainir cette catégorie, par le retrait immédiat du titre de circulation délivré dès que l'intéressé a cessé d'exercer la profession pour laquelle il l'avait obtenu », autrement dit sortir de la catégorie les « nomades » qui s'y cacheraient. La commission y parviendra par la mise en place, par la loi du 3 janvier 1969, de trois types de livrets de circulation et un carnet de circulation permettant de distinguer les « nomades » des autres, et accompagnés de mesures plus contraignantes pour les « nomades ».
- Créer des « terrains publics ou privés, spécialement aménagés », ce qui sera expérimenté à partir des années 1960 et sera plus tard l'objet des lois Besson de 1990 et 2000, avec l'établissement d'aires d'accueil, d'aire de grand passage et de terrains familiaux.
- Créer une « association de défense de ces populations », pour informer le grand public par « l'entremise de personnes dévouées s'intéressant au sort des nomades » ; « montrer aux "nomades" tout l'intérêt qui s'attache à ce que, par un travail régulier, un comportement normal, ils reconquièrent l'estime des populations des régions qu'ils traversent ». Élément le plus déterminant pour « leur intégration » selon le rapport. Ce point est important, car ces associations vont voir le jour dans la foulée avec la fondation des *Études Tsiganes* en 1955 et la création du CNIN[79] en 1960 (qui deviendra l'Unisat[80], puis l'actuelle Fnasat[81]). À plusieurs reprises au cours de mes rencontres, l'expression « bureau des affaires tsiganes » sera utilisée pour désigner l'actuelle Fnasat. Car c'est le fondement même de ces structures qui est régulièrement remis en cause parmi un nombre certain de militants Voyageurs et de cher-

79. Comité national d'action et d'information sociale pour les gens du voyage et les personnes d'origines nomades.
80. Union nationale des institutions sociales d'action pour les Tsiganes.
81. Fédération nationale des associations solidaires d'action avec les Tsiganes et les Gens du voyage.

cheurs. Des critiques portent aussi sur son fonctionnement puisqu'elle est majoritairement composée par des non-Voyageurs et prend part active dans l'élaboration et l'accompagnement à la mise en œuvre des politiques publiques d'accueil et d'habitat. La Fnasat siège actuellement à la Commission consultative nationale des « gens du voyage » occupant ainsi l'un des huit sièges de représentants des associations des « gens du voyage ».

- Permettre l'accès aux enfants « nomades » à une éducation au sein de « classes spécialisées », pour recevoir une éducation et une formation professionnelle qui « les aidera à renoncer d'eux-mêmes à leur vie errante ». Ici l'émancipation par l'éducation est aussi un outil de sédentarisation. Et force est de constater qu'en pratique, même si l'intention ne s'affiche plus, la scolarisation des enfants, faute de solutions alternatives efficaces (insuffisance d'accueil, normalisation des classes d'exception, conditionnement des minimas sociaux à la scolarité dans les années 1980, difficultés de suivi pour les élèves par correspondance et manque de moyen dans la médiation scolaire), agit aujourd'hui comme un des facteurs principaux de sédentarisation.
- « Les obliger à élire domicile, pour pouvoir, le cas échéant, être en mesure de bénéficier, pour leur nombreuse famille, des lois sociales. » Cette obligation à élire domicile conduit en pratique à une privation des droits civiques des Voyageurs, notamment du droit de vote (au moins jusqu'en 2012 et l'intervention du Conseil constitutionnel[82]). À cette critique formulée par le sociologue Jean-Pierre Liégeois, Pierre Joint-Lambert apporta une réponse pour le moins déroutante en 1978 : « Pouvait-on, sans provoquer des protestations fondées, admettre que des personnes sans attaches réelles avec une commune décident du sort de son administration ? ». La messe est dite.

82. Décision n° 2012-279 QPC du 5 octobre 2012.

Les années 1960-1980 – La naissance idéologique des « gens du voyage »

Il convient de s'arrêter quelques instants sur cette période particulière qui va être le théâtre, plus ou moins feutré, d'oppositions idéologiques et de la construction de l'accueil à la française.

Il ne va pas sans dire que l'établissement d'une première forme d'accueil des « nomades » dans les années 1960 est indissociable de toute volonté de sédentarisation. L'objectif à terme reste celui d'une intégration qui, aux yeux des penseurs de ces nouvelles politiques, passe par la sédentarisation. À l'image de Lucien Vochel, préfet de Mayenne qui, dans une lettre aux sous-préfets, aux maires et aux responsables de services départementaux, demande « À la politique de répression et d'interdiction jusqu'ici pratiquée à l'égard des populations d'origine nomade : Tsiganes, Romanichels, Gitans, etc., doit être substituée une politique plus compréhensive tendant à la fois à permettre leur développement humain normal et à faire disparaître, pour les populations au milieu desquelles elles vivent, les inconvénients inhérents à leur présence »[83], c'est-à-dire à terme leur sédentarisation[84].

Dans cette circulaire du préfet de Mayenne, un point particulièrement intéressant pour notre sujet est abordé, celui de la localisation des terrains de stationnement réservés aux « nomades », trop souvent « confondus avec la décharge ».

Pour la première fois, les « nomades » vont se voir appliquer une catégorisation juridique en fonction de leur degré de mobilité. En 1960 et en 1961, les forces de l'ordre procèdent à des recensements des « populations d'origine itinérante ou d'origine nomade », 80 000 personnes sont recensées, soit près de 18 000 familles[85]. Le recensement vise les personnes vivant en roulotte, titulaire d'un carnet forain ou d'un carnet anthropométrique nomade ou appartenant « à des groupes d'origine nomade dont le comportement est différent de celui des populations au milieu desquelles elles se trouvent : Bohémiens, Tsiganes, Romanichels, Gitans, Yennish,

83. Circulaire reproduite dans *Droit et Liberté*, février-mars 1966, citation *in* Emmanuel DEBONO, « "Gens du voyage" et volontarisme politique », Blog Au cœur de l'antiracisme, *Le Monde*, 14 août 2014. URL : https://www.lemonde.fr/blog/antiracisme/2014/08/14/gens-du-voyage-et-volontarisme-politique/
84. *Ibid.*
85. Fnasat-Gens du voyage, « Le traitement administratif des Gens du voyage en France. Deux siècles de législation spécifique, 1789 - 2016 », *op. cit.*

Kalderash, Manouches, etc. [...], que ces personnes vivent en tribu, en famille ou isolément »[86].

Le recensement distingue trois catégories, les « itinérants » (qui se déplacent en permanence), les « mi-sédentaires » (qui ne se déplacent qu'une partie de l'année) et les « sédentaires ». Cette distinction perdure aujourd'hui dans la pratique administrative et offrent un choix d'oxymores étonnants, ainsi distingue-t-on toujours le « gens du voyage itinérant », du « gens du voyage semi-sédentaire », ou du « gens du voyage sédentaire ».

C'est sur la base de ces recensements que le gouvernement en 1968 présentera une « réforme » de la loi de 1912, votée de manière expéditive en décembre par les deux chambres, le texte est promulgué en janvier 1969. Sur le fond il ne change pas grand-chose, le ministère de l'Intérieur présente alors le texte comme source « d'allégement très important » pour les « nomades » qui deviennent « gens du voyage ». Cette catégorisation administrative s'inscrit dans la continuité du statut de « nomade », les carnets anthropométriques sont débarrassés de certaines caractéristiques devenues embarrassantes (visas, mesures anthropométriques, etc.). Le carnet anthropométrique devient carnet de circulation, il vise toujours sans le dire vraiment les anciens « nomades », et se focalise toujours sur la distinction bien commode de l'activité professionnelle et des revenus.

Quatre titres de circulation se distinguent :

- Le livret spécial de circulation « A », d'une jolie couleur marron terne, il est réservé aux personnes « exerçant une activité ou profession ambulante ».
- Le livret spécial de circulation « B », orange pétant, il est réservé pour les employés, ouvriers de chantiers mobiles, etc.
- Le livret de circulation, vert olive, pour les personnes justifiant de ressources régulières.
- Le carnet de circulation, de couleur bordeaux triste, pour toutes les personnes qui ne remplissent pas les conditions d'attribution des livrets, c'est-à-dire qui n'ont pas de ressources régulières.

Outre les carnets et le livret de circulation qu'il convient de faire viser à intervalles réguliers au commissariat de police ou chez les gendarmes, ces outils de contrôle sont assortis de dispositions particulièrement contraignantes sur

86. *Ibid.*

la domiciliation. Les « gens du voyage » étant contraints d'être rattachés plus de trois ans à une commune (contre six mois dans le droit commun) pour bénéficier d'une domiciliation et pouvoir réaliser leurs formalités administratives. Un quota de 3 % de « gens du voyage » sur la totalité des personnes domiciliées dans une même commune vient compléter les dispositions. En raison de ces conditions de domiciliation, 75 % des « gens du voyage » se retrouvent privés de certains droits, dont le droit de vote[87].

Cette loi, qui sera déclarée inconstitutionnelle en 2012, est l'objet dès les années 1970 de nombreuses critiques et deviendra le terrain de bataille de conceptions idéologiques autour de la figure du « gens du voyage ». Jean-Pierre Liégeois est l'auteur d'un texte au vitriol en 1978 intitulé « Nomades, Tsiganes et pouvoirs publics en France au XXe siècle : du rejet à l'assimilation »[88] où il démontre qu'entre 1912 et 1969 peu de choses ont finalement changé. Il dénonce « l'acharnement de la législation et de son application sur les nomades », pointe du doigt Pierre Joint-Lambert sur son refus catégorique de reconnaître la moindre discrimination raciale dans le droit français et termine par ce paragraphe cinglant : « Nous sommes entrés après 1912, dans le domaine des nuances du traitement administratif. Dans la loi on n'interdit plus nettement d'exister en tant que Bohémien, Tsigane ou nomade, mais on contrôle cette existence. Le but de la disparition du Bohémien et du nomade – reste le même. Et la loi, sinon son application, devient polie et policée comme la société qui la sécrète. On n'interdit plus : on contrôle. On n'anéantit plus : on soumet progressivement. On ne rejette plus : on assimile ».

L'intensité de l'opposition n'est pas étrangère au caractère profondément idéologique de la « solution » de Pierre Joint-Lambert, qui quelques années plus tôt à l'occasion d'un colloque sur les discriminations raciales, organisé en décembre 1971 par l'Institut international des Droits de l'Homme, est amené à exposer longuement sa vision[89]. Après une description essentialisante sur les Tsiganes, le conseiller d'État expose l'absence de discrimination raciale au niveau étatique. Selon lui la commission interministérielle dont il fut le président en 1948 est la manifestation d'une prise en

87. Didier HOUTH, « Droit de vote des étrangers : "N'oublions pas les gens du voyage !" », *L'Express*, 19 septembre 2012. URL : https://www.lexpress.fr/actualite/politique/droit-de-vote-des-etrangers-n-oublions-pas-les-gens-du-voyage_1163360.html

88. Jean-Pierre LIEGEOIS, « Nomades, tsiganes et pouvoirs publics en France au XIXe siècle : du rejet à l'assimilation », *op. cit.*

89. Pierre JOIN-LAMBERT, « Discriminations raciales et tsiganes », *op. cit.*, p. 25.

compte par l'État du mode de vie des Tsiganes, une volonté d'approche « plus humaine ».

Il note « le législateur et le gouvernement français ne pratiquent pas, à l'égard des Tsiganes, de discriminations raciales ». Si discriminations il existe, leurs origines se situeraient plutôt au niveau des autorités publiques décentralisées et des autres collectivités publiques. L'auteur évoque l'existence de discriminations directes qui visent le Tsigane en tant que tel, il précise d'emblée qu'elles sont rares et que la plupart des discriminations sont indirectes, car elles visent en premier un comportement et non des personnes. C'est un des fondements de la pensée de Pierre Joint-Lambert, où la méconnaissance du grand public et le comportement des « gens du voyage » sont les points d'achoppement, les variables à changer pour faire cesser ces discriminations. Après avoir opposé le Tsigane à « l'homme moderne », il écrit : « une des causes essentielles, la principale, des discriminations pratiquées directement ou indirectement à l'égard des Tsiganes est le comportement de beaucoup d'entre eux. Tout ce qui a été dit au cours de cet exposé le montre. Aussi ce comportement doit-il se modifier ». Le conseiller d'État s'interroge : « Les Tsiganes peuvent-ils accomplir seuls leur reconversion ? [...] Jusqu'à quel point peut-on et doit-on demander aux Tsiganes de se reconvertir ? ». Parmi les changements qu'impose cette reconversion, Joint-Lambert met en tête les pratiques délictueuses, puis la sédentarisation. Sur ce point il explique que la « sédentarisation ne doit pas être recherchée pour elle-même [...] elle doit cependant être facilitée [...] elle est, dans une certaine mesure, inévitable », les Tsiganes doivent être « éclairés » pour qu'ils puissent comprendre qu'il n'y a pas d'avenir dans les activités ambulantes. Et il s'agit là d'un point essentiel pour comprendre la nature des politiques publiques contemporaines.

L'autre fondement de la solution du conseiller repose sur l'existence de terrains réservés aux « gens du voyage ». Depuis au moins 1949, Pierre Joint-Lambert soutient cette solution, mais note que « les réalisations dépendront de l'état de l'opinion et, en définitive, des électeurs. Ce sont ces derniers, c'est la foule des Français moyens et non le gouvernement qui, par leur crainte du voisinage des gens du voyage, par méconnaissance de leurs problèmes, rendent si difficile la création de terrains de stationnement, notamment dans la région parisienne. La tâche essentielle est de rallier l'opinion publique »[90]. Ces terrains sont le minimum pour « intégrer » et doivent être

90.Emmanuel DEBONO, « "Gens du voyage" et volontarisme politique », *op. cit.*

accompagnés de solutions pour les « gens du voyage sédentaires » ou souhaitant se sédentariser. Pour Joint-Lambert les Tsiganes n'ont « naturellement pas le sens national [...] et le sens civique » et pour qu'ils les acquièrent il faut qu'ils soient à la fois « accueillis et traités par les autres Français comme des compatriotes ». Accueillis dans des terrains réservés pour eux (et qui en pratique se révèlent être le plus fréquemment à l'écart et de piètre qualité), mais aussi donc écoutés. Pierre Joint-Lambert est un vrai juriste, en cela qu'il ne peut admettre une consultation directe des Tsiganes par voie de leurs « représentants », car cela signifierait que l'État prend en compte des individus à raison de leur représentation ethnique, ce qui est évidemment compliqué dans un État-nation, et de plus cette méthode écarte d'autres « personnes d'origine nomade » comme les Yéniches. Le conseiller d'État insiste donc sur le rôle des associations d'amitié (dont il n'ignore pas les critiques par ailleurs) qui « bâtissent des ponts » entre les Tsiganes, l'administration et « la masse des autres Français ».

Ces joutes de militants, de juristes et de scientifiques autour de la conception et de la place (sociale et spatiale) des « gens du voyage » ne changeront pas fondamentalement la vie de tous les jours, qui continue d'être une longue succession de rejet et de débrouille pour les Voyageurs. Pendant que certains discutent dans les salons et colloques de ce qu'ils sont ou ne sont pas, de ce qu'ils doivent ou ne doivent pas, en pratique le rejet des villes se poursuit. Les premiers plans de sédentarisation donnent naissance à des quartiers entiers composés de collectifs identifiés comme « Tsiganes ». C'est le cas de la « cité de l'espérance » à Berriac installée à l'écart, dans un environnement industriel, au pied d'une centrale électrique. Pour Michel Soules, maire de la commune, lui-même Gitan et issu de ce quartier, cet endroit contribue à « figer la société gitane dans un ghetto »[91]. C'est également le cas du « hameau tsigane » installé au Plan de Grasse qui a permis de fixer des populations par ailleurs main-d'œuvre dans les industries du parfum, plus tard ce seront les fameuses Mous (Maîtrise d'œuvre urbaine et sociale) qui verront le jour et créeront des quartiers à part et entièrement réservés aux « gens du voyage sédentaires ».

Dans les années 1970, des « centres de stationnement pour nomades » ou des « terrains nomades » commencent à être créés. Ils viennent parfois

91. Jean-Louis DUBOIS-CHABERT, « Berriac. La fin programmée de la Cité de l'Espérance », *La Dépèche*, 19 octobre 2013. URL : https://www.ladepeche.fr/article/2013/10/19/1734528-berriac-la-fin-programmee-de-la-cite-de-l-esperance.html

officialiser des lieux habituellement utilisés par les Voyageurs. Certaines municipalités construisent des « terrains désignés » renommés « places désignées » par les Voyageurs, qui encore aujourd'hui (pour une grande partie) utilisent ce terme pour désigner les « aires d'accueil ». Les terrains nomades ou désignés souffrent des mêmes travers, une localisation souvent à proximité de la déchèterie, des réalisations spartiates, voire insalubres, une mauvaise gestion du ramassage des déchets, etc.

Dans la même période, de plus en plus de communes prennent des arrêtés d'interdiction de stationnement des « gens du voyage » sur leur territoire. Les panneaux « interdit aux nomades » ou « interdit aux gens du voyage » fleurissent un peu partout. Ils sont au fil des années, devenus le symbole d'une histoire commune, d'une mémoire de la lutte aussi, je me souviens de Raymond Gurême, ancien interné et résistant, qui en conservait un au pied de sa caravane. Ces panneaux rejoignent les carnets et livrets de circulation comme symboles des revendications des Voyageurs qui n'ont toujours pas les mêmes droits que leurs « concitoyens ». Dans la plupart des villes, le stationnement est limité à 24 ou 48 heures. Les visas des carnets anthropométriques ont peut-être disparu, mais les pratiques restent les mêmes.

C'est donc une première victoire lorsqu'en 1983 le Conseil d'État[92] affirme qu'un maire ne peut pas limiter « à 48 heures, sans possibilité de prolongation » le stationnement des « gens du voyage » et l'interdire « hors des emplacements fixés par les arrêtés contestés qui ne permettent l'accès que d'un très petit nombre de véhicules et sont dépourvus des aménagements indispensables, notamment sur le plan sanitaire ». Détail ou non, alors que la loi de 1969 a mis fin au statut des « nomades » de 1912, le Conseil d'État continue d'utiliser ce qualificatif dans sa décision de 1983, ce manque de rigueur étonnant perdurera jusqu'en 2005[93]. Mais pour l'essentiel avec la fin des circulaires d'interdiction de territoire, c'est toute la pratique administrative qui est remise en cause, celle de l'organisation au niveau de certains territoires d'une forme de rejet perpétuel des « gens du voyage » et donc d'une errance organisée. Peu à peu la jurisprudence de la plus haute juridiction administrative dessine et affine le droit à l'accueil[94] et contribue à ce que l'accueil tel que pensé par la Commission interministérielle de 1948 devienne la « solution ». Il est donc plus que temps de légiférer.

92. CE, 2 décembre 1983, Ville de Lille.

93. CE, 27 juillet 2005, Ville de Noisy-Le-Grand, n°257394.

94. Arrêt du 25 mars 1988 (ville de Lille, comité de quartier rue de Bavai, rue de l'Est).

1990-2021, le « gens du voyage », citoyen accueilli et expulsé

Dans sa version initiale, la loi du 31 mai 1990 visant à la mise en œuvre du droit au logement (dite loi Besson I) énonce dans son article 28 l'obligation pour toute commune de plus de 5 000 habitants de prévoir les « conditions de passage et de séjour des gens du voyage sur son territoire, par la réservation de terrains aménagés à cet effet ». Les réalisations de ce type sont insuffisantes, les chiffres parlent d'eux-mêmes, en 1992 environ 300 terrains existent en France, soit 5 000 places alors qu'il en faudrait au minimum 25 000 selon le rapport d'un préfet[95]. 1992 est aussi l'année de disparition du vieux délit de vagabondage de 1810, les Voyageurs ne sont plus appréhendés par leur mobilité, mais par le champ de l'ordre public et de l'installation illicite.

Quant à la localisation de ces terrains elle répond à des logiques classiques qui tentent de faire l'équilibre entre la l'obligation d'accueillir et le rejet des « gens du voyage » par les populations sédentaires : éloignement des zones d'habitation et moins-disant en matière de construction. Le tour de France de ces lieux est aussi celui des décharges, des stations d'épuration et des zones industrielles.

Pourtant 10 ans plus tard, à peine un quart des communes de plus de 5 000 habitants respectent leurs obligations en matière d'accueil. La loi ne prévoit pas de contraintes particulières pour les collectivités refusant de s'y soumettre. Autant dire que bon nombre font traîner leurs dossiers ou affichent carrément leur volonté de ne pas respecter la loi.

Le gouvernement intervient alors pour passer à la vitesse supérieure. La loi du 5 juillet 2000 relative à l'accueil des « gens du voyage » (dite loi Besson II) est présentée comme un texte d'équilibre entre les droits et devoirs des « gens du voyage » et des collectivités accueillantes. Autrement dit les collectivités accueillent et choisissent l'emplacement, et les « gens du voyage » sont contraints de stationner dans ces seuls emplacements.

L'obligation d'accueil des villes de plus de 5 000 habitants est rappelée, chacune de ces collectivités a à sa charge la réalisation d'aires permanentes d'accueil, d'aires de grands passages ou de terrains pour l'habitat, dont la capacité est fixée par le schéma départemental d'accueil et d'habitat des

95. « Les gens du voyage », *Plein droit*, n°17, 1992. URL : https://www.gisti.org/spip.php?article3775

gens du voyage visé par chaque Préfet de département, donc l'État. En cas de non-réalisation par les maires, le Préfet dispose d'un pouvoir de substitution (qui en pratique n'est jamais mobilisé). L'État peut ainsi acquérir les terrains nécessaires à la réalisation de l'aire. Double peine en théorie pour les collectivités qui violent la loi, qui non seulement peuvent être contraintes dans le choix de la localisation des terrains, mais en plus perdent les subsides de l'État pour leur réalisation.

Autre « bénéfice », la commune qui remplit ses obligations d'accueil peut demander l'interdiction de stationnement des « gens du voyage » sur tout le reste de son territoire. Un argument de taille pour vendre le projet aux administrés que les maires n'hésitent pas à mobiliser. Ainsi dans les discours il n'est pas rare que des mesures d'accueil soient présentées comme des outils pour procéder plus facilement à des expulsions. Et cet argument est d'autant plus mobilisé qu'en 2018 la loi a élargi les possibilités d'interdiction du territoire communal aux communes qui respectent leurs obligations (c'est-à-dire qui disposent d'un terrain d'accueil), même si l'établissement public de coopération intercommunal (EPCI) ne respecte pas les siennes (c'est-à-dire qu'elle n'a pas réalisé l'ensemble des terrains inscrits au schéma départemental). Il s'agit là d'un des paradoxes de l'accueil, et il est loin d'être le seul. À titre d'exemple, toutes les communes de plus de 5 000 habitants ne sont pas réellement obligées d'accueillir : un certain nombre dérogent à l'obligation en contribuant au financement d'aires d'accueil dans d'autres communes de l'EPCI, ce qui en pratique conduit à concentrer encore plus la présence des Voyageurs et réduit les possibilités de stationnement. Dans la pratique aussi le pouvoir de substitution des préfets ne s'applique jamais. L'exemple des réalisations d'aires de grand passage est en cela particulièrement parlant, avec des dossiers qui traînent de recours en recours depuis plus de 20 ans et des territoires départementaux entiers qui ne sont pas pourvus de ce type d'espace. C'est souvent une interrogation des Voyageurs : lorsque la réalisation d'un terrain, d'une aire pour l'accueil ou de terrains d'habitat est prévue au schéma, combien de temps la collectivité peut faire traîner le dossier ? La pratique démontre que des collectivités parviennent à faire repousser de schéma en schéma les réalisations. Certaines collectivités adoptent des stratégies claires d'évitement de l'accueil, en jouant sur les périodes de fermeture des aires, sur des localisations tellement inhospitalières que l'utilisation de l'équipement est quasi-nulle, en pratiquant des tarifs prohibitifs ou en sélectionnant des terrains dont les caractéristiques ne sont pas satisfaisantes.

Entre 2014 et 2017, une série de lois est venue transférer les compétences de l'accueil et de l'habitat des « gens du voyage » des communes aux EPCI. L'accueil et le non-respect de la loi d'accueil n'est donc plus de la responsabilité des maires, mais se diluent dans cette figure moins personnifiée qu'est l'EPCI. Les communes ne sont pas non plus totalement désengagées, elles doivent d'une part accueillir le lieu d'accueil, mais aussi contribuer au financement. En 2018 le législateur est venu préciser les rôles de chaque collectivité et désormais en matière de grand passage par exemple, les maires peuvent transférer leurs pouvoirs de police générale aux préfets. Est-ce que pour autant cela signifie que les localisations s'améliorent avec le temps ? Pas vraiment puisqu'elles répondent toujours aux mêmes logiques.

Ces ajustements du cadre légal prévu pour l'accueil et l'habitat des « gens du voyage » sont le signe que la théorie n'a pas résisté à la pratique. La loi Besson II qui prétend l'équilibre entre les droits et les devoirs fait toujours débat. Traditionnellement les forces politiques de tout bord soulignent l'existence de déséquilibres. Pour nombre d'élus locaux, le texte fait peser des contraintes trop importantes sur les collectivités, alors même que la majorité du financement est prise en charge par l'État. C'est surtout une loi qui passe mal au niveau local. Difficile pour les maires de convaincre les administrés de l'intérêt de la réalisation des aires d'accueil, même avec la possibilité de conscrire le stationnement des « gens du voyage » à ces seuls terrains. Dans les rangs du parlement, les esprits s'échauffent régulièrement sur la question de l'accueil, les parlementaires de droite évoquent un déséquilibre au profit des « gens du voyage » qui sont encore trop nombreux à stationner illégalement en dehors des aires. À gauche, ces stationnements illégaux sont expliqués par le trop grand nombre de collectivités qui refusent encore de respecter la loi sur l'accueil, en l'absence de places disponibles les Voyageurs n'auraient d'autres choix. En matière de « solution », les parlementaires sont divisés en deux blocs, ceux (nombreux) qui prônent un renforcement des sanctions à l'égard des « gens du voyage », et les autres qui réclament simplement l'application de la loi, une façon de renvoyer le débat au jour où toutes les collectivités auront respecté leurs obligations en matière d'accueil et d'habitat.

Les discours entendus au Sénat ou à l'Assemblée sont parfois caricaturaux (voir chapitre « Le médiatique ») : on y présente des hordes de « gens du voyage » envahissant les villes, sans foi ni loi, préférant l'installation illégale qui génère des nuisances pour les « riverains », plutôt que l'aire d'accueil qu'ils finissent de toute façon par détruire. Ces « gens du voyage », appelés ainsi pour masquer la vérité (entendre Rroms, Manouches ou Gitans), obtiennent tout ce qu'ils veulent sans payer d'impôt alors que les honnêtes Français se saignent, que dis-je, se sacrifient pour réaliser ces aires d'accueil qui pèsent tellement sur les budgets locaux ! On parle aussi des incivilités, de l'augmentation des cambriolages par la simple présence des « gens du voyage », de la dévaluation des maisons situées à proximité des aires, de la mort de zone commerciale en raison d'installations à proximité, des massacres d'enfants et du retour de la peste. Bref, à entendre certains parlementaires les « gens du voyage » sont toujours un « fléau », depuis le XIXe siècle le fond des discours n'a pas tellement changé. Et je parierais que vous avez lu ou entendu cette argutie mille et une fois, que peut-être même vous pensez cela. Pour ma part je l'entends depuis l'enfance.

Mais au-delà du débat médiatique, où est la parole des « gens du voyage » ? Que pensent-ils de l'accueil, comment le vivent-ils ? Est-ce que pour eux aussi la loi Besson est déséquilibrée, ou sont-ils simplement ces incorrigibles profiteurs comme on aime tant les présenter ? Car si l'accueil « pèse » sur les collectivités, les premiers à faire l'objet de l'accueil sont bel et bien les « gens du voyage » eux-mêmes. Les premiers à être contraints de vivre dans les aires, d'y payer un loyer et à devoir batailler au quotidien pour trouver une place ce sont eux. Et comment espérer un équilibre entre les droits et devoirs des parties lorsque le poids des parties en question est totalement déséquilibré ? Que pèsent les Voyageurs face aux collectivités ? Qui accède le plus facilement au droit, qui organise le système, qui gère l'accueil, qui surveille et fait appliquer les règlements sur les aires, qui choisit les lieux d'accueil, qui les ouvre ou les ferme ? Est-ce qu'un équilibre entre parties est possible, ne serait-ce qu'imaginable, lorsqu'une des parties est seule en charge du dispositif ? L'accueil est l'exercice de la force publique sur l'accueilli, elle n'est pas et ne doit pas être vue comme une forme d'hospitalité, elle est un droit qui implique des devoirs. Mais cette somme de devoirs vaut-elle le coup ?

« Se faire ouvrir la place » est une expression qui signifie qu'il faut parfois faire des pieds et des mains pour qu'une collectivité accepte de retirer les blocs de béton qui bouchent les entrées des « aires d'accueil ». Ne pas avoir de place est une réalité dans certains départements, soit que les équipements d'accueil demeurent encore inexistants, soit qu'ils sont sur-occupés et donc insuffisants. L'enfer de la place, c'est la succession d'espaces désagréables et relégués, souvent mal entretenus, ce sont des messages, des témoignages qui se ressemblent, c'est cet appel au secours d'habitants des aires sur internet, dans les médias locaux ou sur les réseaux, comme ceux de Saint-Girons (09) qui écrivent en 2013 : « Une aire d'accueil a été aménagée au "Pont du Rat". Autrefois, la SPA a été déplacée de ce site, car les chiens tombaient malades. La Mairie y a, sans honte, installé les voyageurs – un cul-de-sac où le soleil n'arrive jamais, humide, froid, insalubre, sans borne incendie, surpeuplé (prévue pour 10 emplacements, 27 caravanes s'y entassent.) Chaque emplacement coûte 10 euros par jour par caravane aux occupants. Sans aide au logement, certaines familles déboursent jusqu'à 650 € par mois. La commune touche des aides de l'État pour la gestion. En somme, nos habitants de caravanes rapportent des sous... Une aire d'accueil limite entre deux ou trois mois dans l'année la présence de leurs usagers. En plus d'espaces où les voyageurs peuvent s'arrêter ponctuellement, des emplacements permanents devraient être proposés. L'État les finance en grande partie et les usagers peuvent obtenir, comme tout le monde, des aides au logement pour le loyer en cas de difficulté. C'est ce qu'on appelle "les terrains familiaux". Si Saint-Girons refuse de les réaliser, c'est uniquement pour chasser une partie de la population, qu'elle considère indésirable, de son territoire. »

La conception du « gens du voyage » s'est idéologiquement arrêtée en 1948 avec la Commission interministérielle. Depuis l'affinage n'a fait que suivre le sillon. Le système d'accueil et d'habitat est vu comme la « solution » dont la seule tache trop visible était encore récemment les discriminations légales dues au statut des « gens du voyage ». Ces derniers *nefas* ont été peu à peu abolis.

En 2010, le législateur crée un nouveau dispositif en matière de justice constitutionnelle appelé Question prioritaire de constitutionnalité (QPC). Jusqu'alors le juge constitutionnel ne pouvait que se prononcer sur la constitutionnalité d'une loi *a priori*, c'est-à-dire avant sa promulgation. C'est un pouvoir utilisé par l'opposition (60 députés et/ou sénateurs peuvent saisir le Conseil constitutionnel pour un contrôle) depuis 1974. En 2010, l'introduction de la QPC permet un contrôle *a posteriori*, c'est-à-dire après promulgation de la loi, et ce non plus par les parlementaires, mais directement par un justiciable dans le cadre d'un contentieux et après un premier filtre des plus hautes juridictions (Conseil d'État ou Cour de cassation). Les juges constitutionnels examinent alors les dispositifs faisant grief et vérifient qu'ils ne violent pas les droits et libertés prévus par les textes constitutionnels.

L'introduction de cette possibilité a précipité un changement en matière de droit des « gens du voyage ». La vieille loi de 1969 qui comportait tant de règles discriminatoires à l'égard des « gens du voyage » n'avait que peu de chance de survie face à la mobilisation de certains Voyageurs. En 2012, le juge constitutionnel déclare inconstitutionnels une partie de ses dispositifs notamment celui des carnets de circulation, mais aussi ceux relatifs à la domiciliation[96]. En supprimant par exemple l'obligation de rattachement de trois ans à une commune pour la domiciliation, le Conseil constitutionnel permet à de nombreux « gens du voyage » (soit les trois quarts) d'accéder pour la première fois à la possibilité de voter. Le droit de vote plein et entier des « gens du voyage » n'est donc une réalité que depuis 8 ans. Mais on peut se demander si ces avancées auraient été permises sans l'introduction de la QPC ? Est-ce qu'un jour les gouvernements successifs auraient d'eux-mêmes offert une pleine citoyenneté aux « gens du voyage » ?

En 2015 c'est le quota de 3 % de « gens du voyage » domiciliés par commune qui est supprimé, cette fois-ci par la voie législative. Tout cela ne s'est pas fait sans résistance, la disparition du quota a suscité une vive opposition des députés de droite craignant la possibilité de voir apparaître de nouvelles formes de vote communautaire aux élections locales. En 2017, la loi égalité et citoyenneté vient supprimer le statut administratif tel qu'édicté par la loi de 1969, les livrets de circulation sont définitivement abandonnés et en théorie la catégorisation de « gens du voyage » ne devrait plus avoir lieu d'être. En théorie seulement, car l'appellation est toujours usitée, par l'administration, comme par le pouvoir exécutif, en démontre le dernier décret en date du 26 décembre 2019 « relatif aux aires permanentes d'accueil et aux terrains familiaux locatifs destinés aux gens du voyage ». En pratique rien ne change vraiment, les « gens du voyage » font toujours l'objet de politiques spéciales, d'accompagnement à la sédentarisation, de terrains réservés, de mise à l'écart et de discriminations de fait. Le champ de la répression n'a cessé quant à lui de se développer, en 2018 la loi est venue doubler les sanctions contre les « gens du voyage » en cas d'occupation illicite d'un terrain, et des parlementaires proposent encore fréquemment le recours à un renforcement de ces sanctions. Dans les faits des territoires entiers restent interdits à la présence des « gens du voyage » et en pratique des collectivités continuent à maintenir ces derniers dans les marges.

96. CC, Décision n°2012-279 QPC du 5 octobre 2012. URL : https://www.conseil-constitutionnel.fr/decision/2012/2012279QPC.htm

Est-ce à dire que tout est négatif ? Certainement pas, les situations sont nuancées, les difficultés sont encore réelles, tant pour les Voyageurs, que pour les collectivités ou les habitants sédentaires. Dans certains territoires, la cohabitation a laissé place à des formes de vivre-ensemble relativement satisfaisantes, pour les « gens du voyage sédentaires », comme pour les itinérants qui sont accueillis. Des territoires développent des politiques volontaristes en matière d'accueil et d'habitat et de nombreux élus démontrent leur volonté de bien faire, et d'œuvrer à l'inclusion de tous. Mais le rejet est toujours là et dans ce paysage complexe il est parfois difficile de prendre de la hauteur ou de changer le point de vue, notamment celui de la parole légitime. L'esprit des lois n'est pas encore complètement respecté, le texte et sa mise en œuvre relèvent de deux pratiques différentes et c'est ici que le bât blesse. Recenser l'ensemble des aires d'accueil françaises tend à démontrer l'existence d'une forme de rejet systémique, qui se caractérise par l'évitement de l'accueil et la mise à l'écart spatiale, environnementale et donc sociale. Un rejet pensé et organisé directement sur les territoires, un rejet qui est toujours possible en pratique et que la loi ne parvient pas encore à juguler. L'accueil tel qu'il existe aujourd'hui n'est pas une « solution » en voie d'achèvement, mais il reste toujours à penser, à critiquer et à réformer. La localisation des aires d'accueil constitue une porte d'entrée (parmi d'autres) pour comprendre l'effectivité, par l'espace, du continuum de l'antitsiganisme en France qui s'inscrit dans une continuité historique, idéologique, légale et sociale. Envisager les lieux réservés aux « gens du voyage » c'est l'expérience de se voir soi-même par l'Autre et peut-être même de se penser autre.

L'AIRE

Si certaines choses portent bien leur nom, il ne s'agit certainement pas des aires d'accueil. Cela supposerait évidemment qu'elles soient accueillantes. Au moins ont-elles la vertu de permettre une distinction tranchée entre accueil et hospitalité. Les deux termes se distinguent dans la pratique, car si l'hospitalité oblige à un minimum de chaleur et de bienveillance, l'accueil peut être glacial, voire carrément hostile. Je suis à peu près sûr que tous les Voyageurs ont expérimenté au moins une fois ce quasi-baroud d'honneur que représente la terrible pratique de quémander, que dis-je, de négocier le respect de ses droits. Papa se souvient de ce petit pays[1] où la place[2] n'est ni trop désagréable, ni surpeuplée, ni trop sale, avec des branchements qui fonctionnent. Alors il conduit quelques heures pour y parvenir et découvre à l'entrée de magnifiques rochers. De ridicules pierres en réalité, des pierres de la honte, qui poussent partout en France. Des rochers placés aux bons endroits, les inoccupés qui font craindre l'occupant temporaire : le droit, le titre ou les rochers. Pourtant il s'agit parfois de terrains spécifiques comme ils disent – rien à voir donc avec les occupations sans droit ni titre – des aires d'accueil qui sont censées nous accueillir et qui pourtant se parent de leurs plus laids colliers de pierres. Alors il faut se rendre à la mairie, demander à faire ouvrir la place, attendre des réponses qui parfois ne viennent pas, et d'autres fois forment d'habituelles rengaines : « l'aire est en période de fermeture administrative » ; « l'aire a été dégradée il y a 3 ans depuis elle est fermée » ; « on ne va pas ouvrir pour 4 caravanes, allez 20 kilomètres plus loin ».

20 kilomètres et l'aire est ouverte, ici il parait qu'il y a de la place, mais d'entrée de jeu le gardien tend le doigt et l'agite de gauche à droite ou l'inverse : « on vous a dit qu'il y a de la place, mais l'aire est complète, il y a des gens qui sont installés et ont dépassé leurs autorisations temporaires, demandez-leur de partir on sait jamais, où sinon allez à 50 kilomètres au nord ». Tu peux te faire balader longtemps comme ça. L'été tu as ta place pour déballer ta marchandise sur le marché de Castellane (05), alors tu appelles cet ami qui vient souvent dans le coin, il a entendu parler d'une aire à Digne-les-Bains, mais il n'y a plus de place depuis des années, elle est habitée par des

1. Expression commune chez les Voyageurs pour désigner la ville.
2. Les terrains désignés ou terrains nomades sont les anciennes appellations des aires d'accueil, que les Voyageurs continuent d'appeler place désignée, ou place.

Voyageurs sédentarisés, des « gens des places » comme on dit. Alors il n'en reste plus qu'une, celle de Sisteron, à 90 km de Castellane, 1 h 30 de route, encore faut-il qu'il reste un ou deux emplacements de libre. Parfois le département n'a plus de place d'accueil disponible, le territoire entier t'est alors interdit, un choix demeure celui de risquer l'expulsion ou de partir : pile tu perds, face je gagne. L'errance institutionnalisée.

Alors quand tu trouves une place c'est déjà bien, tu t'installes, le gardien arrive et normalement te fait signer des papiers : une caution et un règlement intérieur. Comme un enfant tu signes et tu t'engages à ne pas tout détruire, assassiner le gardien et voler du cuivre. Ayant peu de poules, les gardiens craignent désormais pour les installations métalliques. Je m'engage à ne pas voler, à ne pas détruire et à payer et si jamais je ne suis pas sage, en 2020 à Coutances (50) a été rajouté au règlement intérieur un paragraphe « sanctions », au pluriel évidemment[3]. L'accueil peut alors commencer, et quel accueil !

En France, chaque ville de plus de 5 000 habitants doit prévoir des équipements spécifiques pour l'accueil des « gens du voyage ». Par département, chaque « schéma départemental d'accueil et d'habitat des gens du voyage » prévoit un nombre d'aires d'accueil permanentes et d'aires de grand passage (pour une installation temporaire de grands groupes de caravanes, jusqu'à 200). Pourtant force est de constater que près de 30 ans après la première loi Besson une majorité de départements ne respecte toujours pas leurs obligations. En 2017, 82 % étaient toujours hors-la-loi[4]. Aujourd'hui seuls 24 départements respectent leur schéma. À l'échelle nationale, 72 % des places prévues sont néanmoins annoncées comme réalisées. Mais il persiste de grandes disparités d'un département à l'autre, certains sont parvenus à construire la quasi-totalité des places demandées comme le Finistère ou le Puy-de-Dôme, d'autres affichent de ridicules scores comme les Alpes-Maritimes qui disposent de trois aires alors qu'il en est attendu près d'une trentaine. Quant au nombre total d'aires d'accueil, il est possible de donner deux chiffres, le premier est celui annoncé par un rapport

3. « Coutances. Les élus plus durs avec les gens du voyage ? », *La Manche Libre*, 21 décembre 2020. URL : https://www.lamanchelibre.fr/actualite-923654-coutances-les-elus-plus-durs-avec-les-gens-du-voyage

4. AN, Question écrite n°14792 de M. Bastien Lachaud, 4 décembre 2018. URL : https://questions.assemblee-nationale.fr/q15/15-14792QE.htm

d'information du Sénat de 2014[5] qui avance un chiffre total de 1 467 aires d'accueil et de grand passage, le second est le mien celui de l'inventaire présenté en seconde partie d'ouvrage, qui comptabilise 1 358 aires d'accueil et de grand passage. L'écart s'explique par une requalification de certaines aires en terrains familiaux, la non-prise en compte par l'inventaire des aires dites de petit passage (pour les séjours très courts) et la fermeture définitive de certaines aires d'accueil depuis 2014.

Mais au-delà de ces comptes d'apothicaires où l'on raisonne la gestion de l'être humain en stock et capacité, ces lieux restent très mal connus, souvent invisibles. Une majorité de Français passe ou vit à proximité de ces équipements, mais n'en connaît presque rien. Je suis toujours surpris du nombre de personnes qui croient encore que vivre dans une aire est gratuit, étonné de recevoir régulièrement des messages de personnes qui ignorent qu'elles vivent à proximité d'une aire ou qu'il y en existe une dans leur ville. Les aires ce sont ces lieux qui ne nous concernent pas, ceux que l'on ignore. L'aire est le plus souvent un lieu du désintérêt, qui fait rarement irruption dans la vie des Gadjé, ce n'est pas un lieu où l'on se rend, mais un lieu duquel on entend parler. Le plus souvent en mal, car quand tout se passe bien, il n'y a pas vraiment de raison de s'en préoccuper : telle aire a été dégradée, telle autre pourtant fermée est actuellement occupée, incivilité, arrestation ou rénovations qui pèsent sur le contribuable local. L'accueil est mal perçu, il suscite rejet et croyances (souvent irrationnelles). Mais au-delà du fondement de l'accueil, s'interroge-t-on souvent sur les lieux de sa mise en œuvre ? Et s'imagine-t-on souvent ce qu'est la vie en aire d'accueil ?

Un lieu

Une aire est un parking, une étendue de goudron et de béton. Elle est encerclée de grillage, de murs et parfois de quelques barbelés. Des emplacements sont dessinés au sol par quelques traits blancs. Ils délimitent l'endroit où une famille stationne. L'emplacement devrait normalement s'étendre sur une surface minimale de 75 m^2, c'est ce que prévoient les textes réglementaires. Je dis normalement, car il n'est pas rare que la taille varie et soit inférieure au minimum, c'est le cas par exemple de l'aire d'accueil de

5. Sénat, Rapport d'information n°617 (2014-2015) de MM. Jean-Marie BOCKEL et Michel LE SCOUARNEC, 9 juillet 2015. URL : https://www.senat.fr/rap/r14-617/r14-617_mono.html

Saint-Amand-Montrond (18). Alors autant dire que 75 m^2 quand il faut faire rentrer deux caravanes, une voiture et un camion c'est parfois ric-rac.

Dans l'aire plusieurs unités sont réparties, cela dépend en général de l'année de construction du terrain. Les plus anciennes sont construites sur un modèle collectif, un bloc au centre de l'aire regroupe les espaces sanitaires et administratifs. Des aires en général assez peu pratiques et spartiates dans la mesure où des espaces collectifs ont tendance à être dégradés plus rapidement. Il ne faut pas négliger l'existence de dégradations sur les aires, les « gens du voyage » comme les autres publics ne sont pas exempts d'incivilités. Il ne faut pas non plus ignorer que le mauvais appelle le mauvais, en cela que des terrains mal équipés ou mal réalisés seront plus facilement dégradés, c'est le cas pour les aires d'accueil comme tout autre équipement à usage public, que leurs usagers soient des gens-du-sur-place ou des « gens du voyage ».

De nouvelles versions d'aires ont fait leur apparition vers l'année 2010, emplacement et bloc individuel, seuls le local poubelle et les locaux administratifs restent collectifs. Pour le reste, chaque emplacement dispose d'un toilette (turc, faut pas pousser), d'une douche (souvent non chauffée l'hiver), d'un point d'eau et de prises électriques. Ces dispositifs se sont développés en particulier avec l'arrivée de la gestion individualisée des fluides avec le système de pré-paiement. Des sociétés ont fait leur réputation sur ce dispositif, c'est le cas de l'entreprise Vago qui gère plusieurs centaines d'aires d'accueil en France. Le système est simple : vous pré-payez un montant pour l'eau et l'électricité, une fois la consommation atteinte tout se bloque jusqu'au prochain paiement. Ce système vise à éviter les impayés, mais conduit en pratique à priver les familles les plus précaires de l'élémentaire humain. Protéger les lieux plutôt que les hommes, la construction des blocs individuels est le plus souvent réalisée d'un seul bloc de béton afin d'éviter au maximum l'usure et les dégradations.

Sur l'état général des aires d'accueil en France il est difficile de s'avancer sur des chiffres, on constate que les aires les plus récentes sont construites avec de meilleurs matériaux et des conditions de vie plus agréables. Les collectivités ne manquent d'ailleurs jamais de mettre en avant leurs réalisations modèles, des aires « flambantes neuves » pour accueillir les « gens du voyage » et très rapidement l'information circule parmi les Voyageurs que telle ou telle aire est bien réalisée. J'ai par exemple plusieurs fois entendu des personnes me vanter la qualité de vie sur les deux aires d'accueil parisiennes, « tu peux manger par terre là-bas, c'est dans un bel endroit ».

VINCENNES
48°49’12.3”N 2°27’11.2”E

C'est sûr que les aires parisiennes changent de l'ordinaire, l'une est située au pied de l'hippodrome dans le bois de Boulogne (17 emplacements), l'autre dans le bois de Vincennes (13 emplacements), des quartiers inhabituellement hospitaliers pour des aires d'accueil. Ces aires comme d'autres en France démontrent aussi la volonté de certains élus de bien accueillir. Mais il n'en reste pas moins que les aires d'accueil font souvent l'objet de critiques de la part des Voyageurs qui enchaînent les lieux dégradés, où les sanitaires sont condamnés, en panne, où les fils à linge ont disparu et où les branchements sont insatisfaisants.

C'est un grand sujet les branchements, il n'est pas rare de croiser des aires où l'ampérage électrique est trop faible pour supporter les équipements des familles. Dans l'aire d'accueil de Gex (01), comme dans beaucoup d'autres, l'hiver est source de crainte, car l'utilisation des chauffages dans les caravanes fait sauter les plombs, en l'absence de dépannage rapide (qui ne peut être réalisé que par intervention extérieure puisque les locaux techniques restent sous clé), prive les habitants de chauffage pendant plusieurs jours. Même chose avec l'eau, dans les aires mal réalisées les tuyauteries gèlent et explosent en hiver. Je les ai souvent entendus ces témoignages d'habitants d'aires qui doivent dormir dans des caravanes où les températures sont négatives la nuit ou qui se retrouvent privés de douche. Les branchements sont globalement un problème, il y a des aires (qui pour certaines ont fait l'objet de rénovations récentes) où les raccordements ne sont pas aux normes, avec des déperditions d'eau importantes et des branchements électriques dangereux comme sur l'aire d'accueil de Saint-Menet (13). Ces mauvaises installations poussent parfois à la débrouille et aux branchements illégaux, ce qui ne manque pas d'être sanctionné par des expulsions et de faire quelques choux gras des presses locales.

Encore trop d'aires d'accueil ne disposent que de quelques robinets pour tous les occupants : à Petit-Quevilly (76) par exemple c'est un robinet et une douche pour 75 habitants, ouverte une heure en fin de matinée pendant la présence du gestionnaire. Quant aux toilettes, je ne compte plus les aires qui n'en disposent pas ou dont l'état ne permet plus l'usage.

Enfin il y a les aires de grand passage, des terrains bien plus sommaires disposant uniquement de branchements, le plus souvent en terre et parfois impraticables par mauvais temps. Pour utiliser les aires de grand passage, les groupes doivent se signaler plusieurs mois à l'avance et régler des indemnités en fonction du nombre de jours. Les grands passages font beaucoup parler d'eux, c'est même le marronnier de l'été, avec des articles en pagaille dans la presse locale qui traitent de l'« envahissement » de plusieurs dizaines ou centaines de caravanes. Il y a un gros déficit en matière de grand passage, des départements entiers ne sont pas pourvus de terrain de ce type, c'est le cas des Yvelines par exemple. D'une part, car ces terrains ont mauvaise presse et certains élus locaux les rejettent catégoriquement, d'autre part car dégager une superficie de cette taille n'est pas toujours simple en fonction du foncier disponible. Alors évidemment chaque projet d'aire de grand passage est particulier, et les élus dans leur majorité ont quand même compris qu'en la matière il vaut mieux définir un endroit précis plutôt que risquer l'installation illégale.

Plusieurs systèmes existent en matière de grand passage. Il y a des collectivités qui parviennent à s'entendre sur le choix d'un terrain, l'aménagent et le réservent à cet usage. Il y en a d'autres qui prévoient des terrains multifonctionnels, qui peuvent être des installations sportives par exemple, reconverties durant la période estivale en aires de grand passage. Il existe également des systèmes de terrains tournants, comme dans le territoire de la métropole de Toulouse où chaque année des communes sont désignées à tour de rôle pour l'accueil des grands groupes de « gens du voyage ». Ce n'est pas forcément la meilleure solution, car ce qu'on note en pratique dans ce type de système c'est l'existence de résistances locales contre l'établissement de nouvelles aires, mieux vaut donc préconiser des terrains fixes pour faciliter l'accueil. Contrairement à ce que l'on pourrait croire, les grands passages, même s'ils font plus souvent parler d'eux, sont paradoxalement plus simples à gérer en cela qu'ils sont programmés à l'avance et qu'ils permettent d'avoir un interlocuteur direct, souvent le pasteur ou le responsable de l'association qui organise la mission.

Profitons-en pour revenir rapidement sur les raisons de l'existence des grands passages. Dans les années 1960-1970, un mouvement évangélique s'est développé de manière importante chez les Voyageurs. Le mouvement Vie et Lumière est un regroupement d'églises chrétiennes évangéliques qui compte environ 100 000 membres et organise des missions d'évangélisation chaque année. De grands groupes se rassemblent et voyagent ensemble. Chaque année en mai une convention réunit près de 20 000 personnes à Gien (45) pour fixer les itinéraires des missions.

Parallèlement à ces mouvements évangéliques, de plus en plus d'associations ont développé des missions dont le fondement n'est pas religieux.

L'intérêt de voyager en association est de permettre de jouir d'un itinéraire assuré et aussi d'éviter les trop nombreux refus, manque de place et expulsions qui jalonnent le parcours du Voyageur individuel. Il existe ainsi une forme de modification des parcours de voyage que j'ai pu observer à titre personnel dans ma famille, où le Voyage qui se pratiquait en groupe restreint (familial) il y a encore une décennie se concentre de plus en plus sur le grand passage. En fait, plus les conditions de Voyage se durcissent, plus les Voyageurs se tournent vers le grand passage. Le développement du grand passage s'explique également par les mesures d'incitation ou d'accompagnement à la sédentarisation, qui ont fait l'objet de politiques publiques plus ou moins incitatives ou contraignantes et ont consolidé la pratique de la « semi-itinérance », qualificatif retenu par l'administration pour désigner les Voyageurs qui ne voyagent qu'une partie de l'année, pendant la période estivale le plus souvent.

Des gens

Avec la disparition de la loi de 1969 instituant la catégorie administrative de « gens du voyage », le législateur s'est retrouvé bien embarrassé. Ces lieux qui jusqu'alors étaient réservés aux seuls « gens du voyage », appréhendés par une catégorisation administrative basée sur le caractère « traditionnel » d'un mode de vie, sont désormais en théorie ouverts à toute personne dont la résidence principale est une habitation mobile. Autrement dit, il existe en pratique une forme de flou dans la possibilité ou non d'un non-Voyageur d'utiliser une aire d'accueil. Pourquoi un tel décalage entre la théorie et la pratique ?

La difficulté vient encore une fois de l'appréhension ambiguë du « gens du voyage », c'est-à-dire qu'il est impossible dans le droit français de réserver des lieux sur la base de critères ethniques ou qui pourraient s'en rapprocher. Pourtant en pratique l'objectif ne fait guère de doute. En 2015, Dominique Raimbourg, alors rapporteur de la commission des lois constitutionnelles, de la législation et de l'administration générale de la République affirme à l'Assemblée nationale à propos de l'abrogation de la loi de 1969 : « C'est donc la fin d'un statut administratif particulier. Nous faisons le pari, qui sera à mon avis réussi, que spontanément les aires d'accueil des gens du voyage ne seront occupées que par des gens du voyage, parce que c'est ainsi que les choses se passent depuis des années – non sans difficultés parfois. Pour l'instant, il n'y a pas eu de concurrence entre des sédentaires qui voudraient s'installer dans les aires réservées aux gens du voyage et ceux-ci. C'est ce pari optimiste sur une bonne façon de vivre ensemble que je vous propose d'adopter. »[6]

Le « pari optimiste sur une bonne façon de vivre ensemble » – séparés – dont la distinction entre ceux qui ont le droit d'accéder aux aires et ceux qui ne le peuvent pas, repose sur un paradoxal critère de sédentarité identitaire. Car l'utilisation du mot « sédentaire » ici signifie « non-gens du voyage », et qu'est-ce qui distingue le « sédentaire » vivant en habitation mobile du « gens du voyage » ? Je suppose que vous avez une piste de réponse ?

Évidemment ce flou entretenu, contribue à un flou dans la pratique. Ainsi il n'est pas rare de constater l'existence dans les aires de plusieurs zones en fonction de l'identification des personnes. D'un côté les Gadjé qui vivent en habitat mobile (caravane, camion ou autre) et de l'autre les « gens du voyage », en tout cas ceux qu'on identifie comme tels (Rrom, Manouches, Yéniches, Gitans, Sinté, etc.). Toutes les aires d'accueil n'acceptent pas de telles cohabitations. On constate aussi d'autres pratiques administratives qui viennent interdire l'accès aux aires d'accueil aux non-Voyageurs : pendant le confinement du mois de mars 2020, des saisonniers vivant en camion se sont retrouvés bloqués sur les routes. En avril 2020 le youtubeur David Laffargue explique ses péripéties dans une vidéo intitulée « Les difficultés du confinement en van »[7]. Bloqué en camion sur la route du retour, des gendarmes veulent l'expulser de son stationnement, mais aucune solution ne lui est proposée, il se retrouve dans une situation paradoxale qui choque de nombreux internautes (mais qui pourtant arrive souvent aux Voyageurs), où on lui demande à la fois de rester (car sa circulation est interdite) et de partir (car son stationnement est interdit). Il explique que la préfecture lui refuse l'accès à l'aire d'accueil des « gens du voyage », car il n'est pas enregistré comme « gens du voyage ». Une pratique de fichage qui ne devrait plus avoir lieu d'être, mais qui traduit surtout comment en pratique, se concrétise le « pari optimiste sur une bonne façon de vivre ensemble » du gouvernement de 2015.

---

6. AN, Compte rendu intégral. Première séance du mardi 09 juin 2015. URL : https://www.angvc.fr/wp-content/uploads/2016/09/20150609-PPL-Raimbourg.pdf

7. David LAFFARGUE, vidéo « Les difficultés du confinement en van », 4 avril 2020. URL : https://www.youtube.com/watch?v=_rfmfTIh1nQ

Un règlement

Chaque aire d'accueil fait l'objet d'un règlement intérieur, véritable texte de *soft law*, ces règlements se font relativement discrets. En théorie, ils doivent être systématiquement présentés aux nouveaux arrivants et signés par ces derniers. Jusqu'en 2019 les règlements intérieurs d'aires n'étaient pas harmonisés, c'est-à-dire que les règles pouvaient varier d'une aire à l'autre. Une véritable source d'insécurité juridique qui venait s'ajouter à une inégalité de base dans l'accès au droit. Car les « gens du voyage » font partie des publics ayant le plus de difficultés à accéder au droit et à la justice.

En décembre 2019 un décret[8] est venu présenter en annexe un règlement intérieur type. Ce décret présenté devant la commission consultative nationale des « gens du voyage » a reçu un avis favorable le 17 mai 2019[9]. Pourtant ce règlement souffre manifestement de défauts, en particulier au sujet des résiliations de convention d'occupation temporaire (c'est-à-dire d'expulsion de l'aire) qui peuvent intervenir après une simple mise en demeure orale, alors que l'écrit devrait prévaloir pour permettre d'éventuels recours administratifs d'avoir une chance d'aboutir en cas d'abus.

En pratique ces règlements intérieurs viennent compléter de véritables dispositifs de surveillance, le développement de « solutions de gestion et de sécurisation » qui consiste à introduire la vidéo-surveillance notamment, parachève un dispositif qui ne dit pas son nom. À titre d'exemple l'aire d'accueil de Castres, décrite comme un véritable « camp retranché » par le journal *La Montagne*, déploie un dispositif devenu commun : doubles herses anti-intrusion, dispositif de vidéo-surveillance et gardien 24 heures sur 24 et 7 jours sur 7[10]. Lise Foisneau a documenté des pratiques de certains gestionnaires faisant usage de la surveillance, du chantage et de la menace pour se faire tenir tranquilles les habitants qui oseraient s'élever contre leurs conditions

8. Décret n° 2019-1478 du 26 décembre 2019 relatif aux aires permanentes d'accueil et aux terrains familiaux locatifs destinés aux gens du voyage et pris pour l'application de l'article 149 de la loi n° 2017-86 du 27 janvier 2017 relative à l'égalité et la citoyenneté

9. Commission nationale consultative des Gens du voyage, avis n°2019-03 du 17 mai 2019. URL : https://www.gouvernement.fr/sites/default/files/contenu/piece-jointe/2019/06/cncgdv_avis_2019-03_pdce_aap_tfl_17_05_2019_def.pdf

10. Vincent ALBINET, « Castres : les gens du voyage ne trouvent pas leur aire dans le "camp retranché" de "La Vivarié" », *France 3 Occitannie*, 26 mai 2016. URL : https://france3-regions.francetvinfo.fr/occitanie/tarn/castres-les-gens-du-voyage-ne-trouvent-pas-leur-aire-dans-le-camp-retranche-de-la-vivarie-1006931.html

de vie[11]. Plusieurs habitants d'aire d'accueil, en particulier les personnes qui y vivent à l'année m'ont fait part de leurs sentiments à ce sujet, se sentant surveillés et infantilisés par des gestionnaires capables d'être à l'origine de leur expulsion et usant fréquemment de la menace ou du chantage. Outre ces cas particuliers, il existe de toute manière un réel déséquilibre dans les rapports entre gestionnaire et Voyageur qui restent mal protégés contre les pratiques discriminatoires et plus globalement l'arbitraire de certaines décisions.

La période de fermeture administrative de l'aire d'accueil qui intervient en moyenne une fois par an (souvent au mois d'août) est parfois source de tension. Des Voyageurs se retrouvent à nouveau sans solution de stationnement et refusent parfois de quitter l'aire. Pendant la période du premier confinement, de mars à mai 2020, les gestionnaires se sont retrouvés dans l'obligation dû au Covid-19, de suspendre les expulsions et de reporter les paiements (ce qui a été source d'endettement pour certaines familles). Jusqu'au 10 juillet 2020, les fermetures d'aires d'accueil ont été proscrites en raison de l'état d'urgence sanitaire pourtant, et peu avant le second tour des élections municipales de 2020, certaines collectivités ont décidé de procéder à la fermeture administrative des aires de manière anticipée. C'est le cas de l'agglomération de Brive (19) qui, dès la levée du confinement, a coupé l'eau et l'électricité de l'aire de Brive dans l'espoir que ses habitants en partent d'eux-mêmes[12]. Or en l'absence de solutions de stationnement alternatives (l'aire de Malemort toute proche était complète) impossible pour les habitants de l'aire de se retrouver sur les routes et contraints à l'errance.

Un coût

Contrairement à une croyance répandue, les aires d'accueil ne sont pas gratuites pour leurs usagers. Les Voyageurs y payent une redevance d'occupation, l'eau, l'électricité et les éventuelles dégradations. Sur les tarifications, de plus en plus de territoires harmonisent leurs tarifs et sont transparents sur les sommes demandées. Mais les variations peuvent être assez importantes d'une aire à l'autre. Sur l'aire d'accueil de Saint-Amand-Montrond (18) les habitants doivent par exemple s'acquitter d'une redevance de 12 € par jour,

11. Lise FOISNEAU, « Terrain partagé. Remarques méthodologiques sur l'ethnographie des gens du voyage », *op. cit.*

12. *France 3 Nouvelle-Aquitaine*, vidéo « Polémique sur une aire des gens du voyage à Brive », 10 juin 2020. URL : https://www.youtube.com/watch?v=RxGrxE-NPJo

soit 360 € par mois pour jouir d'une aire sous équipée, avec des toilettes de chantiers en guise de sanitaire, des barbelés « concertina » comme clôture et où les emplacements sont trop exigus. En somme, un bout de goudron et un robinet. Le prix de l'eau et de l'électricité peut aussi se révéler particulièrement salé, les tarifs variant parfois du simple au double entre l'aire et les habitations riveraines, avec des notes très importantes en hiver où certaines collectivités gonflent les tarifications au moment où la consommation augmente pour se chauffer. D'autres abus sont courants, comme l'augmentation tarifaire au prorata du temps d'occupation pour favoriser le *turn over* (enfin, surtout pour éviter que les gens ne se fixent et réclament ensuite des solutions d'habitat). Au terme du premier mois, le tarif peut augmenter de 15 % et ainsi de suite. Il faut savoir qu'en moyenne l'autorisation d'occupation temporaire est de 3 mois, parfois renouvelable jusqu'à trois fois pour favoriser la scolarisation en présentielle des enfants. On ne peut donc pas en théorie se sédentariser sur une aire, en théorie seulement, car la pratique est toute autre et de nombreuses personnes sont contraintes à la sédentarisation sur les aires en l'absence de solutions d'habitat alternatives.

Le prix de l'occupation peut être très variable, il y a des territoires entiers où les tarifs pratiqués sont bas et harmonisés, autour de 1,5 - 2 € par jour et par emplacement, mais il y a aussi des aires réputées pour être particulièrement chères où rester une journée peut coûter jusqu'à 20 €. Il faut également noter que les ménages sédentarisés sur les aires sont en général les plus précaires et que le statut de la caravane ne permet pas encore d'accéder aux aides au logement (APL ou ALS), que la trêve hivernale ne s'applique pas aux aires d'accueil ou que l'accès à des dispositifs d'aide comme les chèques énergie restent inaccessibles pour les « gens du voyage », ce qui constitue des discriminations de fait.

Indigentes aménités

Ce qui caractérise les aires d'accueil c'est souvent la pauvreté de l'environnement. En deuxième partie d'ouvrage, le recensement des aires d'accueil et de grand passage établit le caractère systémique des localisations à l'écart et dans des zones particulièrement inadaptées aux êtres humains. Zones industrielles, usines, déchèteries, stations d'épuration ou autoroutes, les aires d'accueil sont particulièrement soumises à ces pollutions environnementales et industrielles.

Souvent reléguées, elles deviennent également des zones de décharges publiques où les entreprises et particuliers viennent jeter discrètement leurs déchets. À Petit-Quevilly (76), les habitants ont fait analyser un tas de déchets industriels jeté devant leur aire depuis plusieurs années qui contenait plus d'une tonne d'amiante et à proximité duquel les enfants jouaient régulièrement. Même problème à Gex (01), où l'aire située entre deux carrières subit également les désagréments de dépôts et d'incinérations illégales de déchets dangereux. À Nantes l'aire d'accueil (désormais fermée) et les terrains familiaux (qui sont loués par des Voyageurs à la collectivité) sont construits sur un ancien dépotoir où des déchets des années 1970 remontent à la surface. Le simple fait de rendre gratuits les services de déchèterie peut tout changer. Dans l'agglomération de Concarneau Cornouaille (29), j'ai pu constater l'absence totale de déchets autour des aires en raison de la gratuité et du libre accès, non limité, aux services de déchèterie.

Plus globalement, en dépit d'un environnement particulièrement pollué, les aires d'accueil sont également indigentes en matière d'aménités, toutes ces petites choses qui rendent la vie plus agréable. Les arbres et donc l'ombre se font rares, dans des lieux où l'asphalte atteint régulièrement les 80 °C en été. Les lieux d'activités, de loisirs et d'interaction sociale sont généralement éloignés et l'accès à un environnement agréable est plus qu'ailleurs particulièrement difficile.

Cet éloignement des aires d'accueil a aussi un coût social mal évalué, lorsque l'on vit sur une aire on est en quelque sorte fiché, catalogué comme « gens du voyage » avec le continuum de discriminations qui accompagnent une telle identification sociale. Globalement il ne fait pas très bon vivre sur une aire d'accueil.

Financement

Le dernier point d'achoppement fréquent est celui du financement, qui rejoint de manière plus ou moins directe le ressort antitsigane qui appréhende les « gens du voyage » comme une population parasitaire et un fardeau social. En géographie il existe une notion intéressante, celle de capacité de charge d'un milieu emprunté à la biologie, qui désigne un nombre maximum ou optimum d'animaux qu'un territoire donné peut tolérer. Et j'utilise cette notion en toute conscience, elle traduit un sentiment fréquemment éprouvé et que j'entends autour de moi, celui d'être parfois moins bien traité que des animaux. Des histoires d'aires d'accueil construites sur des terrains refusés aux SPA pour le bien-être des chiens, on en a entendu quelques-unes. Des panneaux « interdits aux gens du voyage » on continue d'en trouver plus souvent que ceux qui interdisent les chiens. Alors j'utilise en toute conscience la notion de capacité de charge, car c'est cela l'accueil, quel nombre de « gens du voyage » un milieu peut-il supporter ?

La loi prévoit que les villes de moins de 5 000 habitants ne soient pas obligées de disposer de terrains d'accueil, elles constituent 94 % des communes françaises. Est-ce cela notre capacité de charge ? 5 000 habitants ? Ou est-elle définie par les prescriptions en matière d'accueil, ici 60 emplacements, là 8 et plus loin 20 ? Et entendons-nous bien, si la question des financements des aires d'accueil est posée avec autant d'insistance, celle qui signifie combien nous coûtent ces « gens du voyage », c'est qu'un large pan de la société raisonne en termes de « capacité de charge tsigane d'un milieu ».

Cette question revient systématiquement dans la bouche d'élus locaux, sous la plume de journalistes ou dans les commentaires des réseaux sociaux. L'accueil des « gens du voyage » est appréhendé sous l'angle de la générosité, du fardeau aussi, alors qu'il est un droit acquis au prix de longues luttes et qui pourtant subit déjà de larges détournements participant à une forme de mise à l'écart ou d'assignation spatiale des « gens du voyage » par l'encampement et une stratégie globale de dé-nomadisation par la sédentarisation.

Mais puisque le financement pose question, revenons-en aux chiffres, rappelons que l'accueil est un business qui rapporte plusieurs dizaines de millions d'euros de chiffres d'affaires à des sociétés privées. En effet, si la compétence de la gestion des aires revient aux EPCI, ces dernières peuvent déléguer cette activité à des sociétés privées telles que Vago gestion ou SG2A Hacienda dont le chiffre d'affaires en 2013 s'élève à 10 millions d'euros[13] et devrait s'élever en 2020 à près de 30 millions d'euros.[14]

---

13. Guillaume GENDRON, « Le business des aires d'accueil de gens du voyage », *Libération*, 26 juillet 2013. URL : https://www.liberation.fr/societe/2013/07/26/le-business-des-aires-d-accueil-de-gens-du-voyage_920807

14. « Bassin d'Arcachon. La gestion des aires d'accueil des gens du voyage porte la croissance de New Deal Concept », *Le journal des entreprises*, 19 février 2015. cité *in* Lise FOISNEAU, « Résistances voyageuses : un long combat », *op. cit.*

Rappelons que les collectivités jouissent de dispositifs spéciaux de financement par l'État, qui sans rentrer dans des détails fastidieux, varient entre 20 et 70 % des coûts totaux d'investissement[1] (un taux légal de 70 % qui en pratique varie en fonction du prix d'acquisition ou de viabilisation du foncier par la collectivité) et une aide étatique et départementale dans le fonctionnement qui, cumulée à ce que payent les « gens du voyage » pour pouvoir vivre sur les aires, tend à équilibrer les budgets. Par exemple, en reprenant les budgets de la communauté d'agglomération du Grand Périgueux de 2018 pour l'aire d'accueil de Marsac, la dépense totale de l'EPCI s'élève à 181 € par emplacement (qui accueille toute une famille) à l'année. Pour les budgets de fonctionnement les moins équilibrés, la somme monte jusqu'à 1 161 €[2]. Un coût dérisoire en comparaison des 2 194 € en moyenne de subvention des EPCI, dépensés par logement social en 2018[3]. Voilà un bien mauvais point pour ceux qui jugent la valeur humaine à son coût budgétaire. C'est le cas de Valérie Boyer qui dans un tweet du 20 janvier 2021 « invite » le journal *La Provence* à faire un article sur le « coût » que représente l'accueil des « gens du voyage ». Rappelons que l'accueil d'un « gens du voyage » coûte bien moins cher qu'une Valérie Boyer qui, avec son statut de sénatrice, pèse à elle seule plus de 500 000 € par an sur les dépenses publiques. Soit, dans une tranche haute, à peu près le fonctionnement annuel de 500 places d'accueil dans l'agglomération du Grand Périgueux.

En bref, une aire d'accueil est un lieu administratif, où l'on ne se sent pas chez soi. Ce sont des lieux contraints, obligatoires et payants. Mais ce sont aussi des lieux où se croisent des trajectoires, des histoires de femmes et d'hommes, des joies et des peines. L'aire d'accueil réussit cette ambivalence d'être probablement l'un des endroits dédiés les moins accueillants de l'espace social.

1. Conseil général des Ponts et Chaussées, « Rapport public. Le financement des aires d'accueil des gens du voyage », 1er juin 2005. URL : https://www.vie-publique.fr/rapport/27667-le-financement-des-aires-daccueil-des-gens-du-voyage

2. Communauté d'agglomération Le grand Périgueux, « L'accueil des gens du voyage - Bilan 2018 ». URL : https://www.grandperigueux.fr/fileadmin/medias/ARBORESCENCE/AU_QUOTIDIEN/HABITAT/Accueil_des_gens_du_voyage/2018_bilan_aires_accueil.pdf

3. Sénat, Rapport d'information n° 731 (2018-2019) de M. Philippe DALLIER, « Sur les sources de financement du logement social », déposé le 18 septembre 2019.URL : http://www.senat.fr/rap/r18-731/r18-7313.html

LE SÉDENTARISÉ

Inverser le point de vue

Il faut déconstruire l'idée d'une sédentarisation salvatrice pour tous les Voyageurs. Elle peut en séduire certains et ceux qui souhaitent se sédentariser doivent pouvoir être accompagnés vers une solution d'habitat pérenne. Mais la sédentarisation n'est pas bien vécue par tout le monde.

Car elle est aussi et avant tout une forme de violence lorsqu'elle est subie ou contrainte. Ce que nous présentent les pouvoirs publics comme un « accompagnement à la sédentarisation » n'est ni plus ni moins qu'une des dizaines de mécanismes et outils permettant une sédentarisation progressive et globale des Voyageurs. Il convient également de s'enlever de la tête que la vie nomade ou itinérante résulte d'un choix. L'éducation, la famille, les apprentissages, les premières interactions sociales et les constructions identitaires sont tournés autour de la pratique et de la conception du Voyage.

Par exemple pour poursuivre des études il n'y a pas le choix. Du moins il y a le choix entre ne pas choisir en vivant sur le Voyage, et choisir en épousant un mode de vie sédentaire (avec le travail, l'habitus et les relations qui vont avec). Inversez le raisonnement : avez-vous fait le choix de rester sédentaire ?

Les signes de la sédentarisation

Il n'existe aucun chiffre qui quantifie clairement et exactement combien sont les « gens du voyage ». Certains avancent les chiffres de 250 000 ; d'autres allant jusqu'à 600 000. Aucun ne prend en compte les questions d'identité qui dépassent largement la simple vie en caravane. En réalité, il paraît scientifiquement difficile de démontrer, chiffre à l'appui, qu'il existe un effet global de sédentarisation des Voyageurs. Il s'agit d'un constat diffus, à partir de la pratique et qui peut se baser sur un faisceau d'indices :

- il existe déjà un sentiment ou des analyses partagées en ce sens par beaucoup de Voyageurs, d'associations et de chercheurs ;

- ce sentiment se matérialise globalement dans les documents administratifs tels que les schémas d'accueil dont les prescriptions en matière d'habitat ne cessent de croître ;
- le succès grandissant des grands passages, que personne ne peut ignorer, constitue un indice supplémentaire que le mode de vie « semi-sédentaire » s'est considérablement développé ;
- la mutation d'un Voyage à l'année pour un Voyage partiel, voire radicalement différent, comme c'est le cas pour ma famille et quasiment toutes les familles de mon entourage.

Les Voyageurs sont ainsi de plus en plus nombreux à travailler dans des territoires où, il y a encore 20 ans quasiment, aucun ne se rendait. C'est le cas des territoires et départements d'outre-mer. Une pratique désormais répandue consiste à passer les mois d'hiver hexagonaux dans les Caraïbes (en Martinique ou en Guadeloupe), dans l'océan indien (à la Réunion) et jusque dans le pacifique en Nouvelle-Calédonie. Les Voyageurs qui y louent des maisons échappent aux formes d'assignation administrative et identitaire et donc au racisme qui existe en hexagone. Enfin pas toujours, à l'image de ce reportage de *Martinique la 1re*, modèle d'antitsiganisme dans le genre qui, après l'agression d'un réceptionniste par des « gens du voyage » dans un hôtel, titre « Des "gens du voyage" provoquent un sentiment d'insécurité aux Trois Îlets » et pointe un « phénomène bien plus général »[4].

Bref, ce qui sera donc exposé ci-dessous rejoint la précédente partie de l'ouvrage qui traite de la question de la sédentarisation. Rappelez-vous : la commission interministérielle de 1948, le rapport Queyraud en 1949, Pierre Joint-Lambert, etc.

Il s'agit maintenant, après avoir admis et démontré l'existence d'une construction idéologique ayant vocation, d'une part, à faire des politiques d'accueil et d'habitat leviers de sédentarisation et, d'autre part, d'affirmer la supériorité sociétale de la sédentarité (souvenez-vous de l'expression « homme moderne » utilisée par Pierre Joint-Lambert) sur celle d'un prétendu « nomadisme », de comprendre comment se sont mis en œuvre les différents parcours de sédentarisation et comment ils peuvent être vécus par les Voyageurs eux-mêmes ?

4. Peggy PINEL-FEREOL, « Des "gens du voyage" provoquent un sentiment d'insécurité aux Trois-Îlets », *Martinique La 1ère*, 6 février 2017. URL : https://la1ere.francetvinfo.fr/martinique/trois-ilets/gens-du-voyage-provoquent-sentiment-insecurite-aux-trois-ilets-440593.html

Pour cela il convient déjà de définir le terme « sédentarisation », qui est un processus qui conduit un individu à passer d'un mode de vie itinérant en habitation mobile, à un mode sédentaire en habitation fixe. Évidemment cette définition seule ne suffit pas.

Il faut aussi comprendre que la notion appliquée aux « gens du voyage » confronte au moins deux points de vue :

- la sédentarité vue par la société majoritaire comme une normalité, opposable à un nomadisme qui serait anachronique ;
- la sédentarisation vue par une partie des Voyageurs, qui parfois est un processus vécu comme une violence et/ou une façon de faire disparaître un pan de leur culture.

Le Voyage

Longtemps l'assignation du « gens du voyage » au nomadisme n'a pas permis d'appréhender les réalités du Voyage, qui est une notion partagée par l'immense majorité des Voyageurs. Ainsi dit-on « je pars sur le Voyage » et non « je m'en vais en itinérance ». Le Voyage, et c'est une vision toute personnelle, est à la fois une pratique liée à un habitus, des impératifs économiques et sociaux, mais aussi un idéal comme héritage culturel qui se conçoit comme une forme de privilège. Être Voyageur est une fierté, un héritage qui implique la préservation d'une forme de liberté. Vivre en famille élargie, ne pas travailler pour des Gadjé, préserver les liens entre générations, ne pas placer ses anciens en maison de retraite, s'établir librement, être dans la nature, ne dépendre que de soi. Cette liberté peut à l'inverse être perçue comme une forme de déterminisme qui enferme, et on ne peut ignorer que ce sentiment existe pour certains. Ainsi il est possible de se sentir à l'étroit sur le Voyage.

Il existe aussi un prix du Voyage. Au sens propre, car voyager coûte aujourd'hui très cher (frais de route, de stationnement, d'assurance, crédits, achat de matériel parfois prohibitif, etc.) et au sens figuré, car il faut savoir jouer de son habitus pour échapper aux discriminations. On peut être perpétuellement dans l'attente d'un conflit ou d'une négociation à venir, ne pas se sentir le bienvenu, lutter en permanence pour pouvoir éviter les assignations spatiales, légales et sociales, lutter pour préserver son identité, etc. Toutes ces choses sont parfois difficiles à supporter.

De toute évidence il existe une forme onirique du Voyage, je ne suis pas sûr que par le passé, l'idéal de liberté, de nature et de paix ait été complètement atteint. Il en résulte une forme de conscience qui s'étiole ou pour ma part se plaît à s'étioler dans le fantasmagorique. En réalité quand on dit « je vais sur le Voyage », la notion est partagée par tous, son poids et ses valeurs peuvent être relativement uniformes, mais son idéal est tout personnel. Je pense qu'il existe autant de Voyages qu'il y a de Voyageurs, mais il y a une matérialité du Voyage qui se fait communion : atteler la caravane, allumer une braise, aller à la réunion[5] et même aller sur la place[6], preuve s'il en est que rien n'est figé.

L'unité d'habitation : la caravane

La sédentarisation ne peut donc pas uniquement se limiter à un processus qui mène d'un mode de vie mobile à un mode de vie sédentaire. La sédentarisation est une altération du Voyage. Pourtant la complexité du Voyage a été réduite à un terme, lui-même vidé de sa substance par le juriste, celui de *nomadisme*. Longtemps le droit a appréhendé le « nomade » par le mouvement. Le contrôle du « nomade » s'est atténué avec la disparition des livrets et carnets en 2017. Le critère d'appréhension des « gens du voyage » est désormais l'habitat et sa forme. Le Voyageur s'apprécie à l'unité d'habitation qui diffère de celle du Gadjo. Du moins en principe puisque le camping-car et la tiny-house dont le Gadjo fait usage échappent à ces considérations.

Notre société s'est construite sur la base d'un lien très fort avec la propriété de la terre. Paradoxalement la mondialisation des échanges a permis un accroissement des mobilités humaines et donc des changements d'habitat, voire une multiplication des lieux dédiés à l'habitat. La faculté d'adaptation sociale à ces changements a été grande, et le développement d'unités touristiques, de réseaux de transport et de communication s'est fait à une vitesse effrénée au XXe siècle. On peut dire qu'un bon nombre de Français sont bien plus « gens du voyage », au sens de la mobilité, que les « gens du voyage » eux-mêmes. Pas étonnant donc que la caractéristique d'identification du « gens du voyage » soit passée de la mobilité à

5. Réunion de prières pour les évangélistes.
6. La place est un mot communément utilisé par les Voyageurs pour évoquer l'aire d'accueil.

la nature de l'habitation. Pas étonnant non plus que face à l'importance du développement de l'habitat mobile de loisir, le caractère d'identification ait été précisé, de « l'habitat mobile » à « l'habitat mobile traditionnel ».

Ainsi au terme de l'article 1er de la loi Besson du 5 juillet 2000, le « gens du voyage » est appréhendé par l'habitat mobile traditionnel qui induit une forme d'héritage. Une façon commode de viser les supposés Tsiganes.

La caravane n'a pas le statut de logement ce qui crée encore de nombreuses situations d'inégalités en matière de domiciliation, d'assurance habitation, d'accès à l'énergie, d'octroi d'aides au logement ou d'accès aux crédits immobiliers. Par exemple, nombre de communes interdisent ou limitent à 3 mois par an le stationnement d'une caravane, habitation principale, sur un terrain privé, même constructible. Dans certaines régions, les Voyageurs sont donc théoriquement censés posséder 4 terrains (4 fois 3 mois couvrant la totalité de l'année) pour pouvoir vivre paisiblement. Quand dans le même temps leurs voisins stationnent en toute quiétude leurs camping-cars à l'année dans le jardin.

Ainsi subsistent encore des discriminations (légales et sociales) qui font qu'aujourd'hui, il est possible d'être sédentarisé sans être considéré comme sédentaire, en étant renvoyé à sa qualité de « nomade » (alors qu'on ne l'est pas) et donc de « gens du voyage sédentarisé », un oxymore qui permet de maintenir dans une forme d'identification et de contrôle social des individus considérés sur un critère essentiellement ethnique.

L'assignation spatiale

L'assignation spatiale des unités d'habitation « gens du voyage » (les caravanes) a une importance stratégique pour la force publique et peut être entièrement encadrée par le droit, comme c'est le cas dans l'accueil. Elle peut aussi faire l'objet d'un ensemble de facteurs qui nécessitent des décisions administratives directes qui vont avoir des effets indirects sur la localisation. Ces décisions doivent être prises en compte dans l'analyse des localisations de la « présence Voyageuse »[7], bien qu'elles soient fréquemment

7. Gaëlla LOISEAU, « "On a gagné le campement" – Des formes de la halte aux régimes de négociation de la présence voyageuse », *Le journal de Culture & Démocratie*, URL : https://lejournaldeculturedemocratielasuite.wordpress.com/2019/11/13/on-a-gagne-le-campement-des-formes-de-la-halte-aux-regimes-de-negociation-de-la-presence-voyageuse-gaella-loiseau/

dissociées dans les discours. Elles se résument en majorité à l'usage des pouvoirs d'urbanisme des élus locaux. Possibilité de préemption, refus de permis de construire ou refus d'accéder aux demandes élémentaires de voirie (éclairage public, route, etc.).

S'ajoute un ensemble de décisions privées qui peuvent aussi jouer un rôle dans l'assignation spatiale des Voyageurs, notamment le refus de vendre un terrain à des « gens du voyage » pour ne pas qu'ils s'installent dans un quartier sédentaire ; l'organisation de pétitions contre leur établissement, parfois avec l'implication de la mairie et de la police, mais aussi des formes de harcèlement pour chasser toute présence des Voyageurs, l'inscription de menaces de mort sur les portails ou encore la destruction au tractopelle d'une aire d'accueil en construction ou en période de fermeture administrative. L'imagination en la matière est infinie.

L'ensemble de ces actes forme des effets d'éloignement, qui peuvent aussi être une stratégie parfaitement assumée par certains édiles.

Paradoxalement et tristement il paraît possible d'affirmer que la principale caractéristique du « gens du voyage » c'est justement qu'il ne possède pas de liberté d'installation. Longtemps l'accent a été mis sur la liberté de circulation alors que la liberté fondamentale du choix de l'établissement est passée en second plan. Je me souviens enfant entendre cette phrase de Milo Delage[8] à la télévision « si on permet aux oiseaux de voler, il faut aussi leur permettre de se poser ».

Pourtant dans les discours publics, le « gens du voyage » stationne ou occupe quand l'« homme moderne » habite. Le Gitan, le Manouche est un éternel étranger, non ancré et n'est jamais à sa place, cette conception est un des fondements de l'antitsiganisme. Ce n'est donc pas un hasard si j'utilise dans cet ouvrage les termes « habitants des aires d'accueil », il s'agit d'une revendication politique qui vient rappeler que l'occupant d'une aire est aussi un élément de la ville.

8. Actuel président de l'association France Liberté Voyage.

La sédentarisation comme forme classique d'antitsiganisme

Les stratégies de sédentarisation des « gens du voyage » s'adaptent d'un territoire à l'autre, mais conservent un caractère systémique dans le sens où elles tendent vers un objectif commun : limiter les nuisances qui leur sont imputées.

Cette crainte des nuisances est le résultat de faits répétés, non en raison d'une quelconque volonté de groupe, mais plutôt de cercles vicieux que l'on a déjà pu traduire : expulsion à répétition, manque d'espace, impossibilité de raccordement aux fluides, fermeture administrative des lieux d'accueil, stéréotypes et peurs irrationnelles. Le rejet nourrit le rejet. Effets de groupe, effets médiatiques et surtout priorisation de l'exceptionnel : 1 000 Voyageurs peuvent passer et stationner toute l'année dans une ville, mais seul celui qui aura posé un problème ou qui aura stationné hors de son espace dédié retiendra l'attention. Il y a des villes où la « présence voyageuse »[9] est très discrète et d'autres où elle se fait remarquer, car disséminée hors des lieux réservés. Dans ces cas-là, la présence suscite le plus souvent l'hostilité, car l'autre devient voisin direct du Gadjo. Le « gens du voyage » est alors vu comme un intrus par celui qui se pense légitimement ancré.

Les logiques de localisation des aires ne sont pas propres au lieu, mais à la place réservée à la caravane du « gens du voyage » qui nécessite plusieurs impératifs : isolement du reste des riverains, discrétion dans le paysage, regroupement pour un meilleur contrôle, *turn over* pour éviter l'installation puis étalement dans la ville. Ces impératifs entraînent des mécanismes dans les décisions qui mènent à des localisations invariablement similaires. Mais ces mécanismes ne sont pas propres aux aires, ils se retrouvent dans un processus d'assignation plus global qui touche à la fois les terrains privés, les terrains d'installation illicite, l'installation illicite de passage, l'installation précaire et l'installation contrôlée (aire d'accueil ou lieux d'habitat choisis pour les « gens du voyage sédentaires »).

Pour comprendre ces mécanismes d'assignation spatiale, il faut revenir sur la notion de sédentarisation appliquée aux « gens du voyage ». Au-delà des descriptions manichéennes, la sédentarisation est une notion qui recouvre un ensemble de stratégies publiques et privées, conscientes,

9. Gaëlla LOISEAU, « "On a gagné le campement" – Des formes de la halte aux régimes de négociation de la présence voyageuse », *op. cit.*

LA TRONCH
45°11’49.0”N 5°45’34.7’

d'objectifs quantifiés, légaux et d'actions de mise en œuvre. La sédentarisation des « gens du voyage » s'élabore au niveau étatique. On retrouve les traces de cette conceptualisation dans les schémas d'accueil des gens du voyage. En revanche, sa mise en œuvre se fait au niveau local par les EPCI.

Ainsi l'habitat adapté (terrains familiaux ou quartiers de « gens du voyage sédentaires » type Mous[10]) qui est réfléchi au niveau étatique n'assure pas une protection contre les effets de relégations qui doivent pourtant être évitées au regard du droit[11]. Tant au niveau d'aménagements nouveaux, que des requalifications d'aires d'accueil pourtant reléguées et polluées. Par exemple, dans le département de l'Isère plusieurs aires d'accueil occupées par des familles qui s'y sont sédentarisées sont transformées en terrains familiaux, l'aire de la Tronche située aux pieds d'une usine d'incinération devient un terrain familial, même schéma pour l'aire de Saint-Martin-le-Vinioux au bord des chemins de fer, l'aire de Vif ou de Varces, toutes deux au bord de l'autoroute.

La relégation des aires d'accueil est bien souvent organisée et assumée par des élus qui n'hésitent pas à évoquer la nécessité de les éloigner au maximum des zones habitées. Dans la société des Gadjé, le « gens du voyage » est un « fléau » incompatible à la ville.

Le sédentaire civilisé

La sédentarisation des « gens du voyage », au-delà de son rôle d'assignation, recouvre un rôle civilisationnel. Elle est en cela un outil de domination sociale. L'acceptation sociale de l'existence de groupes (car le « gens du voyage » se conçoit par le groupe) mobiles qui circulent et s'établissent librement sans possibilité d'identification est quasiment nulle et l'histoire l'a démontrée. Longtemps les carnets anthropométriques puis de circulation ont fait office d'outil de localisation (imparfait) minimum. Par la suite, la construction de terrains dédiés à l'accueil et l'habitat a rendu obsolète l'existence de ces carnets. En cela ces terrains agissent comme des moyens de géolocalisation rapide des caravanes de Voyageurs. Cependant la caravane est plus difficile à contrôler, on peut dissimuler une caravane dans le fond d'un terrain, pas une maison qui nécessite un permis. L'unité d'habitation

10. Maîtrise d'œuvre urbaine et sociale.

11. Circulaire n° 2001-49 /UHC/IUH1/12 du 5 juillet 2001 relative à l'application de la loi n° 2000-614 du 5 juillet 2000 relative à l'accueil et à l'habitat des gens du voyage.

V
45°03’21.0”N 5°41’05.9’

comme moyen d'identification tend donc à disparaître, au profit de l'aire d'accueil au sens large qui pallie le caractère mobile de la caravane. Cela permet un contrôle par le lieu. Ainsi tous les soirs je rentre à mon domicile et j'y dors, on aura donc de très grandes chances de me retrouver à intervalles réguliers dans ce lieu.

La domiciliation des « gens du voyage » est aussi devenue un enjeu et a été assouplie. Un Voyageur peut, par exemple, se domicilier dans le centre communal d'action sociale (CCAS) de la commune de son choix. Du moins en principe, car d'une part le rattachement domiciliaire reste sujet à des formes de *numerus clausus* informels, comme l'inscription au Cned[12], dont certains départements peuvent refuser de nouveaux élèves et qui conduit donc des parents à se domicilier dans des CCAS de départements voisins. D'autre part, les autorisations de stationnement temporaire sur les aires, les expulsions courantes et les fermetures administratives empêchent en pratique certaines familles d'avoir accès à l'attestation de résidence sur l'aire d'accueil permettant par exemple de s'inscrire à l'école.

L'ancrage des « gens du voyage » et donc leur sédentarisation passe également par l'existence de mesures complémentaires : scolarisation obligatoire, développement de parcours de soin spécifiques aux « gens du voyage », contraintes particulières et ciblées de leurs activités professionnelles, etc.

L'ancrage de l'« homme moderne » est aujourd'hui un objectif assumé, qui se traduit aussi dans l'évolution sémantique des schémas départementaux où le terme « ancrage » est beaucoup plus présent qu'avant. À titre d'exemple dans le nouveau schéma d'Ille-et-Vilaine pour la période 2020-2025, le mot « sédentarisation » est présent 7 fois et le mot « ancrage » quant à lui apparait à 44 reprises (contre 1 fois dans le précédent schéma).

Il y a indéniablement une forme de logique, qui est exprimée dès 1949 dans le rapport Queyraud et qui se traduit dans les lois Besson. D'abord sédentariser le « nomade », puis ancrer l'« homme moderne ».

L'accueil puis l'habitat.

Ainsi la sédentarisation devient la seule alternative pour faire société. La prise en compte du mode de vie des « gens du voyage » tient donc de cette conception : on te respecte en espérant fortement et en t'incitant fortement à changer et à devenir comme nous. On trouve ainsi des politiques

12. Centre national d'enseignement à distance.

publiques d'accompagnement à la sédentarisation, à l'inverse on ne trouvera pas de politique d'accompagnement au Voyage.

Le terme sédentarisation est l'objet de crispation, car l'histoire des « nomades », au moins pour sa partie tragique, est liée à la sédentarisation forcée et aux camps. Les « résultats heureux » évoqués par le ministre de l'Intérieur à la fin de la guerre[1] n'ont pas disparu des têtes voyageuses. Et le choc moral de la guerre et de l'internement n'a pas conduit la société à se réformer en profondeur sur cette question. On aurait pu attendre une réflexion de fond sur le caractère contestable de l'« incitation à la sédentarisation » des « nomades », mais il n'en est rien. À la place, l'image du « gens du voyage » a été refondée, appréhendée par son habitation mobile traditionnelle, une forme d'habitat qui peut être réformable pour s'adapter à la vie sédentaire et devenir une unité d'habitation fixe et identifiable.

Le champ de la sédentarisation s'est moralisé, passant d'une sédentarisation forcée et coercitive qui a conduit des hommes à la maltraitance institutionnelle (et qui intervient aussi dans un contexte européen qui est celui du génocide des Roms et des Sinté) à une sédentarisation incitée, par un ensemble de mesures que l'on peut résumer comme suit :

- Le développement d'une assignation spatiale légale, présentée sous l'angle de la générosité : la société fait don de l'accueil aux « gens du voyage », qui ne peuvent moralement pas refuser cette générosité. C'est le fameux « équilibre entre les droits et devoirs » de la loi Besson.
- L'élargissement du champ de la contrainte au Voyage : en créant un nombre déterminé d'aires d'accueil, on crée aussi une diminution de la possibilité d'établissement. C'est l'exemple du département des Alpes-Maritimes, densément peuplé et ne disposant que de 3 aires d'accueil. En contraignant de la sorte les schémas de Voyage, qui sont liés à des pratiques économiques et sociales, on modifie tôt ou tard ces pratiques.
- L'élargissement légal du champ de la répression à un effet incitatif pour éviter le stationnement illégal hors des aires, ce qui entraîne là aussi une modification des parcours et le développement d'un Voyage multisites. Plusieurs personnes dans la famille ou les amis font l'acquisition de plusieurs terrains qui jouent ensuite le rôle de terrains

1. Note télégraphique du ministère de l'Intérieur aux préfets. Juillet 1946. AD Côte d'Or, 3 Z 7 M14A.

d'accueil pour les proches. Une façon d'échapper au système d'encampement légal et imposé, en créant son propre réseau de lieux.
- Les mesures ayant un effet incitatif sur la sédentarisation : scolarisation obligatoire, professionnalisation, parcours de soins, accompagnement social, etc.

Parcours de sédentarisation

Tout au long de ma vie, j'ai croisé des personnes qui ont entamé un parcours de sédentarisation, certaines ne voyagent plus du tout depuis des années, d'autres voyagent seulement l'été, plus rares sont celles qui dans mon entourage continuent à voyager toute l'année. À partir de ces différents parcours de sédentarisation, j'identifie trois catégories, présentées ci-dessous.

Sédentariser l'accueilli

Les « gens du voyage » dits itinérants sont accueillis en fonction de leur parcours et des places disponibles (qui ne sont pas assez nombreuses). L'accueil de l'accueilli peut alors conduire à une forme de sédentarisation du découragement. La difficulté à trouver les lieux se cumule avec celle d'expérimenter l'insalubrité des installations et les difficultés de devoir vivre avec des personnes que l'on ne connaît pas toujours. Ces dernières années, de nombreuses personnes de mon entourage qui voyageaient toute l'année ont fini par se limiter aux mois estivaux face à ces difficultés. Certaines se sont définitivement sédentarisées.

Accueillir le sédentarisé

Il s'agit de la situation particulière des personnes sédentarisées à l'année sur une même aire d'accueil. Il faut rappeler qu'aucune aire d'accueil n'est destinée à de l'accueil permanent. Certaines aires sont mixtes, parfois séparées en deux par un mur ou un grillage, accueillant d'un côté ceux qui sont là toute l'année et de l'autre, les Voyageurs de passage. Certaines familles ont fini par s'approprier les lieux, rendant la cohabitation parfois difficile. Dans certains départements comme la Seine-Saint-Denis, il devient presque impossible de trouver une place d'accueil tellement elles sont occupées par des « gens du voyage sédentaires ».

Sédentariser le sédentarisé

C'est l'achèvement, sédentariser le sédentarisé revient à lui permettre l'accès à une forme d'habitat qui correspond aux canons standards ; appartement ou maison. Ce modèle vise les « gens du voyage » déjà sédentaires de longue date. Il s'agit aujourd'hui de l'enjeu le plus stratégique, car il répond à un immense besoin notamment de personnes fixées sur les aires d'accueil. Les collectivités ont désormais des objectifs chiffrés en matière de réalisation de terrains familiaux ou d'habitat adapté aux « gens du voyage sédentaires ». Il s'agit de la dernière étape de la sédentarisation des personnes les plus précaires, celles qui n'ont pas les moyens d'accéder d'elles-mêmes à la propriété.

Quels que soient les parcours, la sédentarisation laisse parfois un goût amer, celui d'avoir perdu le Voyage d'une certaine manière. La sédentarité du Voyageur appelle aussi à renouveler les imaginaires du Voyage, repenser ses modalités, ses fondements, repenser l'accueil et ses travers, imaginer une société qui intègre pleinement cette culture voyageuse qui est encore loin d'avoir dit son dernier mot.

LE DÉNATURÉ

Aujourd'hui, quand j'arrive au milieu de l'après-midi dans un de ces terrains, quelle que soit la saison, je suis sûr de rencontrer des hommes désœuvrés. Ils lèvent la tête en direction de l'auto sans manifester aucune surprise. Ce sont les "hommes du temps des chevaux". Ils sont seuls à cette heure-là avec les plus jeunes enfants, tous les autres à l'école ou partis chiner. Comme du "temps des chevaux", accroupis au bord du feu ou assis à l'ombre sur le "V" d'une caravane, ils m'invitent à partager le vin – un même verre pour tous ("On a tous la même maladie, mon frère !"). Quand les écoliers rentreront, nous les enverrons acheter d'autres litres. Comme au "temps des chevaux aussi", nous ne parlons pas beaucoup en buvant.

Patrick Williams[2]

En quête de quoi ?

Qu'est-ce qui a merdé ? La question revient tout le temps, qu'est-ce qui a merdé ?

Dans le mobile-home de Papou trônaient des photographies en noir et blanc. Quelques portraits de famille, récents et plus anciens, beaucoup plus anciens même. Trois de ces photographies retenaient toujours mon attention, elles dataient visiblement du début du siècle avec des robes et des costumes d'époque. 1925 pour être précis. Sur l'une d'elles est présente Micheline, la mère de Papou. Encore bébé, elle pose dans les bras de ses parents, entourée des membres de sa famille, des Destouches, des Siegler, des Théodore ou des Demeulemester. Tous posent fièrement devant deux roulottes en bois avec leurs ânes. Ils sont bien habillés, bien peignés, et exposent leurs accordéons et cymbales. On sent qu'ils ont mis du temps et du soin pour cette photo de famille, un moment pour la postérité. Sur une autre, figure la famille Duville dont les membres voyageaient souvent avec la mienne. Eux posent avec leurs instruments de musique, violons et guitares, devant leurs roulottes en bois.

2. Patrick WILLIAMS, « Les vanniers sont devenus des ferrailleurs » dans : « *Nous, on n'en parle pas » : Les vivants et les morts chez les Manouches*, Éditions de la Maison des sciences de l'homme, 2014. URL : http://books.openedition.org/editionsmsh/4868

Elles sont touchantes ces deux photos, une époque (partiellement) révolue, où l'esthétique tout entière illustre une idée, un idéal même du Voyage. Aussi parce que ces personnes qui fixent joyeusement ou sérieusement l'objectif ont toutes été internées ensemble. Ainsi sur une liste du camp pour « nomades » de Mulsanne (72) figure des noms familiers, une dizaine de Duville, dix-huit Duvil, treize Destouches, onze Demeulemester, etc. Cette liste intitulée « liste nominative, par famille et par camp de provenance, des internés du Camp de Mulsanne (Sarthe) » m'est envoyée en 2019 par Théophile Leroy, doctorant en histoire, qui mène ses recherches sur les camps d'internement. Pas moins de 18 pages noircies des noms des familles internées : Reinhard le nom de mon beau-père, Winterstein, Debarre, Delage, Sauzaire le nom de mon amie d'enfance, Demestre, Vogt, Laurot ou Lorot, Théodore, Auffray, Demeter, etc. À chaque fois, un ou plusieurs visages me reviennent derrière chaque patronyme. Les noms historiques des familles manouches, rroms et sinti françaises sont connus de la plupart des Voyageurs. Le premier réflexe quand on se présente est toujours de dire de quelle famille on vient, moi je dis Robin et Destouches, parce que Acker ça vient du côté de mon père et lui n'est pas Voyageur. Alors je dis les noms et après je parle des régions et ensuite avec mon interlocuteur on égraine un à un les personnes de mon entourage jusqu'à trouver une connaissance commune, parfois un cousin, une tante, un oncle, ou juste l'ami d'un ami, on finit toujours par s'entendre. Ces arbres généalogiques qui se croisent et se côtoient sur une histoire qui nous dépasse largement nous rappellent qu'il existe bel et bien un lien, enfin une multitude de liens entre les Voyageurs : celui du Voyage c'est certain et un peu plus encore.

Un de ces points communs est l'internement, qui a marqué un grand nombre de familles, surtout celles du nord de la France et qui continue encore à revenir régulièrement dans les discussions, particulièrement celles où on se réfléchit, on se pense, on s'objective diraient certains. Comme plein d'autres enfants de ma génération et de celles qui m'ont précédé, j'ai longuement entendu et conceptualisé la trahison originelle. Ce sont des gendarmes français qui ont retenu dans les camps nos arrière-grands-parents, français eux aussi. Comme un héritage, on m'a transmis la méfiance et l'impérieuse nécessité de toujours rester le plus indépendant possible des Gadjé. Ils nous ont mis dans les camps, ont cherché à nous *marav*[3] et prétendent maintenant vouloir notre bien, mais si on les laisse faire ils nous

3. Nous tuer.

placent dans des gadoues, nous empêchent de voyager et nous demandent de devenir à notre tour des Gadjé. Souvent j'entends des constats amers, sur le déclin du Voyage et de ses libertés. Les plus vieux disent « c'est fini ce temps-là » et nous on les regarde sans les contredire parce que les vieux ça se respecte, mais au fond le monde a changé et sûrement qu'un jour ça sera à notre tour de sortir ces vieilles phrases toutes faites sur la belle époque. Sur l'île de la Réunion, j'ai entendu une expression superbe pour ça, lorsqu'on parle d'un évènement passé et révolu, de l'esclavage, de pratiques anciennes ou d'époques passées, on dit *dan'n tan Lontan*. L'expression marque une temporalité, mais aussi un commun, un héritage comme pour les savoir-faire, ou d'autres marqueurs de la culture créole. Nous aussi on a notre *tan Lontan*, et c'est souvent un constat de perte qui l'accompagne.

Chaque Voyageur a son petit mot, son explication, pour parler de cette histoire tumultueuse, ces changements aussi dans les pratiques, notamment celles liées au Voyage. Pour beaucoup, il y a une concomitance entre la fin des roulottes en bois et le début des caravanes, l'éloignement de la nature, et l'assignation aux lieux. Certains y voient une évolution du temps, une forme de sédentarisation comme un moyen de correspondre à son époque. Il y a un avant et un après qui n'a pas toujours la même nature. Pour l'un ce sont les spoliations administratives de la guerre, pour l'autre c'est l'internement, pour celle-là il s'agit de la sédentarisation et celui-ci l'abandon de la vannerie au profit de cette nouvelle matière qu'est le plastique. Pour lui encore on ne peut plus voyager, le temps où on s'arrêtait un peu au gré des envies, dans une gravière, dans un pré ou sur le bord d'un chemin c'est révolu, aujourd'hui on nous chasse systématiquement, en 15 minutes les *clisté*[4] arrivent et il faut dégager. Ils vous traîneront parfois jusque dans leurs misérables terrains désignés[5]. Les politiques disent « prendre en compte le mode de vie des gens du voyage » pour expliquer tout ça. Mais est-ce que cette liberté, celle qu'on regrette, a réellement existé ? On sait que la chasse aux Tsiganes et les expulsions sont virulentes en France depuis au moins le XVIe siècle et qu'une partie de la mobilité par laquelle la force publique appréhende est due aux expulsions à répétition. Encore aujourd'hui.

De l'époque des roulottes à chevaux que reste-t-il ? Que reste-t-il des films d'anthropologues ? Que sont devenues les familles en roulottes suivies

4. Policiers.
5. Remplacés par les aires d'accueil.

par Yasuhiro et Kimie Omori en 1976[6] ? Dans le Calvados le réalisateur Mahammed Siad suivait encore en 2005 les dernières familles manouches en roulotte[7]. Aujourd'hui ce mode d'habitat est devenu ultra-minoritaire, quelques collectifs continuent, mais pour combien de temps encore ?

Que disent les évolutions du Voyage ? Je sais qu'une partie de ma famille ne voyageait que de quelques kilomètres par jour, toujours entre la Sarthe, le Maine-et-Loire et l'Indre-et-Loire et ce depuis au moins la Révolution française. Je sais qu'au XXe siècle et en partie après la guerre il y a eu de longues périodes de sédentarisation, que le Voyage s'est étendu à d'autres parties de la France, voire de l'Europe et qu'enfin, depuis les années 1980, il a eu tendance à se regrouper dans les missions évangéliques ou les grands passages associatifs, qui permettent de contrer le contrôle social des déplacements familiaux par le rapport de force du groupe. Ces évolutions des pratiques du Voyage sont accompagnées d'un changement dans les pratiques professionnelles : la vannerie des familles manouches, la chaudronnerie des rroms hongrois ont décliné pour laisser une part plus large aux métiers du commerce ou du recyclage des métaux. L'école qui est un facteur de sédentarisation a aussi permis l'émergence d'autres parcours, ceux qui font quitter le Voyage pour la vie de gadjo[8]. Des évolutions qui marquent aussi des changements dans la spatialisation du Voyage, que ce soient les parcours, substituant une variété riche de paysages et de lieux au parcours uniforme et standardisé des aires d'accueil. Mais aussi dans la répartition entre zones urbaines et rurales, ces dernières étant de moins en moins accessibles en raison du plancher de 5 000 habitants des lois Besson.

Quels écarts ou égarements ? Quels points communs entre ma famille « semi-sédentaire », qui vend des matelas, nettoie des toitures et d'autres qui travaillent dans la vannerie, dans la dorure d'art, le cirque, la fête ou rempaillent des chaises ? Comment continuons-nous de cohabiter sur les missions ou les places, dans les lieux assignés ? Qu'est-ce qui nous rapproche ? L'altérité aux Gadjé ou le « nous » ?

---

6. Yasuhiro OMORI & Kimie OMORI, film « Mour Djiben, ma vie de tsigane manouche », 1976. URL : https://www.facebook.com/permalink.php?story_fbid=2793688633986343&id=243541745667724

7. Mohamed SIAD, film « Manouche i vago - Gitan en roulotte », 2005. URL : http://www.film-documentaire.fr/4DACTION/w_fiche_film/14156_1

8. William ACKER, « Tout est question de lien », janvier 2019, https://traces.hypotheses.org/2918

Et puis qu'est-ce qui a merdé ? En voilà une question insoluble, chacun sa réponse et pourtant le défi est toujours là, expliquer ce qui a merdé revient à expliquer ce qui a changé. Ce qui a changé en bien et en mal, où parfois le mal est un moindre bien ou l'inverse, on ne sait plus trop à force. Un coup, untel vous dira que ce qui a merdé c'est le truc qui la veille était présenté comme bénéfique. La sédentarisation ça a du bon et du mauvais, j'ai perdu et j'ai gagné, et au moment de faire le bilan je ne sais plus si c'était mieux avant ou si c'est mieux maintenant. Ils disent quoi autour de moi ?

Pour Laura qui vit sur les aires, les places ce n'est pas l'objectif, c'est « en attendant », elle veut un petit terrain et continuer à Voyager, enfin à « tourner en rond » entre Saint-Brieuc (22), Rennes (35), Vannes (56) et Quimper (29). Pour Tony, le terrain familial est insupportable, imposé et solution unique pour éviter de perpétuelles expulsions. Il est construit sur une ancienne décharge et les immondices vieilles de plusieurs décennies remontent maintenant à la surface dans ce quartier délaissé et pollué appelé par un nom poétique « la prairie des mauves » où les élus de Nantes (44) ont décidé il y a quelques années de parquer et reléguer tout ce qui s'apparente de près ou de loin à un Tsigane. Tony continue de voyager une partie de l'année, pour ne pas élever ses petits dans ce merdier et parce que « c'est en lui » le Voyage. Et l'autre Tony d'Esbly (77) il s'est fait son chalet sur son terrain à lui, il est fier à 27 ans d'être propriétaire, c'est un bon début, le Voyage c'est l'été et le reste de l'année il a sa maison. Mais le Voyage c'est parfois aussi l'hiver, dans les îles caribéennes, il profite des dépôts de matelas ouverts sur place par son cousin pour s'y rendre et chiner. Pour Marcel, le Voyage c'est fini depuis au moins 30 ans, pas le choix, plus les sous et les petits sont scolarisés dans la ville, les vieux sont malades et il a fallu 25 ans pour acquérir ce terrain sans eau ni électricité alors pas question de lâcher ça, il attaque même le maire de cette commune d'Eure-et-Loire contre ses traitements discriminatoires : « le maire c'est un raciste, il déteste les Voyageurs, il nous a dit que si un chenil s'installait à côté de chez nous, sûrement qu'il ferait installer l'eau, on est moins que des chiens ».

« Qu'ils me traitent comme un chien et je deviens un chien », m'a dit un habitant d'aire dans l'Ain. Même chose pour Marie et sa famille aux Arcs-sur-Argens (83), privés d'eau pendant le confinement, relégués dans la partie pourrie de la ville, oubliés, mais combatifs. Et pour Édouard Guerdener à Gex (01), le Voyage c'est le « bon vieux temps » celui qu'il regrette, là coincé sur son aire, un endroit qu'il déteste, là où il se sent mis à l'écart.

Il n'aspire qu'à une chose maintenant, vivre sur le terrain qu'il a acheté sur les conseils des élus, qui lui refusent aujourd'hui les raccordements et une boite aux lettres. Comme Vanessa Moreira Fernandes qui vit sur l'aire d'accueil de Petit-Quevilly (76) et qui au moment de transmettre ses photos de l'incendie Lubrizol aux médias a souhaité les créditer par « mise à l'écart ». Mise à l'écart ou maltraitée, comme l'est Sue Ellen Demestre membre du Collectif des femmes de l'aire d'accueil d'Hellemmes Ronchin (59) qui vit sur une aire située au pied d'une usine de béton, ou Helena[9] à Ajaccio (20) qui vit à côté d'une décharge à ciel ouvert, où les déchets ressortent, où on ne respire plus et où on ne s'entend pas parler à cause des mouches. Il y a aussi Émile Scheitz qui respire les fumées pestilentielles du crématorium voisin et reçoit des pluies d'hydrocarbures des avions qui atterrissent et décollent de la piste de l'aéroport Charles-de-Gaulle à 100 mètres de « chez lui », l'aire d'accueil provisoire de Tremblay-en-France (93), l'infâme. Il attend un terrain promis depuis 7 ans, rien ne vient[10]. Des promesses pour tenir tranquille, ça dure des années, comme pour les familles de la Butte-Pinson à Montmagny (95), installées depuis des décennies, délogées pour être placées dans une aire d'accueil aux allures de camps, plusieurs années d'attente pour accéder au relogement promis, la requalification urbaine de la Butte-Pinson n'inclut pas les familles manouches qui y vivent[11].

Des terrains ? Tous les perdants de la sédentarisation de masse en attendent. D'autres n'osent pas encore y penser, Dino sur l'aire d'accueil de Saint-Menet (13) espère juste une aire vivable. Et puis il y a ceux qui ont lâché, parce qu'il n'y avait plus le choix, ceux qui ont fini dans un logement social, qui se sentent dépossédés, certains les traitent méchamment de « machins d'HLM », c'est humiliant surtout lorsque persiste le sentiment de s'être fait avoir. « J'aurais peut-être pu éviter ça » m'a dit cette Voyageuse reclassée dans un logement social de Mulhouse (68). Même sentiment pour certains à qui on a construit des petites maisons entre Voyageurs, ceux qui ont accepté puis ont quitté ces logements parce qu'ils ne supportaient plus de vivre enfermés. Passer du Voyage à la vie sédentaire en maison n'est pas simple pour tout le monde. Il y en a bien qui

9. Le prénom est modifié à la demande de l'intéressée.

10. Sonia KRONLUND et Delphine SALTEL, « Gens du voyage : des aires empoisonnées », Les pieds sur terre, *France culture*, le 29 septembre 2020. URL : https://www.franceculture.fr/emissions/les-pieds-sur-terre/gens-du-voyage-des-aires-empoisonnees

11. JBB, « "Personne pour me dire quoi faire" - Avec les manouches du secteur de la Butte-Pinson », *Article 11*, 8 décembre 2015. URL : http://www.article11.info/?Personne-pour-me-dire-quoi-faire

SAINT–MENET
43°17'09.5"N 5°30'30.7"E

aiment, il y en a même qui souhaitent vraiment se sédentariser ou qui le sont de longue date et aspirent désormais à plus de confort matériel et de sécurité dans le logement. Et il y a tous les autres, tous ceux qui n'ont pas su, pas pu, pas voulu prendre le mode de vie des Gadjé. Ceux-là pour qui la sédentarisation est un drame, ceux-là qui se rappellent (ou idéalisent) du Voyage, du beau Voyage, celui d'avant, ceux-là qui sont déracinés et perdus, ceux-là mêmes qui attendent sur les aires d'accueil ou qui attendent des aires d'accueil. Il y a aussi ceux qui sont pleinement intégrés dans ces processus de normalisation par la sédentarisation. Certains regardent avec envie ces Voyageurs qui ont « réussi », ceux qu'on voit parfois à la télévision, les grands forains, les propriétaires de cirques, ceux qui sont devenus des stars, des chanteurs, ceux qui ont réussi dans les affaires, possèdent des sociétés internationales et ont fait fortune ou ceux qui privatisent Le Pré-Catelan dans le bois de Boulogne pour y organiser le mariage de leurs enfants. Cette sédentarisation qui donne envie, celle qui permet encore de pratiquer le Voyage, un Voyageur hybride, sédentaire et suffisamment riche pour continuer à aller sur le Voyage quelques semaines dans l'année.

Liberté, égalité, propriété.

Du temps des chevaux au bidonville

La Rochelle dans l'après-guerre est une ville qui sort de quelques années d'occupation allemande. En 1945 les habitants sont autorisés à revenir dans la ville et, à la hâte, les Américains construisent des baraquements en bois pour y loger ce nouvel afflux de population. Ces baraques, construites dans le quartier du Prieuré à Laffont, sont le premier lieu de vie de ma grand-mère. Les baraques sont détruites dans les années 1950 et les habitants relogés dans le quartier portuaire et populaire de la Pallice, avenue Denfert-Rochereau, dans des ensembles de logements sociaux qui serviront aux familles ouvrières, nombreuses dans la zone du port.

La Pallice est aussi un port semi-militaire, une partie abrite une ancienne base allemande convertie en base pour sous-marins de l'OTAN. Au début du siècle, l'armée française y avait déjà installé des industries et même des camps pour ouvriers chinois qui servaient de main-d'œuvre bon marché

QUARTIER DE LA PALLICE
LA ROCHELLE, 1969

dans les chantiers du port[12]. C'est aussi un port de commerce où sont importées par centaines de tonnes des bittes de bois. Comme toutes les zones portuaires, la Pallice a sa rue de la soif, une succession de bars et maisons closes le long du boulevard Émile Delmas. Un coin à marin, pas toujours bien fréquenté, ça boit, ça fait la fête et ça se bagarre. Mais le quartier de la Pallice est vivant et populaire, il y a des cinémas, des bals, « c'était très animé, surtout le dimanche » dit ma grand-mère.

Une grande partie des habitants du quartier travaillent dans le port, notamment comme docker. Il y a ceux qui « ont de la chance » qui sont dockers professionnels et syndiqués, ceux-là gagnent leur sou même les jours de repos. Et puis il y a les autres, ceux qui sont embauchés à la corvée, qui descendent dans les cales pour décharger les bittes de bois. Le quartier de la Pallice a aussi son bidonville, le Plateau de la Marine. C'est là dans les années 1960, que ma grand-mère rencontre Papou. Sur quelques rues en partant de la rue Jacques Cartier, une succession de maisons en tôle, d'autres bâties, le tout entrecoupé de caravanes. Les Voyageurs sont là, présents sur le Plateau, la famille Froumeau, les Robin et les autres. Titi, Luigi, Kikine, Roland, ils travaillent à la corvée, tantôt comme docker, tantôt à autre chose, c'est la débrouille. Avant ils voyageaient et puis un jour ils se sont arrêtés, la guerre et d'autres événements les ont arrêtés. Ils ont construit des cabanes, des petites maisons en dur parfois, directement sur le Plateau. Les Voyageurs vivaient au milieu des autres, des ouvriers, des immigrés et des naufragés. Ma mère qui est née dans ce bidonville se souvient de jours heureux, ma grand-mère elle n'appréciait pas tellement l'endroit et ne rêvait que d'une chose : partir.

Déjà dans les années 1970 les pouvoirs locaux essayaient de sédentariser les quelques Voyageurs du Plateau, la tante poupée par exemple, on l'a placée dans un appartement à Aytré (17), elle est restée un peu, mais elle n'a pas supporté d'y « vivre enfermée » et elle est revenue quelque temps après. Papou, lui est arrivé jeune au Plateau, dans les années 1950, recueilli par l'oncle Auguste. Le Plateau c'était au moins 200 ou peut-être 300 petites cabanes ou maisons construites là. On pouvait accéder aux quais et jouer dans les bittes de bois, mais en 2006 tout ça s'est terminé, il a fallu se conformer aux lois européennes et on a érigé un grand mur pour fermer l'accès.

12. Hu XINYU, Martine RAIBAUD, « Le camp chinois de La Rochelle-Pallice (1919-1921) », *in Les travailleurs chinois en France dans la Première Guerre mondiale,* CNRS Éditions, 2012. URL : http://books.openedition.org/editionscnrs/16995

Alors ça ne gêne pas le quartier du Plateau puisque lui ça fait belle lurette qu'il a été rasé. Vidé peu à peu de ses habitants dans les années 1970 et 1980, qui ont été relogés dans un quartier de petites maisons non loin de là.

La Pallice et le Plateau de la Marine c'était aussi et surtout un environnement industriel dangereux. Déjà en 1916 lorsque l'usine d'explosifs Vandier et Despret a explosé, 177 personnes ont péri. La zone est entourée de sites dangereux, des dépôts chimiques et pétroliers, et aujourd'hui ce ne sont pas moins de 5 sites Seveso qui parsèment le quartier. Dans l'après-guerre, il n'y avait pas vraiment de précautions, les enfants passaient dans les sites dangereux en faisant des trous dans les grillages pour rejoindre la plage, qui a maintenant disparu au profit du pont de l'île de Ré. On allait aussi à la plage du radar, enfin plage c'est un grand mot, c'était plutôt une décharge, une gadoue qui servait de lieu de détente pour les habitants du Plateau.

C'est ici au Plateau de la Marine, dans un environnement sur-pollué que ma mère a vu le jour. Des fois la famille partait sur le Voyage, dans l'est de la France par exemple vers Sarreguemines (57). Elle s'arrêtait dans les places désignées le temps d'une halte et de travailler un peu puis repartait. La Pallice comme beaucoup d'autres quartiers en France est le théâtre de parcours croisés chez les Voyageurs qui y vivent, là où certains ont réussi à reprendre le Voyage et où d'autres se sont définitivement sédentarisés. Le Voyage comme moyen d'échapper au lieu, d'échapper à un environnement indigent. Pour ma famille, un parcours du bidonville aux places désignées, rattrapé par une forme de sédentarisation à la fin des années 1970, dans un terrain privé de Seine-Saint-Denis.

Tous n'ont pas eu cette possibilité. Dans les années 1970, les premiers plans de sédentarisation voient le jour. C'est l'époque des « hameaux tsiganes » ou des « cités gitanes » comme à Berriac (11). La « cité de l'espérance », c'est son petit nom, construite à la hâte dans les années 1960 pour « loger » une communauté gitane qui jusque-là se retrouvait reléguée dans une décharge. La localisation de la cité en dit long, à l'écart, au pied d'un poste électrique EDF, une catastrophe sanitaire qui se mesure des années plus tard où les problèmes de fertilité, les cancers et les morts prématurées s'enchaînent[13].

13. Sylvie BONNET, « Centrale EDF de Berriac : cité de l'Espérance ou cité du cancer ? », *France 3 Occitanie*, 05 octobre 2016. URL : https://france3-regions.francetvinfo.fr/occitanie/herault/montpellier-metropole/montpellier/centrale-edf-berriac-cite-esperance-cite-du-cancer-1101869.html

CITÉ DE L'ESPÉRANCE – BERRIAC
43°12'42.4"N 2°23'29.3"E

Ou la cité des Violettes à Tarbes, deux rangées de maisons basses construites elles aussi à la hâte en 1974 juste à côté d'une station d'épuration. On y a parqué tous les Gitans et Manouches de la ville. Un abattoir jouxtait le site, source de puanteurs et d'immondices diverses, de nombreux rats et tout ça sous des lignes haute tension. Il a fallu attendre les années 1990 pour proposer enfin des solutions de relogement à ces différentes familles[14]. En fait, c'est un ensemble de ghettos qui ont été construits dans les années 1970, de grandes zones de relégation ethnique dans les lieux les moins hospitaliers des villes. Relégation et pollution, le schéma classique.

Voyager c'est perdre la nature

La seconde moitié du XXe siècle est le terrain d'un paradoxe, le Voyage qui jusqu'alors répartissait la « présence voyageuse »[15] dans les territoires ruraux s'est trouvé dépossédé de ce rôle. Pire encore, le Voyage longtemps associé à une pratique proche de la nature, est au contraire devenu un facteur d'éloignement des espaces naturels. Sites industriels, zones routières et zones de déchets sont souvent les seuls choix possibles pour les Voyageurs.

Voyager c'est perdre la nature. Le constat est terrible, mais 94 % des communes (celles de moins de 5 000 habitants) ne sont plus accessibles au stationnement des « gens du voyage ». Outre l'exclusion majeure qui en résulte, l'accès aux espaces ruraux s'est trouvé fortement contraint. Combien de fois ai-je entendu ces histoires de Voyage près des rivières, avec vue sur les montagnes ou dans les prairies, racontées aujourd'hui comme un fait du *tan Lontan* ?

Et le paradoxe se poursuit quand la nature devient un argument de plus contre la présence des Voyageurs. Les exemples sont légion, à Herblay (95) dans la zone du bois du Trou-Poulet, près de 100 personnes qui y vivaient (pour certaines légalement) depuis plus de 30 ans ont été expulsées. Patrick Barbe, maire de la ville en 2004, a fait classer les terrains en zone naturelle et demandé l'expulsion des familles. Après une première procédure,

14. Olivier BERTRAND, « Tarbes efface la tache "Violettes". Tous les Tsiganes de cette cité insalubre, en marge de la ville, ont été relogés », *Libération*, 21 septembre 1999. URL : https://www.liberation.fr/societe/1999/09/21/tarbes-efface-la-tache-violettes-tous-les-tsiganes-de-cette-cite-insalubre-en-marge-de-la-ville-ont-_284031

15. Gaëlla LOISEAU, « "On a gagné le campement" – Des formes de la halte aux régimes de négociation de la présence voyageuse », *op. cit.*

en 2005 les juges d'appel ont condamné les familles à quitter les lieux, décision assortie de mesures d'astreinte de près de 70 € par jour. L'aide juridictionnelle leur a été refusée. Ce problème d'accès aux droits est récurrent et dénoncé par des avocats depuis plusieurs années. La pression et la brutalité des procédures utilisées par le maire ont eu des effets que l'on connaît bien : une partie des familles s'est retrouvée en errance dans des parkings autour de la zone, d'autres ont accepté d'aller vivre en logements sociaux et enfin certaines ont fait le choix de partir. En 2013, à l'unanimité des sept juges, la Cour européenne des droits de l'homme a condamné la France pour ce traitement dans l'affaire Winterstein contre France[16]. Mais bientôt 8 ans plus tard, une grande partie des familles n'a toujours pas obtenu de solution de relogement et continue à vivre une forme d'errance institutionnalisée[17].

L'écologie devient une variable d'ajustement dans l'exclusion des « gens du voyage ». On ne compte plus les pétitions en nombre qui s'opposent à la réalisation de ce type d'infrastructures pour des raisons écologiques liées aux localisations des aires. Cas de figure particulier à Claye-Souilly (77) où depuis des années l'intercommunalité est dans l'obligation de réaliser un terrain de grand passage. Le problème est la localisation retenue. Le site des Monts Gardés est situé aux limites communales, au cœur d'un nœud ferroviaire de huit voies de TGV, en bordure de nationale, adossé à une déchèterie énorme qui est le premier émetteur francilien de méthane et sous des lignes haute tension. Autant le dire tout de suite, aucun être humain ne devrait avoir à y vivre ou y séjourner. C'était pourtant le projet de la municipalité et ce qui est intéressant ici c'est que l'argument écologique si souvent invoqué pour éviter la construction d'aire n'a pas fait le poids. En effet, les Monts Gardés sont aussi une zone d'intérêt écologique, avec un projet de régénération de milieu dégradé porté par une association locale depuis des années. Mais cette zone pourtant des plus inhospitalières pour l'être humain a été jugée parfaite par l'ancienne équipe municipale. Le besoin pour l'EPCI de se mettre aux normes vis-à-vis de l'accueil est urgent dans une ville qui connaît des installations illégales régulières, et elle est avancée comme un argument. En construisant l'aire de grand passage, l'EPCI se met en conformité avec les prescriptions d'accueil et peut bénéficier de conditions

16. Cour européenne des droits de l'Homme, Winterstein et autres contre France, requête n°27013/07, 17 octobre 2013. URL : http://hudoc.echr.coe.int/fre?i=001-126910

17. Franck JOHANNES, « La France condamnée après l'expulsion de gens du voyage », *Le Monde*, 18 octobre 2013. URL : https://www.lemonde.fr/justice/article/2013/10/18/la-france-condamnee-apres-l-expulsion-de-gens-du-voyage_5995547_1653604.html

d'expulsion plus large pour tout « gens du voyage » s'installant en dehors de l'aire. L'intérêt écologique peut donc s'effacer lorsqu'il s'agit d'encamper. Mais revirement, en décembre 2020, la nouvelle équipe municipale annule le projet, pour un motif… écologique : « Cette aire de grand passage remet en cause les objectifs de l'État pour freiner l'artificialisation des sols, des espaces naturels, forestiers et agricoles »[18]. À ce jour aucune alternative n'a été proposée et l'agglomération de Claye-Souilly retarde d'encore quelques années les échéances, laissant sans solutions d'accueil les Voyageurs.

Vivre dans les pollutions

Sur le terrain, des habitants d'aires d'accueil entrent en lutte contre les gestionnaires. Souvent seuls face à la machine administrative, il faut dire qu'ils ne pèsent pas lourd. Déjà comme sédentaire, dans un espace pensé pour soi, défendre sa position face aux abus est parfois difficile, autant dire que pour les « gens du voyage » l'affaire est sensiblement compliquée. Pendant près d'un an, j'ai échangé avec un nombre significatif d'habitants des aires et de terrains familiaux. Ceux qui y vivent toute l'année. Je suis étonné à chaque fois de voir la quantité de recours, de lettres, de documents, de photographies, de classeurs, de coupures de presse et de photocopies que gardent mes interlocuteurs. Dans une caravane, il y a assez peu d'espace et chaque placard compte, enfin on ne garde pas les choses inutiles, on ne va pas installer une bibliothèque par exemple. T'achète un livre, tu le lis, puis tu passes à l'autre. Et c'est pareil pour tout, faut compter et garder le nécessaire. Alors quand je monte dans la caravane de Sonia et qu'elle me montre trois placards entiers remplis de papiers, je me dis qu'elle est acharnée. Elle bataille depuis des années pour obtenir son terrain, mais rien n'y fait. Des dizaines de lettres, de documents pour réclamer, prouver et se protéger. On se bat contre les conditions environnementales, qui ne vont jamais sans des difficultés sociales. Absence de logement, conditions sanitaires déplorables, harcèlement administratif ou policier, difficultés à payer l'eau, l'électricité ou la place. Des luttes, des heures de démarches et de papiers, des heures à se faire balader, parfois, souvent, en vain. La récurrence est celle de l'épuisement, épuisé par les recours administratifs, épuisé par la succession des

18. « Le projet d'une aire de grand passage retoqué par la nouvelle municipalité à Claye-Souilly », *Évasion FM*, 16 décembre 2020. URL : https://www.evasionfm.com/actualite-60560-le-projet-d-une-aire-de-grand-passage-retoque-par-la-nouvelle-municipalite-a-claye-souilly.html

interlocuteurs, par les menaces d'expulsion, les remarques déplacées, les leçons de morale et, il faut aussi le dire, épuisé d'être seul.

Les atteintes environnementales diffèrent d'une aire à l'autre, selon qu'on est situé au pied d'une usine Seveso, d'une carrière, d'une déchèterie, d'une société d'équarrissage, d'une autoroute, sous les voies de TGV ou derrière une usine de béton, mais ces atteintes ont pourtant un point commun. Une charge symbolique forte. Lorsque depuis l'enfance les seuls lieux de vie croisés sont les déchèteries et les arrières d'usines, ça laisse une arrière-pensée, une petite musique. Souvent on ne l'entend pas ou plus, mais elle est là : les poubelles c'est pour moi, c'est ici dans ces lieux que la société choisit de m'installer, souhaite me voir et surtout que je reste. Édouard me cite Georges Brassens pour illustrer ce sentiment : « Que je me démène ou que je reste coi, je passe pour un je-ne-sais-quoi, je ne fais pourtant de tort à personne, en suivant mon chemin de petit bonhomme ; mais les braves gens n'aiment pas que l'on suive une autre route qu'eux »[19]. On ne s'interroge pas sur la charge symbolique et encore moins sur les effets psychologiques qui accompagnent ces expériences. Ceux qui conçoivent les schémas d'accueil, ceux qui travaillent dans les administrations, dans les ministères, ceux qui au niveau des métropoles, ou de l'État sont en charge des « gens du voyage », tous ceux-là n'auront jamais à tenter l'expérience de l'aire d'accueil et comprendre les effets de la relégation sur les personnes.

Aussi il ne faut pas être sorti de Saint-Cyr pour au moins entendre que vivre au milieu de nuisances n'est pas viable. La poussière, le bruit ou l'odeur insupportable ne se dissimulent pas, même pour l'élu ou le responsable public (ils se rendent parfois sur les aires, souvent pour l'inauguration de l'équipement). Évidemment il paraît difficile d'appréhender les conséquences concrètes sur la santé, il faut entendre les toux régulières, voir les plaques d'eczéma ou ressentir les migraines. Il faut faire l'expérience de l'impossibilité de se concentrer ou celle du bruit permanent. Trouvez un pont qui passe au-dessus d'une autoroute et fermez les yeux, vous aurez l'exacte ambiance sonore de l'aire d'accueil de Saint-Menet (13). Mais sans chiffres pour prouver ces atteintes, rien ne bouge. Détourner le regard, pointer les installations illégales, c'est plus simple.

À Saint-Menet, je m'y rends en juillet 2020, sous la chaleur écrasante de l'été, cet immense parking de goudron et de béton, jonché de déchets

19. Georges BRASSENS, La mauvaise réputation.

présents depuis des années, pullule de rats en raison du manque d'entretien de la métropole d'Aix-Marseille. L'aire est située à 10 mètres d'une autoroute, elle jouxte un transformateur électrique, une déchèterie pour BTP, un site Seveso seuil haut, les voies de TGV et un terrain de motocross dont le bruit continu est invivable. Le vent soulève des nuages de déchets et de poussières qui s'infiltrent partout. Une journée sur l'aire a suffi pour que mes cheveux soient pleins de poussière, pour que ma peau soit crasseuse, que mes yeux brûlent et que ma gorge soit en feu.

Une journée alors que certains habitants y sont parqués depuis des décennies. Rien n'est aux normes, la moitié des installations d'eau est défectueuse, les branchements électriques sont plus que douteux. Les douches comme les toilettes sont inutilisables, les fils à linge sont cassés, certains habitants se voient refuser l'accès à l'eau et l'électricité. D'autres n'ont pas accès à la climatisation si précieuse dans les caravanes par ces chaleurs. On promet aux habitants une rénovation qui n'arrive pas, depuis des années[20].

Il y a aussi des nuisances qu'on n'envisage pas sans les vivre, c'est le cas des vibrations. Sur l'aire d'accueil de Gex (01) située entre deux carrières, des dizaines de camions circulent à proximité, des concasseurs brisent des pierres du matin au soir. Edouard Guerdener me dira « ça nous rend fous, des fois on ne parvient même plus à se parler avec ma femme, j'ai du mal à me concentrer ». À Gex deux industriels de la carrière encerclent l'espace. L'aire est une honte, « j'ai rarement vu ça », me dira la journaliste Sophie Rosensweig, grand reporter pour Arte, qui se rend sur l'aire en septembre 2020. Reléguée dans cette zone de travaux permanente, l'aire d'accueil est aussi le terrain de résidence de plusieurs familles qui y vivent à l'année et n'ont d'autres choix que d'y rester. L'exploitation d'une des deux carrières est manifestement illégale et des déchets toxiques y sont brûlés en journée. Il est difficile de faire entendre la voix d'Édouard Guerdener dans l'espace médiatique local, peu de gens de sa ville se préoccupent de l'aire d'accueil, la plupart ne doivent même pas la connaître. Pourtant Édouard est aussi le témoin des pollutions au lixiviat des cours d'eau avoisinants qui servent à alimenter la ville entière.

Et puis il y a ce sentiment d'être traité comme un moins que rien. En mars 2020 mon frère séjourne trois jours sur l'aire de Quincy-Voisins (77). À son arrivée, il informe la gestionnaire de son souhait de ne rester que 3 jours.

20. Lisa Castell, « À Saint-Menet, les gens du voyage retrouvent le triste ordinaire de leur aire d'accueil », *Marsactu*, 12 juin2018. URL : https://marsactu.fr/a-saint-menet-les-gens-du-voyage-retrouvent-le-triste-ordinaire-de-leur-aire-daccueil/

Mais le lundi au moment de son départ le portail reste fermé, la gardienne a pris un congé sans en prévenir les habitants qui se retrouvent enfermés sur l'aire. Après quelques appels sans réponse, des renvois de service en service, on lui dit qu'il faut attendre le retour de congés de la gardienne s'il souhaite sortir de l'aire, deux ou trois jours supplémentaires (son interlocuteur ne sait pas exactement). Il a fallu plusieurs menaces, dont celle de détruire le portail, pour que la société gestionnaire décide d'envoyer quelqu'un ouvrir la barrière qui empêchait toute sortie. La facture finale de ces trois jours sur l'aire s'élève à 45 euros, eau comprise (pour 6 douches au total). Un prix prohibitif, particulièrement au regard de la localisation de l'aire, une de plus située hors de la ville, entourée d'une déchèterie et d'une autoroute.

Alors qu'est-ce qui a merdé ? Comment nous regarderaient les « hommes du temps des chevaux », toujours sans surprise[1] ? Que dirait Papou ? Où sont passés ses *niglé*[2] braisés et ses petits coins de campagne ?

Je n'ai pas eu le temps de lui demander.

1. Patrick WILLIAMS, « Les vanniers sont devenus des ferrailleurs », *op. cit.*

2. Hérissons.

L'URBANISÉ

Si le terme d'accueil est politiquement correct, il traduit rarement l'engouement d'accueillants envers les accueillis. Aujourd'hui l'accueil des Gens du Voyage est considéré par nous sédentaires comme une agression. En réponse nous construisons des "ghettos pour faux-Français", traduction envers cette population des législations xénophobes qui fondent le droit français à leur égard. Toute généralisation est bien sûr dangereuse et il existe de vraies volontés d'accueil, y compris certaines suscitées par la loi Besson et les prises de conscience qui en ont résulté. Même dans ces cas-là les projets sont souvent à côté des besoins. Tout juste obtient-on des localisations dans des sites sains sans envisager une reconnaissance du droit de ces gens à confirmer leur présence séculaire sur un territoire.

Luc Monnin[3]

Urbaniser n'est pas urbanité

L'urbanité en géographie procède du « couplage de la densité et de la diversité des objets de société dans l'espace »[4]. L'urbanité n'est pas une notion absolue, mais graduelle. Un quartier à la fois dense et diversifié, c'est-à-dire pourvu en service public, en zone d'habitation, en commerce, espace de loisir et où existe une mixité sociale, aura un « gradient d'urbanité » élevé. Autrement dit tout le contraire des zones d'implantation des aires d'accueil.

Établir une aire d'accueil n'implique pas seulement une construction d'infrastructures. L'aire est publique, elle doit être gérée, c'est-à-dire qu'il faut y assurer des actions de maintenance, d'« accompagnement » social et de contrôle (application d'un règlement intérieur, contrôle des autorisations de stationnement temporaires, etc.). Au moins pour le volet social des politiques publiques en matière d'accueil, les EPCI sont incités à veiller à une localisation des aires d'accueil relativement proche des zones urbaines et connectée par des réseaux de transport. Le droit le rappelle clairement dès l'article 1er

3. Luc MONNIN, « L'accueil des Gens du Voyage. Quels critères de choix... ? ! », *Études tsiganes*, 1998, volume 11, p. 126.
4. Jacques LÉVY, Michel LUSSAULT (dir.), *Dictionnaire de la Géographie et de l'Espace des Sociétés*, Paris, Belin, 2003, p. 966.

ÉVREUX
49°01'08.3"N 1°11'13.2"

de la loi Besson du 5 juillet 2000. Il préconise que les localisations des terrains pour l'accueil des « gens du voyage » soient choisies en tenant compte « de la fréquence et de la durée des séjours des gens du voyage, de l'évolution de leurs modes de vie et de leur ancrage, des possibilités de scolarisation des enfants, d'accès aux soins et d'exercice des activités économiques ».

Dès 2001 une circulaire précise les caractéristiques d'une bonne localisation : « Elle doit garantir le respect des règles d'hygiène et de sécurité des gens du voyage et éviter les effets de relégation. Les aires d'accueil sont situées au sein de zones adaptées, c'est-à-dire de zones urbaines ou à proximité de celles-ci afin de permettre un accès aisé aux différents services urbains (équipements scolaires, éducatifs, sanitaires, sociaux et culturels ainsi qu'aux différents services spécialisés) et d'éviter les surcoûts liés aux travaux de viabilisation. Est donc naturellement à proscrire tout terrain jugé incompatible avec une fonction d'habitat. »[5]

Si la mention des effets de relégation prouve bien que ce problème est antérieur à la rédaction du texte en 2001 et surtout bien connu, en ne définissant pas la notion d'« effets de relégation », le législateur laisse l'appréciation de ce critère au soin d'élus locaux dont une partie tente d'éviter toute forme d'accueil. Autrement dit, cette souplesse ne peut conduire à une mise en œuvre efficiente que s'il existe une volonté préalable de bien accueillir les « gens du voyage ».

Évreux, une urbanité de la déchèterie

Petit cas pratique avec la ville d'Évreux. Il s'agit de la préfecture du département de l'Eure (27) en Normandie, la ville compte près de 50 000 habitants et doit donc prévoir des terrains en matière d'accueil pour les « gens du voyage ».

Dans le schéma départemental d'accueil des gens du voyage de l'Eure figure un diagnostic qui établit les raisons du retard dans les constructions d'aires. Ainsi il est possible d'y lire en page 10 les raisons des difficultés pour réaliser les aires prévues par la loi : « contraintes d'urbanisme, manque de foncier, acceptabilité, etc. ». Notons qu'en dehors des contraintes légales et

5. Circulaire UHC/IUH1/12 n° 2001-49 du 5 juillet 2001 traitant de l'application de la loi n° 2000-614 du 5 juillet 2000 relative à l'accueil et à l'habitat des gens du voyage.

topographiques, l'acquisition de terrains ou la modification des documents d'urbanisme restent des choix politiques. Mais encore plus intéressant ici est le terme « acceptabilité » car il offre un premier indice sur l'ambiance qui règne dans certains territoires de l'Eure.

Un autre indicateur de l'ambiance locale se trouve en page 11 du schéma de l'Eure qui relève « une absence de projet social sur les aires », « peu ou pas d'accompagnement scolaire » ou encore « des problèmes de santé liés aux conditions de vie ». Les aires d'accueil n'auraient-elles d'accueil que le nom ?

À Évreux il existe un terrain d'accueil depuis 1986, remplacé puis fermé. La ville est aujourd'hui marquée par un sous-équipement en matière d'accueil qui se conjugue à une présence importante de Voyageurs. La superposition de ces conditions entraîne nécessairement des installations illégales.

En tout état de cause, dans l'Eure et particulièrement dans l'EPCI Évreux Portes de Normandie l'existence d'un antitsiganisme local semble plutôt probable. Comme chaque fois on le retrouve dans les propos des élus, les modalités d'organisation de l'accueil, le traitement des presses régionales ou encore la communication politique autour de « la question gens du voyage ». Le premier indice est la délégation du conseiller communautaire Nicolas Gavard-Gongallud en charge de « la sécurité communautaire, de l'accueil des gens du voyage et de la fourrière animale ». Associations curieuses, mais habituelles, dans les délégations des élus communautaires où la responsabilité de « l'accueil des gens du voyage » se cumule tantôt avec la sécurité, tantôt avec les déchets. Comme pour la communauté de communes de Marennes, où le cinquième vice-président est en charge de « l'accueil des gens du voyage et de la gestion des déchets ».

Deuxième indice, l'existence d'une parole antitsigane libre et décomplexée. Dans un article de *Paris Normandie*, intitulé très délicatement « À Guichainville, une aire d'accueil des gens du voyage pour éradiquer les campements sauvages d'Évreux »[6], la vice-présidente de l'EPCI madame Stéphanie Augier déclare à propos des « gens du voyage » : « C'est un fléau ! Je ne stigmatise personne, j'expose des faits. Tous les trois mois, les agents doivent remettre en état ce qui a été détruit. Ces gens fonctionnent en clans qui ne s'entendent pas entre eux. Du coup, ils cassent pour ne pas que les

6. « À Guichainville, une aire d'accueil des gens du voyage pour éradiquer les campements sauvages d'Évreux », *Paris Normandie*, 18 mars 2019. URL : https://www.paris-normandie.fr/actualites/societe/a-guichainville-une-aire-d-accueil-des-gens-du-voyage-pour-eradiquer-les-campements-sauvages-d-evreux-LH14755835

suivants profitent des installations »[7]. Possible diffamation raciale, absence de présomption d'innocence, tribalisation et stéréotypes agissent comme un écran de fumée : l'EPCI n'est pas en règle en matière d'accueil. Non seulement l'unique aire à Évreux, située dans une zone industrielle à l'écart de la ville a été reconvertie en zones de stockage pour les travaux autoroutiers tout proches, mais en plus la nouvelle aire située à Guichainville jouxte, une fois n'est pas coutume, la déchèterie. Déjà les Voyageurs ont exprimé leur sentiment de mise à l'écart et leurs réticences à vivre une fois de plus dans ce type de lieu.

Évreux Portes de Normandie a bénéficié de toute la souplesse des textes depuis plusieurs années en organisant un accueil *a minima*, qui semble ne prendre en compte qu'une chose : l'organisation d'un stockage humain au plus loin des autres administrés. Ni les recommandations de la loi Besson de 2000, ni la loi égalité et citoyenneté de 2017, ni les textes réglementaires en matière d'accueil n'auront empêché cet EPCI de désigner la zone déchèterie comme la seule place possible pour les « gens du voyage » dans la commune.

Urbaniser le « gens du voyage »

C'est certainement un point auquel peu de gens prêtent attention, le plancher de 5 000 habitants en matière d'accueil contribue à concentrer la présence des « gens du voyage » autour des villes les plus peuplées.

Mais en empêchant le stationnement dans les communes de moins de 5 000 habitants, des régions entières restent interdites à l'accueil. Certains territoires n'ont aucune obligation légale en matière d'accueil. Ainsi des EPCI demeurent inaccessibles aux « gens du voyage » qui souhaiteraient y stationner pour une halte. Quelques exemples significatifs : aucune aire d'accueil n'existe dans l'est du département des Yvelines ; dans le département de l'Aisne, huit aires sont disponibles sur 800 communes (encore faut-il qu'elles soient toutes ouvertes) ; dans les départements des Alpes-de-Haute-Provence (04), des Hautes-Alpes (05) et des Alpes-Maritimes (06) qui représentent un ensemble de 523 communes,

7. « L'Agglomération d'Évreux toujours en retard en matière d'accueil des gens du voyage », *Paris Normandie*, 11 juillet 2019. URL : https://www.paris-normandie.fr/actualites/societe/l-agglomeration-d-evreux-toujours-en-retard-en-matiere-d-accueil-des-gens-du-voyage-PF15322973

AULNAY-SOUS-BO
48°57’47.8”N 2°28’12.6

16 773 km^2 de superficie (soit l'équivalent d'un État comme le Koweït) et 1,4 million d'habitants, seules cinq aires d'accueil sont accessibles aux « gens du voyage ». Dans ces trois départements, les capacités d'accueil sont donc limitées à 125 emplacements, soit en partant de l'hypothèse d'une famille de 4 personnes par emplacement, environ 500 personnes. Les « gens du voyage » ne peuvent donc légalement représenter que 0,03 % de la population de ces trois départements réunis.

La densité n'est pas une garantie d'urbanité

Une forte densité urbaine n'est pas une garantie d'inclusion dans la ville. *A contrario* une faible densité ne protège pas forcément des expositions aux sites polluants.

Un territoire à forte densité urbaine, la Seine-Saint-Denis

Derrière Paris (où seulement deux aires d'accueil existent), la Seine-Saint-Denis est un des départements les plus denses de France avec près de 7 000 habitants au kilomètre carré. La Seine-Saint-Denis c'est surtout une histoire qui part très mal en matière d'accueil : en 2003 puis en 2013, le schéma d'accueil des gens du voyage est annulé par un tribunal administratif pour « insuffisance de l'évaluation préalable des besoins et de l'offre existante dans les domaines sociaux et scolaires » ; « adoption d'un critère de répartition des places à réaliser étranger aux objectifs de la loi » ou encore « absence d'aires de grands passages ». En Seine-Saint-Denis, 78 % des aires d'accueil sont soumises à des nuisances environnementales, 56 % sont l'objet de relégation.

> **Aulnay-sous-Bois** : une énième aire de la honte, un lieu de relégation à tout point de vue, la ville ne manque pourtant pas d'espaces, mais c'est certainement le caractère isolé et non valorisable du terrain qui a été ici retenu. Cinquante deux minutes de marche sont nécessaires pour atteindre le centre-ville. Tout au nord de la commune, à la limite de la limite communale, entre une bretelle d'autoroute et une décharge gigantesque se trouve l'« aire d'accueil des gens du voyage ». Située en zone industrielle elle fait face à un site Seveso. Aucun être humain ne mérite d'y vivre.

AUBERVILLIER
48°55'24.2"N 2°22'29.3

> **Aubervilliers** : cachée en plein cœur de la zone industrielle, une aire d'accueil n'a rien à faire dans un tel emplacement. Située à proximité de l'autoroute et des voies de chemin de fer, l'aire est soumise à de nombreuses nuisances dues aux activités dans la zone.

> **Le Blanc-Mesnil** : la ville est marquée par une densité urbaine extrêmement forte, rares sont les terrains disponibles et cela se remarque puisque l'aire est située à proximité directe d'un quartier résidentiel, ce qui est une exception notable. Cela n'empêche pas la présence de deux critères classiques : l'aire est située aux limites communales, elle jouxte une autoroute, pour être plus exacte la bande d'arrêt d'urgence est à 11,50 m de la première caravane. Accueil à vos frais, casque antibruit non fourni.

> **La Courneuve** : située sous un échangeur routier de quatre-voies, l'aire n'est pas isolée en raison de la densité urbaine de la ville. Elle se situe en face d'un site Seveso.

> **Drancy** : tout un symbole que la position de cette aire, au bord du chemin de fer de Drancy, là même où plusieurs prisonniers « nomades » furent transférés pendant l'Occupation. Au-delà du symbole et des désagréments liés au passage des trains, l'aire est bien intégrée à la ville.

> **Neuilly-Plaisance** : située aux frontières communales, l'aire d'accueil est au milieu d'une zone industrielle, elle a pour voisins la déchèterie et le cimetière.

> **Rosny-sous-Bois** : seuls dix emplacements sont réservés pour l'accueil, ils sont répartis dans un quartier appelé Les Cerisiers et qui est en réalité le résultat d'un plan de sédentarisation où plus de 50 familles vivent. Le quartier est en bordure de zone commerciale et ne fait pas l'objet de nuisance particulière.

> **Tremblay-en-France** : L'aire d'accueil est une honte. Provisoire depuis 15 ans, elle se situe à peine à 100 mètres des pistes du plus grand aéroport de France. Ses plus proches voisins sont un funérarium et un cimetière. L'aire est sommaire, il n'y a aucun confort, elle est située juste sous les lignes haute-tension. Les habitants se plaignent des odeurs d'hydrocarbure générées par les avions, des vibrations tellement puissantes qu'elles font tomber les objets dans les caravanes, des bourdonnements des lignes électriques et surtout des odeurs, en particulier celle de la mort : lorsque le vent se lève, le funérarium empeste.

ROSNY-SOUS-BOI
48°52'52.2"N 2°28'04.1"

Un territoire à faible densité urbaine : l'Allier

Département peu peuplé, l'Allier présente une densité de population 162 fois moins importante qu'en Seine-Saint-Denis, avec seulement 43 habitants au kilomètre carré. Avec huit aires d'accueil et trois aires de grand passage, l'Allier est insuffisamment équipé. Ce département est marqué par une importante présence des « gens du voyage » en particulier de familles Yéniches et Manouches qui y sont implantées de longue date. Les EPCI ne respectent pas toutes les prescriptions en matière d'accueil. Il reste par exemple 24 places à trouver dans l'agglomération de Vichy, où les communes de Creuzier-le-Vieux et Saint-Rémy-en-Rollat s'opposent fermement à tout accueil[8]. Pour changer.

Le département de l'Allier n'échappe pas lui non plus aux velléités de mise à l'écart et malheureusement aux nuisances environnementales qui pourraient être si facilement évitées. Les Voyageurs y bénéficient de meilleures conditions que dans les départements fortement urbanisés, mais leur mise à l'écart demeure récurrente.

> **Commentry** : l'aire se confond avec la déchèterie. À Commentry comme souvent, si tu ne trouves pas l'aire, cherche la déchèterie ! En prime un site Seveso seuil haut et à 600 mètres à vol d'oiseau.

> **Domerat** : située aux limites communales, l'aire marque la fin de la ville, elle est située dans le quartier de la déchèterie.

> **Gannat** : aire d'accueil située dans la petite zone commerciale de la ville, elle jouxte les chemins de fer.

> **Hauterive** : dans un territoire aussi rural, la présence de voisins suffit à marquer le non-isolement de l'aire. Certes l'aire est éloignée de la zone centre-ville, mais reste proche des autres habitants. Petit problème, pour une fois que l'aire était éloignée de toute source polluante, c'est la pollution elle-même qui la rattrape. Un projet d'installation d'une infrastructure de méthaniseur est prévu prochainement[9]. Les sites de méthanisation

---

8. « Aire d'accueil des gens du voyage : pourquoi l'agglo de Vichy doit trouver une solution en urgence », *La Montagne*, 2 février 2017. URL : https://www.lamontagne.fr/vichy-03200/actualites/aire-d-accueil-des-gens-du-voyage-pourquoi-l-agglo-de-vichy-doit-trouver-une-solution-en-urgence_12267544/
9. « Quelles sont les craintes des riverains du futur méthaniseur d'Hauterive ? », *La Montagne*, 12 novembre 2019. URL : https://www.lamontagne.fr/hauterive-03270/actualites/quelles-sont-les-craintes-des-riverains-du-futur-methaniseur-d-hauterive_13681923/

transforment les matières organiques (déjections animales) en fertilisants pour les sols. Le projet est accompagné de zones d'épandage. Évidemment ce sont des installations très nuisibles, en matière d'odeurs particulièrement. Les familles qui occupent l'aire ont fait savoir qu'elles partiraient si jamais le projet se concrétise. Mais le départ des enfants de l'aire signifierait la fermeture d'une classe dans le groupe scolaire de la ville. Peut-on, pour une fois, espérer que les habitants soutiennent les « gens du voyage » ?

> **Moulins** : aire spartiate, elle correspond aux anciennes versions des aires d'accueil, celles sans équipements individuels, un bâtiment central et des sanitaires communs. L'aire est très isolée de la ville, placée aux limites communales, ses plus proches voisins vivent dans la commune voisine, peu de risque donc pour le maire de l'époque. L'aire est voisine d'une carrière, un équipement des plus nuisible.

> **Saint-Yorre** : située en limite communale, au nord de la ville, l'aire est reléguée dans une zone boisée appelée « coupe-gorge », ça ne s'invente pas.

> **Saint-Pourçain-Sur-Sioule** : relégation totale pour cette aire située en zone industrielle et très loin du centre-ville, l'aire d'accueil jouxte la voie ferrée, un site Seveso est situé à 500 mètres à vol d'oiseau.

> **Yzeure** : très isolée de toutes les zones d'habitation, l'aire est cachée dans un espace boisé. Il y a de fortes chances pour que beaucoup d'habitants de cette commune en ignorent même l'existence.

LE SÉPARÉ

Le choix des mots n'est pas sans conséquences : on est riverain de quelque chose (en l'occurrence, d'un bidonville), tandis qu'on est voisin de quelqu'un (on habite le même quartier que des Roms)
Éric Fassin[1]

Altérisation riveraine

Les « riverains » ne veulent pas des « gens du voyage ». L'accueilli n'est pas un voisin, il est un « occupant »[2]. Les accueillis sont appréhendés de manière non individuelle, comme un tout inclus dans l'équilibre local à condition qu'il reste à sa « place réservée ». L'accueil glacial est conditionné par un rattachement ancien et essentialiste du « nomadisme tsigane » à la notion de « bande » ou de « tribu ». Dès les premiers recensements de Bohémiens en 1895, l'ordre est donné de récolter les renseignements importants parmi lesquels, les noms et prénoms des membres de la « bande ». Plus tard au journal officiel du 30 octobre 1907 il est possible de lire : « La chambre, confiante dans le gouvernement, compte sur son active vigilance pour assurer l'ordre et la sécurité dans les villes et les campagnes et pour débarrasser le pays des incursions des bandes de Romanichels ». En 1912 le fichage des « nomades » génère deux documents principaux : un carnet anthropométrique individuel et un carnet collectif, qui illustrent toujours cette nécessité d'appréhender l'individu au prisme du collectif. Avec le temps, le champ lexical s'est étoffé, « clan », « camps », « communauté ». L'effet reste le même, l'acte d'un individu engage la responsabilité collective d'un groupe. Le terme « gens du voyage » ne peut être ainsi décliné au singulier ou au féminin, une conception collective et patriarcale, particulièrement bien décrite par Lise Foisneau[3]. Ainsi, une installation illégale (quand bien même elle ne

1. Éric FASSIN, Carine FOUTEAU, Serge GUICHARD et Aurélie WINDELS, *Roms et riverains. Une politique municipale de la race*, Paris, La Fabrique, 2014, p. 53.
2. Décret n° 2019-1478 du 26 décembre 2019 relatif aux aires permanentes d'accueil et aux terrains familiaux locatifs destinés aux gens du voyage et pris pour l'application de l'article 149 de la loi n° 2017-86 du 27 janvier 2017 relative à l'égalité et la citoyenneté, Art. 4
3. Lise FOISNEAU, « Terrain partagé. Remarques méthodologiques sur l'ethnographie des gens du voyage », *op. cit.*

susciterait pas de troubles particuliers) fera oublier les 200 installations légales qui l'ont précédée. Ce renvoi systématique au collectif est une prérogative à la séparation, une séparation pour protéger l'individu (le riverain) de la bande (les accueillis).

L'assignation au groupe est une forme d'expression du rejet. Elle est quotidienne et n'importe quel Voyageur aura en réserve un catalogue d'expériences désagréables, voire inhumaines. C'est par exemple ce qu'ont pu expérimenter plusieurs familles sur un emplacement temporaire mis à disposition par la ville de Volvic (63) en octobre 2019. Pourtant installées légalement, les « riverains » ont organisé un harcèlement ciblé pendant des jours destiné à effrayer les « accueillis ». Dans un département surchargé, où les aires sont insalubres, insuffisantes et où l'errance des Voyageurs est quasi-institutionnalisée, ces familles avaient trouvé un peu de répit dans ce lieu. Pourtant, face aux comportements hostiles des riverains, il a fallu fuir une nouvelle fois. À quelques kilomètres dans l'aire d'accueil de Cébezat un père de famille résume la chose ainsi : « On vit une vie déplorable, on n'a pas d'hygiène pour les enfants, on n'a rien du tout. Nos chiens sont morts parce que c'est infesté de rats. On gêne les gens, ils nous le disent, mais on n'a pas d'autre solution. Ce n'est pas une vie, on est avec les rats, les ordures... Nous on veut une vie normale avec un peu d'eau, un peu de courant, un emplacement où on ne dérange pas »[4]. L'aire d'accueil de Cébezat est isolée au bord d'une quatre-voies et d'une zone industrielle.

Séparer en groupe

Dans les villes la séparation est concomitante à l'action de regrouper. Il est fréquent de retrouver dans une même zone les lieux destinés à l'accueil des « gens du voyage » dits « itinérants » et ceux réservés pour l'« habitat » des « gens du voyage sédentarisés ».

Il existe différents types d'« habitat » en fonction des situations : terrains familiaux, avec plus ou moins d'équipement ou de surface, maison accompagnée d'un emplacement pour les caravanes, etc. La forme d'« habitat » est alors qualifiée d'« adaptée » aux « gens du voyage ».

4. Solenne BARLOT, « Puy-de-Dôme : une association alerte sur les conditions de vie des gens du voyage », *France 3 Auvergne Rhône-Alpes*, 17 octobre 2019. URL : https://france3-regions.francetvinfo.fr/auvergne-rhone-alpes/puy-de-dome/puy-dome-association-alerte-conditions-vie-gens-du-voyage-1737787.html

L'objectif est de trouver une solution pérenne à des familles sédentarisées depuis longtemps, soit dans une situation d'illégalité, soit dans des conditions indignes. Les terrains familiaux nécessiteraient à eux seuls un recensement afin d'établir la place qui leur est généralement réservée dans les villes. Il existe un effet de regroupement entre les espaces d'accueil fixes et les espaces réservés aux « gens du voyage sédentaires », comme à Rosny-sous-Bois (93) où un quartier entier est réservé à l'habitat et l'accueil, une cinquantaine de logements et dix emplacements d'accueil temporaires.

La présence de terrains de « gens du voyage sédentaires » joue souvent un rôle dans le choix d'implantation des aires. Les responsables publics mettront en avant l'aspect pratique pour les familles qui peuvent ainsi recevoir plus facilement leurs proches. L'argument est imparable, mais quelque peu fallacieux dans la mesure où les propriétaires de terrains n'ont pas toujours besoin de ces espaces supplémentaires. La présence d'une aire d'accueil, qui est donc considérée comme une source de nuisance pour les riverains, n'est soudainement plus une préoccupation lorsque les riverains en question sont eux-mêmes catégorisés « gens du voyage ». Ce lien étroit entre les zones dédiées à la sédentarisation et celles destinées à l'accueil pose question tant les choix publics contribuent à une forme d'isolement et de concentration, que les responsables politiques n'hésiteront pas ensuite à présenter comme du « communautarisme ».

Une solution d'habitat adapté est encore difficile à obtenir pour de nombreux ménages qui, à défaut de mieux et pour éviter toute situation de stationnement illégal, se fixent dans les aires d'accueil. L'attente peut durer des années voire des décennies, c'est le cas de nombreux Voyageurs que j'ai pu rencontrer à Nantes (44), Gex (01), Hellemmes (59) ou ailleurs. Or les aires ne sont pas faites pour cela, et surtout elles imposent des temps limités de stationnement, qui sont en général de trois mois et pouvant être renouvelés jusqu'à neuf mois. Dans certains territoires, l'absence de volonté politique en matière de proposition d'habitat adapté est remplacée par des solutions alternatives. J'ai connaissance de plusieurs personnes fixées sur les aires qui, pour pallier le plafond des neuf mois, se voient proposer des solutions alternatives par les collectivités gestionnaires :

- Une fausse facturation sur 9 mois pour une présence sur 12.
- La proposition de changer les plaques d'immatriculation des véhicules à la fin de chaque autorisation temporaire de stationnement.

- La technique du rond-point : 1– atteler la caravane, 2 – sortir de l'aire, 3– faire le tour du rond-point, 4 – revenir pour trois nouveaux mois.

On l'aura compris certaines collectivités préfèrent ces petits arrangements que de s'attaquer réellement au fond : dégager du foncier pour les familles sédentarisées. Face à ces situations de détresse, des marchands de sommeil n'hésitent pas à louer ou vendre des terrains insalubres, impropres à la vie humaine à des personnes persuadées d'avoir enfin trouvé une solution à leur portée. Trop souvent j'ai croisé la route de ces familles dupées par une connaissance, voire même par un élu local assurant aux intéressés que l'accession à la propriété, même d'un terrain non-constructible, leur permettra d'avoir l'eau et l'électricité. D'autres cas de figure sont également intéressants à relever. Dans le Sud-Est quelques terrains achetés par des Voyageurs servent d'aire d'accueil pour les « gens du voyage » de passage, un très bon business pour le propriétaire, mais surtout, et c'est ce qui est le plus drôle : les quelques terrains portés à ma connaissance sont les plus beaux que je n'ai jamais vus. Sûrement un moyen de pallier les règlements intérieurs des campings municipaux qui, ne pouvant plus interdire explicitement l'entrée des « gens du voyage » dans leur enceinte, interdisent l'accès aux caravanes double essieux, les plus utilisées par les « gens du voyage ». La raison technique de cette interdiction reste un des secrets les mieux gardés de France ! Ou peut-être pas... Sur le site de la Fédération des Campeurs, Caravaniers et Camping-Caristes est inscrit noir sur blanc à propos des caravanes double essieux : « parce qu'elles sont très appréciées des gens du voyage, certains terrains de camping n'autorisent leur accès que sur présentation de l'attestation de résidence principale délivrée par la FFCC. Alors surtout, renseignez-vous avant de vous déplacer ! ». Au moins ça a le mérite d'être clair.

La relégation des aires hors des villes, et les impératifs d'économie en matière de construction, notamment de raccordement à l'eau et à l'électricité de ces lieux, conduisent à une localisation proche d'autres espaces relégués : usines, cimetières, carrières, déchèteries, etc. Le recensement proposé en deuxième partie de cet ouvrage expose le caractère systémique des choix publics dans le choix des terrains d'accueil.

Un caractère systémique ne signifie pas systématique, autrement dit il n'y a pas de cahier des charges pour l'exclusion. La grande difficulté reste d'apprécier les mécanismes qui mènent à ces choix : la localisation de l'aire doit s'analyser dans son contexte et les éléments d'appréciation du contexte sont souvent connus des seules parties prenantes à la conception de l'accueil sur un territoire.

Une séparation pensée

Malheureusement au niveau local c'est le principe du Nimby qui prime : *not in my backyard*[5]. Et il existe une gradation dans l'expression de ce principe. Dans le sud des Yvelines, le maire de Gambais joue franc-jeu à propos du manque d'aire et reste dans un très classique, mais néanmoins efficace : « on en a besoin, mais personne ne la veut dans sa commune »[6]. Mais en matière d'expression du rejet du Tsigane, la parole n'est jamais complexée bien longtemps. Les exemples ne se comptent plus, citons Claude Bitte, conseiller départemental de Moselle qui affirme à propos des « gens du voyage » : « s'ils venaient chez nous une fois par siècle on pourrait accepter »[7]. Citons Stéphanie Augier, adjointe à la mairie d'Évreux et vice-présidente du Conseil départemental de l'Eure, qui à propos de « *l'attitude des gens du voyage* » déclare en public : « C'est un fléau ! Je ne stigmatise personne, j'expose des faits ». En pratique il existe une réelle impunité de la parole antitsigane. Dans un communiqué intitulé « *Vigilance gens du voyage* »[8], publié sur les réseaux sociaux de la mairie et distribué aux habitants, Marc Savino, maire de Voisenon (77) écrit :

« J'ai été alerté par les services municipaux et les forces de l'ordre que sept caravanes sont susceptibles d'arriver dans notre commune dès lundi 11 mai 2020.

Comme vous le savez, je suis totalement opposé à ce que ces personnes s'installent dans notre village même si cette famille en question est rattachée aux "sans domicile fixe" considérés donc comme Voisenonais par la loi. »

5. Pas dans mon jardin.
6. Marie VERMEERSCH, « Yvelines. Les gens du voyage ont pris leurs quartiers dans le Sud-Yvelines », *78actu*, 24 juillet 2020. URL : https://actu.fr/ile-de-france/gambais_78263/yvelines-les-gens-du-voyage-ont-pris-leurs-quartiers-dans-le-sud-yvelines_35138288.html
7. Antoine PETRY, « 30 000 gens du voyage : colère à Grostenquin », *Est républicain*, 12 juillet 2017. URL : https://www.estrepublicain.fr/actualite/2017/07/12/30-000-gens-du-voyage-colere-a-grostenquin
8. Solani BOURÉBI, « Des associations se mobilisent contre les propos anti-tsiganes d'un maire », *Bastamag*, 26 mai 2020. URL : https://www.bastamag.net/Tsiganes-gens-du-voyage-aire-d-accueil-discriminations-eau-potable

Sûrement les premiers Voisenonais interdits à Voisenon. L'édile poursuit :

« C'est pour cela que j'ai pris, en lien avec les forces de l'ordre et les services préfectoraux des mesures pour éviter tout rassemblement : arrêtés municipaux, blocage des endroits potentiels avec l'aide de nos agriculteurs locaux que je remercie vivement.

Je sais que les aires d'accueil des gens du voyage de notre agglomération situées sur les communes de Melun et de Saint-Fargeau-Ponthierry sont rapidement pleines. Il n'en demeure pas moins que ces zones leurs sont réservées. »

Aires d'accueil ou réserves des « gens du voyage » ?

« J'en appelle à votre vigilance et à votre solidarité dès que vous voyez une caravane circuler dans notre village pour contacter les services compétents. »

Dénoncez, soyez dignes.

« Ensemble défendons Voisenon ! »

Contre les envahisseurs.

Une séparation pratique

Mettre ces responsables, fonctionnaires, élus ou associatifs face à leurs actes de relégation relève souvent d'un exercice périlleux, voire impossible tant la responsabilité des choix est dissoute dans les processus de consultation publique. Tantôt les responsables soutiendront que telle aire d'accueil a toute sa place à 10 mètres d'une autoroute pour des raisons de circulation (car c'est bien connu, une caravane ne peut circuler ailleurs que sur une quatre-voies), tantôt ils argueront qu'isoler les « gens du voyage » n'a qu'un seul objectif : assurer un environnement calme pour les accueillis. Certains élus ne cachent même plus les critères de choix. À Perros-Guirec (22) l'emplacement de la future aire d'accueil suscite la colère des riverains (pour changer). Pourtant le maire Erven Léon l'assure : « J'ai déjà reçu plusieurs riverains et continuerai à le faire avec tous ceux qui le souhaitent.

Seulement, on estime que les maisons alentour ne sont pas directement impactées par cet emplacement, qui est le plus éloigné des habitations »[9]. Trouver l'emplacement le plus éloigné, voilà donc le défi.

Peu importe l'argument, le résultat est le même dans près de huit cas sur dix : l'aire d'accueil est isolée de la ville. En fait, elle est isolée des autres habitants. C'est-à-dire qu'une aire d'accueil peut trouver une place dans un espace urbain, à condition qu'elle ne se situe pas dans une zone habitée. Les cas se succèdent et se ressemblent : zones industrielles, zones commerciales, limites communales, aires situées hors des villes ou dans des zones boisées pour plus de discrétion. L'aire d'accueil doit se faire petite. Les aires en centre-ville sont rares. Au moment où j'écris ce chapitre, une seule me vient en tête. Il s'agit de l'aire d'Elbeuf (76), un parking sommaire où se sont fixées quelques familles depuis des années. L'aire jouxte la mairie, elle est également voisine de la caisse d'allocations familiales et du commissariat, cas d'espèce bien moins anecdotique. Parfois les policiers sont aussi les gestionnaires de l'aire d'accueil, c'est-à-dire ceux chargés de faire appliquer le règlement intérieur de l'aire, de faire payer les occupations et les fluides, mais aussi d'expulser lorsque cela est nécessaire. C'est le cas depuis 2017 de l'aire d'accueil de La Farlède (83) où les policiers municipaux interviennent directement sur le terrain[10]. Un des impératifs pour les aires en zones habitées : rassurer les populations riveraines.

Les choix de localisation des aires d'accueil ne se résument pas au respect des règles d'urbanisme. Ils ont toujours une valeur, un sens politique. Un choix entre hospitalité et rejet, un choix entre être riverain ou être voisin, où le bon sens finit souvent par se perdre. Sinon comment expliquer l'installation de la future aire de grand passage de Claye-Souilly (77) à proximité directe de la plus grande décharge d'Europe, de huit lignes de TGV et sous des installations haute-tension ? Il suffit de regarder une carte de la ville pour comprendre que l'aire est aux frontières communales, éloignée au maximum et dans un environnement tellement pollué qu'elle sera sûrement sous-utilisée dans quelques années. Peu importe, car être aux normes pour une collectivité permet d'expulser toute installation de « gens du voyage » hors d'une aire d'accueil (donc illégale) en moins de

9. « Perros-Guirec. Aire des gens du voyage : ça coince à Kergadic aussi... », *Ouest France*, 26 avril 2016. URL : https://www.ouest-france.fr/bretagne/perros-guirec-22700/perros-guirec-aire-des-gens-du-voyage-ca-coince-kergadic-aussi-4187268

10. Communauté de Communes de la Vallée du Gapeau, « Aire d'accueil des gens du voyage de La Farlède ». URL : http://www.ccvg.fr/pageLibre00011f4a.aspx

CLAYE-SOUILLY
48°57'22.3"N 2°43'07.2"E

48 h par simple recours administratif (contre un recours plus long par voie judiciaire). Ces objectifs priment même sur les considérations environnementales, car à Claye-Souilly l'aire viendra détruire une partie du site des Monts-gardés, où un important travail expérimental d'agroforesterie est mené depuis plusieurs années. L'intérêt écologique et éducatif de ce lieu n'a pas fait le poids face à la peur d'accueillir des « gens du voyage ».

Exemple du département des Bouches-du-Rhône (13)

Le département des Bouches-du-Rhône s'étend sur 5 087 km^2. Il est peuplé par plus de deux millions de personnes et se compose de 119 communes. Dix communes offrent des espaces d'accueil permanents pour les « gens du voyage », ce qui est un bon ratio en comparaison d'autres départements comme l'Aisne où seules huit communes sur 800 permettent une présence légale des « gens du voyage » de passage. Mais les Bouches-du-Rhône sont régulièrement épinglées pour leur manque de place, en particulier la métropole Aix Marseille Provence qui a fait l'objet d'une condamnation en 2019 pour non-respect des prescriptions d'accueil[11].

> **Aix-en-Provence** : un espace désertique, l'aire d'accueil est au milieu de nulle part, la chaleur en été y est écrasante. Le terrain n'est pas ici par hasard, puisque les traitements et spoliations des « nomades » pendant la phase d'internement (1940-1946) et les assignations à résidence dans l'immédiate après-guerre, ont contribué à une fixation de certaines familles. À Aix-en-Provence, des familles se sont installées dès 1954 sur deux terrains vagues du plateau du Réaltor. C'est en 1979 qu'un projet pour un terrain de 15 emplacements est lancé. Il faut attendre 1989, pour qu'une aire sommaire de 40 places y soit créée. Située en bordure de nationale jouxtant un refuge pour chiens, elle est fermée en mars 2017 et entièrement détruite afin que personne ne puisse s'y installer. Une nouvelle aire est ouverte la même année quelques dizaines de mètres plus loin. Elle n'en reste pas moins un endroit de relégation totale, où pendant des décennies seule l'école maternelle réservée aux enfants de l'aire, reliait ses occupants au reste de la société. Trois heures et 48 minutes de marche sont nécessaires

11. Sidonie CANETTO, « Marseille : aire pour les gens du voyage, la Métropole a deux ans pour se mettre en conformité », *France 3 Provence-Alpes-Côte-d'Azur*, 1er octobre 2019. URL : https://france3-regions.francetvinfo.fr/provence-alpes-cote-d-azur/bouches-du-rhone/marseille-aire-gens-du-voyage-metropole-deux-ans-se-mettre-conformite-1730125.html

AIX-EN-PROVENCE
43°27'31.1"N 5°18'17.3"E

pour boire une limonade fraîche place de la rotonde dans le centre-ville d'Aix-en-Provence. Au-delà de cet isolement, l'aire est située dans une zone de décharge sauvage, les particuliers et entreprises viennent régulièrement se débarrasser de leurs déchets à proximité de l'aire. Vue du ciel la pollution est impressionnante. Des travaux de dépollution ont été engagés par la métropole Aix Marseille Provence à partir de l'automne 2020.

> **Arles** : en dehors de la ville, coincée entre zone industrielle, zone commerciale, hôpital et quatre-voies, se trouve l'aire d'accueil. Elle reste malgré tout très utile puisqu'elle se situe sur le chemin de Saintes-Maries-de-la-Mer où chaque année les Voyageurs catholiques se rendent pour honorer la Sainte Sarah. Mais comme beaucoup d'aires, il y est impossible de s'arrêter plus de trois mois, ce qui évidemment pose quelques problèmes. Ici aussi la présence en nombre de « gens du voyage sédentaires » s'explique. Des familles, anciennes internées du camp de Saliers, sont sédentarisées depuis 75 ans à Arles. Comme beaucoup d'autres, elles ont fini par se fixer sur l'aire, puis ont fait l'expérience des expulsions à répétition. Un temps la municipalité d'Arles avait proposé un terrain, dans la zone nord de la ville, loin des autres, à proximité d'une décharge (pour changer). Ce choix de localisation qui est une manière de légitimer les peurs irrationnelles fut qualifié par le journal local *La Marseillaise* de « courage politique » et présenté comme une « solution » (au « problème gens du voyage ») qui apporte « pérennité et légalité »[12]. Mais même en ayant le courage de proposer une place au milieu de nulle part et près des ordures, des voix de « riverains » se sont élevées contre le projet qui a finalement été abandonné.

> **Aubagne** : historiquement l'aire d'Aubagne se situait à la sortie nord de la ville, dans un endroit des plus désagréable, très exposé au vent et isolé. Changement de cap avec la nouvelle aire d'accueil qui elle, est implantée tout au sud, en sortie de ville, cachée dans les bois. L'aire reste néanmoins très utilisée.

> **Bouc-Bel-Air** : inaugurée en 2017, l'aire a été positionnée à proximité d'autres terrains de « gens du voyage semi-sédentaires ». Située entre l'autoroute, la zone commerciale et l'usine du cimentier Lafarge, l'aire a été reléguée aux limites communales. Tellement aux limites que Richard Mallié, maire de la ville, avait refusé en 2017 la scolarisation des enfants

12. « L'accueil paradoxal des gens du voyage à Arles », *La Marseillaise*, 17 septembre 2014. URL : https://www.lamarseillaise.fr/social/l-accueil-tres-paradoxal-des-gens-du-voyage-a-arles-DCLM031406

BOUC–BEL–AI
43°25’26.9”N 5°22’56.1”

de l'aire dans ses écoles, croyant que c'était à la commune voisine de s'en charger. Laquelle dans un élan symétrique renvoyait la pareille à sa voisine : « on ne les accueille plus ces enfants »[13], était-il alors possible d'entendre à la mairie de Simiane.

> **Fuveau** : au nord de la ville, en limite communale, coincée entre l'autoroute et une départementale, l'aire de Fuveau est située en face d'une station d'épuration. Dans le quartier sont aussi présents des terrains de « gens du voyage sédentaires », autant tout regrouper.

> **Martigues** : l'aire de Martigues se situe dans le quartier Bargemont, à l'écart de la ville dans une zone boisée. Des collectifs gitans, dits « gens du voyage sédentaires » ou « semi-sédentaires » y sont installés depuis de longues années. Le quartier a fait l'objet d'un projet d'accompagnement vers l'habitat adapté, avec la construction de maisons individuelles disposant d'emplacements pour les caravanes des familles. Ces maisons sont ensuite louées aux familles. L'aire d'accueil est quant à elle intégrée à l'ensemble, positionnée à l'entrée du quartier. La gestion est même assurée en partie par les familles sédentarisées.

> **Miramas** : dans la partie nord de la ville, l'aire d'accueil est reléguée en zone industrielle, loin des habitations, au bord d'une quatre-voies et des chemins de fer. Les voisins de l'aire ? À gauche une casse auto, à droite un service de gestion des déchets, tout un symbole.

> **Saint-Menet** : l'aire de Saint-Menet a été ouverte en 1977. L'aire est une honte, aucun être humain ne devrait y vivre, en fait aucun être vivant tout court. Sous la chaleur écrasante de l'été, cet immense parking de goudron et de béton, jonché de déchets présents depuis des années, pullule de rats en raison du manque d'entretien par la Métropole. L'aire est située à 10 mètres d'une autoroute, elle jouxte un transformateur électrique, une déchèterie pour BTP, un site Seveso seuil haut, les voies de TGV et un terrain de motocross dont le bruit continu est invivable. Le vent soulève des nuages de déchets et de poussières qui s'infiltrent partout. J'y suis passé en juillet 2020. Une journée sur l'aire a suffi pour que mes cheveux soient remplis de poussière, pour que ma peau soit crasseuse, que mes yeux brûlent et que ma gorge soit en feu. Une journée alors que certains habitants y

13. Lisa CASTELLY, « Simiane et Bouc-Bel-Air se renvoient la balle pour scolariser les enfants du voyage », *Marsactu*, 9 février 2017. URL : https://marsactu.fr/simiane-et-bouc-bel-air-se-renvoient-la-balle-pour-scolariser-les-enfants-des-gens-du-voyage/

sont parqués depuis des décennies. Rien n'est aux normes, la moitié des installations d'eau sont défectueuses, les branchements électriques sont plus que douteux. Les douches comme les toilettes sont inutilisables, les fils à linge sont cassés, certains habitants se voient refuser l'accès à l'eau et à l'électricité. Certains n'ont pas accès à la climatisation si précieuse dans les caravanes par ces chaleurs. On promet aux habitants depuis des années une rénovation qui n'arrive pas[14]. L'aire est isolée au fond d'un cul-de-sac, sans aucun transport en commun : pour accéder au centre-ville, il faut compter quarante minutes de marche. Ce lieu de relégation est aussi le terrain préféré de la petite délinquance environnante qui vient dealer devant la place.

> **Salon-de-Provence** : aire d'accueil reléguée tout au sud de la ville, plus loin ce n'est pas possible puisque l'aire est aux limites communales. Il faudra compter 1h40 de marche pour accéder au centre-ville.

Le cimetière

Certaines séparations sont plus symboliques que d'autres. À force de tomber sur des « aires d'accueil des gens du voyage » situées à proximité de cimetières, vient forcément la question des liens entre deux lieux qu'*a priori* tout oppose.

Dans leur fonction d'abord, l'un accueille pour l'éternité, l'autre temporairement. Quoique régulièrement, le manque de places d'accueil, l'absence de solution d'habitat et l'interdiction de stationner hors des lieux réservés conduisent de nombreuses familles à se fixer sur les aires.

Il faut également dire qu'on meurt sur les aires d'accueil. Puisque leurs proximités avec des sources polluantes, les conditions sanitaires et la rudesse de la vie sur une aire sont des facteurs qui peuvent expliquer l'espérance de vie inférieure de quinze années des « gens du voyage »[15].

Mais le lien entre aire d'accueil et cimetière s'établit surtout dans la localisation de ces espaces par rapport à la ville.

---

14. Lisa CASTELLY, « À Saint-Menet, les gens du voyage retrouvent le triste ordinaire de leur aire d'accueil », *Marsactu*, 12 juin 2018. URL : https://marsactu.fr/a-saint-menet-les-gens-du-voyage-retrouvent-le-triste-ordinaire-de-leur-aire-daccueil/

15. Lise FOISNEAU, « Dedicated Caravan Sites for French Gens du Voyage : Public Health Policy or Construction of Health and Environmental Inequalities ? », *op. cit.*

Comme les cimetières, les aires d'accueil sont souvent situées à la sortie ou en dehors des villes. Cela n'a pas toujours été le cas. Au Moyen-Âge, les cimetières paroissiaux trouvent place aux pieds de l'église. Le cimetière et l'église jouent un rôle très important dans l'ancrage progressif des populations en des lieux fixes autour du XIe et XIIe siècle. Bien avant, il était courant d'enterrer directement chez soi les défunts, ou dans des nécropoles en plein champ[16]. Concernant le rôle d'ancrage social joué par les cimetières, il est impossible d'ignorer l'actualité et l'importance que cette prérogative continue de jouer dans les processus de sédentarisation des collectifs itinérants. Jusqu'en 2012 au moins, et les contraintes spécifiques liées aux réglementations de domiciliation imposées aux « gens du voyage »[17], le « choix » de la « ville des papiers » coïncidait fréquemment avec la localisation des défunts. Pour des questions de simplification administrative évidentes, mais aussi par attachement et respect des défunts. Chaque Voyageur a ainsi son *pays*, chez moi on dit *petit pays*, celui d'où l'on est originaire, son port base en quelque sorte, qui correspond la plupart du temps à celui des défunts familiaux.

Mais revenons au point précédent, le cimetière joue un rôle central dans les villes : sanctuaire et nécropole ne se conçoivent pas séparés. Mais après plusieurs épidémies de choléra, les cimetières sont peu à peu installés à la sortie ou hors des villes par mesure d'hygiène. Il faut aussi préciser que le cimetière qui était une sorte de « terre d'Église » appartient aux communes à partir de 1750, ce qui va marquer le début de l'expulsion extra-muros de ces lieux[18].

Sur les cartes cela se remarque très clairement, en traçant un cercle autour du centre urbain, le cimetière se situe le plus souvent soit sur le cercle, soit à l'extérieur.

La même logique s'applique aux aires d'accueil. Et pour les rares qui sont situées en centre-ville on les retrouve souvent à proximité de cimetières. Comme ici à Rennes.

16. Michel LAUWERS, « Le cimetière dans le Moyen-Âge latin. Lieu sacré, saint et religieux », dans *Annales. Histoire, Sciences Sociales,* n°5, 1999, pp. 1047-1072.
17. Conseil constitutionnel, décision n°2012-279 QPC du 5 octobre 2012. URL : https://www.conseil-constitutionnel.fr/sites/default/files/as/root/bank_mm/decisions/2012279qpc/ccc_279qpc.pdf
18. Daniel LIGOU, « L'Évolution des cimetières », *Archives de sciences sociales des religions,* n° 39, 1975, pp. 61-77.

Mais ce n'est pas tout d'éloigner, encore faut-il le faire à moindres frais. L'installation d'une aire à proximité d'un cimetière est donc un choix intéressant : les « gens du voyage » ne dérangeront pas les voisins, les raccordements ne coûteront pas très cher et il sera même possible de valoriser cette localisation si les usagers de l'aire ont des membres de la famille enterrés dans le lieu. Les professionnels de l'accueil parleront alors de « point d'ancrage »[1].

Autre facteur, comme c'est le cas pour les aires d'accueil, bon nombre de cimetières ont été construits en dehors de la ville et ont fini par être rattrapés par l'urbanisation. À Vertaizon (63) c'est assez parlant, le cimetière préexiste au nouveau quartier.

Le choix d'installer une aire proche d'un cimetière illustre également une autre réalité : celle de l'argument touristique. Lorsque les riverains ou les maires s'opposent à la construction d'une aire d'accueil, ils soulèvent parfois la menace que représente l'installation de « gens du voyage » pour l'attractivité touristique. Sauf rares exceptions, les cimetières ne sont pas dans le parcours du touriste lambda, peu de risque de croiser les aires d'accueil voisines.

Mais il y a quelque chose de plus profond dans le lien et la symbolique entre aire et cimetière : la mise à l'écart. C'est un sentiment diffus, une impression de chaque instant, plus on vit, plus on les cherche, plus on le sait, plus on le sent, « l'aire d'accueil des gens du voyage » est un lieu que l'on ne veut pas voir. Comme le cimetière c'est un lieu qui s'éloigne des autres et cela a une fonction précise : vous permettre de ne pas y penser. On ne vit pas avec les morts, on ne vit pas avec les « gens du voyage ». La première action permet d'avancer, l'autre permet d'ignorer.

Monsieur Scheitz, habitant de l'aire « provisoire » de Tremblay-en-France située au pied des pistes de l'aéroport Charles-de-Gaulle et voisin du cimetière, raconte : « ça fait quelques années qu'ils ont construit un funérarium qui brûle les défunts, alors quand ils brûlent et si le vent il vient, on a de la fumée qui vient tout sur nous. On sent les odeurs [...] c'est un truc inimaginable ».

1. Fnasat-Gens du voyage, « Ancrages et besoins des habitants permanents de résidence mobile. Analyse nationale des politiques départementales », *op. cit.*

LE MÉDIATIQUE

Je filme la Seine-Saint-Denis pour montrer les gens qui y vivent, montrer la complexité de leurs vies. Cette plongée, c'est aussi une manière d'interroger le centre, d'interroger la société et les relations qu'elle entretient avec les espaces et les personnes qui sont maintenus à la marge. Ces histoires que je recueille sont là pour compléter un récit national qui ne les intègre pas. On ne peut plus se contenter de ce qui est produit dans et par le centre. C'est pour ça que je vais dans ces marges afin de voir comment on peut recréer un autre modèle, une autre perspective.

Alice Diop[2]

Le premier procédé consiste à ne pas nommer les personnes : l'absence de noms, et donc de personnalisation des individus qui apparaissent sur les écrans, fait qu'elles ne sont que de simples spécimens de la « tsiganitude ».

Cécile Canut[3]

L'absence quasi-totale de Voyageurs, de Rroms, de Manouches, de Yéniches ou de Gitans dans les rédactions conduit à un traitement majoritairement négatif que ce soit dans les thématiques abordées ou dans la description des personnes appréhendées comme « gens du voyage ». De temps en temps, l'utilisation de terme comme « gens du voyage sédentaires » vient rappeler l'incapacité de nommer en dehors de l'usage administratif. Méconnaissance et biais antitsiganes se mêlent. Mais peut-on reprocher à des journalistes dont la sociologie est relativement homogène[4] (une majorité d'enfants de cadres, citadins, en particulier dans les rédactions nationales) d'être formatés par ce type de biais quand ces mêmes personnes ont grandi dans un État qui adopte une législation antitsigane depuis deux siècles ?

Le travail de recensement exposé en fin d'ouvrage m'a conduit à répondre à des interviews de médias nationaux ou locaux, indépendants ou non, à co-écrire certains articles, à donner des conseils quant à l'approche et depuis

2. Citée dans Mame-Fatou Niang, *Identités françaises : Banlieues, féminités et universalisme*, Brill/ Rodopi, 2019, p.3.
3. Cécile Canut, *Mise en scène des Roms en Bulgarie. Petites manipulations médiatiques ordinaires*, 2016, Éditions Pétra, p. 166.
4. Géraud LAFARGE, « Aux origines sociales et scolaires des journalistes », *Mondes sociaux*, 2 mars 2020. URL : https://sms.hypotheses.org/24146

peu à préparer des séances de sensibilisation à l'antitsiganisme dans la presse auprès d'étudiants en journalisme. Et le moins que l'on puisse dire c'est qu'une partie significative des journalistes que j'ai croisés perçoivent une inégalité de traitement des « gens du voyage » et essayent de s'améliorer. Parfois gauchement, comme cette journaliste d'un média en ligne qui me dit « je veux écrire sur vous, car votre profil prouve que l'on peut s'en sortir même en venant des gens du voyage » ou ce journaliste de télévision qui me décrit sa première expérience sur une aire d'accueil : « en fait j'ai visité une caravane et franchement c'est aussi propre que chez nous, voire plus ».

Adopter une attitude magnanime n'est pas toujours simple, l'envie d'en secouer quelques-uns m'a traversé l'esprit plus d'une fois, mais au moins ils écrivent sur le sujet et la majorité accepte une relecture de ma part. Pratiquer les médias s'est révélé particulièrement instructif. Offrir une vue différente sur l'accueil ou les discriminations, deux sujets usés et presque toujours traités de la même façon, s'avère difficile. Il s'agit surtout de mettre en avant une parole de l'intérieur et là aussi l'exercice est périlleux. Lorsqu'en 2019 je participe au travail collectif de médiatisation de la situation de l'aire d'accueil de Petit-Quevilly, nous publions sur les réseaux une interview d'une habitante de l'aire. Elle explique la peur des explosions, le confinement dans la caravane, les fumées et les enfants malades. Le sujet est grave, son propos est profond, elle livre ses sentiments, je ne peux m'empêcher de reconnaître derrière chacune de ses phrases le continuum de discriminations et de traitements rabaissants. La vidéo est reprise puis postée sur Facebook par un compte de riverains rouennais, vue plusieurs milliers de fois elle fait forte audience. Mais cette habitante parle avec une cigarette à la main. Erreur fatale. Sur Facebook ce sont plusieurs centaines de commentaires antitsiganes qui se mêlent aux « elle fume, qu'elle vienne pas se plaindre après », des commentaires en viennent même jusqu'à souhaiter la mort des habitants. Cette habitante est profondément affectée par ces commentaires, elle regrette amèrement de s'être exprimée et nous conduit à demander la suppression de la publication de la vidéo au propriétaire du compte.

Les Voyageurs lorsqu'ils s'expriment dans les médias sont régulièrement raillés, leur parole minimisée, leurs faits et gestes scrutés, leur accent moqué, pire l'exposition médiatique entraîne également des répressions qu'aucun journaliste ne peut comprendre. En travaillant avec Édouard Guerdener, habitant l'aire d'accueil de Gex (01) j'avais bien conscience de ces risques que j'ai longuement exposés à l'intéressé avant la publication d'un article co-signé sur mon blog *Mediapart*. Les menaces d'expulsions n'ont pas traîné. Des équipes d'*Arte* ayant lu l'article ont souhaité en faire un sujet, couvrir la situation de ces Voyageurs forcés de vivre dans ce lieu coincé entre deux carrières et un site illégal d'incinération de déchets toxiques. Les pressions administratives exercées sur la famille ont conduit à stopper le tournage. Parfois même ce sont les autres habitants qui mettent la pression sur celui qui souhaite s'exprimer. Ce fut mon expérience avec des habitants d'aires dans l'Eure-et-Loire, où la précarité des situations fait craindre de perdre le peu qu'il reste. La méconnaissance du droit aussi est régulièrement un obstacle : comment se prémunir de représailles comme une expulsion d'aire d'accueil ?

Et que dire du poids de la parole d'un Voyageur face aux autorités gestionnaires publiques ou privées ? Dans les faits elle ne pèse pas grand-chose, et les principaux concernés le savent et préfèrent souvent ne pas s'imposer des procédures longues et inutiles. Comment un journaliste pourrait-il comprendre l'ensemble de ces situations sans en avoir fait lui-même l'expérience ou avoir un entourage composé de Voyageurs ?

La méconnaissance des journalistes entraîne un traitement de l'information souvent partiel, au détriment des Voyageurs. Par exemple, la couverture médiatique des expulsions suite à des branchements illégaux ne fait jamais référence aux ampérages insuffisants sur certaines aires qui conduisent à ces comportements. Les coupures d'eau ou d'électricité en plein été pour forcer les familles à évacuer l'aire lors des fermetures administratives sont peu couvertes. Et qui se soucie des défauts de fabrication, des installations d'eau qui gèlent ou des courts-circuits en hiver dus à l'utilisation des chauffages dans les caravanes ? Qui se soucie de l'absence d'arbres et d'ombres dans ces lieux de goudron et de béton dont les sols montent fréquemment jusqu'à 80° en été ? Comment comprendre ce qu'est la vie sur une aire quand on ne sait pas qu'il existe parfois un point d'eau pour cinquante personnes ou un toilette à la turque pour plusieurs dizaines ? Dans l'aire de Petit-Quevilly qui accueille jusqu'à soixante-quinze personnes, il n'y a qu'une douche pour tout le monde, car les autres sont en panne. La douche n'est accessible que sur le temps de présence du gardien, soit deux heures en fin de matinée. Comment comprendre la présence régulière de déchets autour des aires d'accueil sans avoir fait l'expérience des ballets de camions et de fourgonnettes d'entreprises et de voisins qui viennent jeter illégalement leurs déchets dans ces lieux isolés et à l'abri des regards ?

L'expérience de la confrontation aux médias est aussi source d'espoir. Une génération de journalistes, eux-mêmes confrontés directement au racisme, comprend sans avoir besoin de longues explications les effets négatifs induits par certains choix de traitement de l'information. De plus en plus de rédactions démontrent leur volonté d'autocritique et de formation.

Plus d'un siècle de construction médiatique de la figure du Tsigane

En mars 2020, l'ampleur de la pandémie de Covid-19 précipite les mesures gouvernementales vers l'inédit, un confinement national qui s'applique aussi aux « gens du voyage ». Sur les réseaux sociaux, les grands esprits se rencontrent : « si dans l'hypothèse que les gens du voyage ne sont pas confinés. Ils ont eux aussi le devoir sacré de ne surtout pas partir d'où ils sont, au risque de semer cette merde de virus partout où ils iront » ou encore « continuons à expulser les gens du voyage ils vivent en communauté en nombre à plusieurs donc ce sont des personnes qui risquent de propager le virus ! »[5]. Propagateur d'épidémie, cette crainte est aussi celle qui conduit plusieurs journalistes à me contacter. Soudainement, les médias s'intéressent à la santé des Voyageurs, mais aussi à la propagation du virus par des personnes appréhendées par le prisme de la mobilité.

La crainte est en partie surestimée, la plupart des Voyageurs se sont confinés bien avant les mesures gouvernementales[6]. La période est alors marquée par une mise sous cloche des terrains d'accueil privés ou publics, par les Voyageurs eux-mêmes. La vie en famille élargie régulièrement revendiquée comme un fondement de l'identité positive voyageuse se transforme en point faible pour la première fois depuis l'internement. La propagation s'avère très rapide dans les aires d'accueil et les terrains familiaux touchés. Les Voyageurs vont littéralement se barricader, ne laissant entrer aucun individu extérieur au terrain. Ces précautions additionnées aux mesures de confinement anticipées ont interpellé quelques rares journalistes[7].

5. William ACKER, « Après la crise, le nomade restera confiné », 25 mars 2020. URL : https://medium.com/@Rafumab_80461/apr%C3%A8s-la-crise-le-nomade-restera-confin%C3%A9-b1c551dd9580

6. Stéphanie STOLL, « Gens du voyage : des habitants vulnérables qui avaient anticipé le confinement », *La gazette des communes*, 20 mars 2020. URL : https://www.lagazettedescommunes.com/670361/gens-du-voyage-des-habitants-vulnerables-qui-avaient-anticipe-le-confinement/

7. *Ibid.*

Les stéréotypes sur les Tsiganes véhiculés par les médias ne sont pas nouveaux. Un siècle plus tôt, dans son édition du 4 mars 1907, le journal *Le Matin* titre « Un Péril errant. Bohémiens & Romanichels. La Terreur des Campagnes »[8]. *Le Matin* est un journal conservateur et un des quatre grands quotidiens d'avant-guerre. L'article est un condensé d'antitsiganisme pur, qui permet de comprendre comment la presse a participé à la construction de la figure profondément négative et menaçante du Tsigane. Le journaliste Paul Limours utilise les sous-titres pour établir les critères caractéristiques des Bohémiens et Romanichels : « Vagabonds », « Pillards », « Propagateurs d'épidémies », « Voleurs », « Meurtrier », « Empoisonneurs », « Insaisissables », « Hors la Loi ». Et ce n'est pas un hasard si aujourd'hui encore un certain nombre de ces qualificatifs sont encore utilisés.

La figure du Tsigane est ainsi un conglomérat de stéréotypes, de préjugés, de clichés, de croyances, parfois même d'idéologies qui sera ensuite calqué aux notions juridiques comme « gens du voyage » ou ethnologiques comme Gitans ou Manouches. Dans la presse l'écueil est régulier, tour à tour dans un même article il n'est pas rare de constater l'utilisation des termes « gens du voyage » interchangeables par celui de « tsiganes ». *La Dépêche* titre ainsi le 2 juillet 2020 « Une centaine de Tziganes sur le terrain de la Mounède »[9]. Ces usages sont également réguliers dans les sciences humaines[10], mais aussi dans les documents administratifs comme les schémas départementaux d'accueil des « gens du voyage ». Dans ces documents visés par les préfets, des préambules ou des paragraphes dédiés et souvent intitulés « qui sont les gens du voyage ? » entretiennent une confusion entre catégorie administrative et catégories ethnologiques. Ainsi est-il possible de lire en préambule du schéma départemental du Nord : « Le terme "gens du voyage" est une appellation juridique utilisée en France depuis une circulaire de 1978 pour désigner les familles qui ont un mode de vie mobile depuis des générations. La population dite tsigane se caractérise par une relative diversité socioculturelle selon les origines : roms, manouches, sintis, yéniches, gitans. »

---

8. « Un Péril errant. Bohémiens & romanichels. La Terreur des Campagnes », *Le Matin*, 4 mars 1907. URL : https://gallica.bnf.fr/ark:/12148/bpt6k568260b.item

9. Julie PHILIPPE, « Toulouse. Une centaine de Tziganes sur le terrain de la Mounède », *La Dépêche*, 2 juillet 2020. URL : https://www.ladepeche.fr/2020/07/02/une-centaine-de-tziganes-sur-le-terrain-de-la-mounede-8960203.php

10. Lise FOISNEAU, « Terrain partagé. Remarques méthodologiques sur l'ethnographie des gens du voyage », *op. cit.*

Dans le contexte français, l'antitsiganisme résulte de processus sociaux complexes de racialisation et d'altérisation qui s'appuient sur les signes de l'appartenance réelle ou supposée aux Tsiganes. Ces processus trouvent une forme de traduction juridique dans la catégorie administrative « gens du voyage » dont le critère principal est celui de « l'habitat mobile traditionnel » renvoyant le mode de vie à une forme d'héritage communautaire. Il n'est donc pas étonnant que les termes « appartenant à la communauté des gens du voyage » soient si souvent utilisés, sans aucune remise en cause quant à l'existence d'une prétendue « communauté » unifiée.

Ainsi le « gens du voyage » s'appréhende par le groupe, le droit et la figure du Tsigane. Cette approche amalgamante se retrouve dans les discours et leurs réceptacles médiatiques. Le « Tsigane » comme concept se superpose à la catégorie légale de « gens du voyage », un usage qui se transforme en outil de domination particulièrement efficace... et pratique, car viser le Tsigane par l'usage de la catégorie administrative « gens du voyage » permet de se dédouaner de toutes intentions antitsiganes. Un moyen de racialisation par le terme légal dont la remise en cause, pour les principaux concernés, s'avère longue et difficile.

Cet usage fait partie d'un appareillage discursif plus large. Il s'articule avec l'entretien d'une opposition entre les termes « Rom » et « gens du voyage », qui souvent à l'usage permet de se dédouaner de toute visée racialisante. Les exemples sont légion, comme le 2 décembre 2019 où le journal *Le Parisien* titre « Nantes : une fusillade entre Roms et gens du voyage fait une dizaine de blessés », renvoyant dos à dos deux « communautés ». Les « gens du voyage » seraient français en opposition aux « Roms » que l'on présume étrangers. Pourtant il existe bel et bien des collectifs rroms en France depuis plusieurs siècles, qui sont français et pour certains considérés comme « gens du voyage ». Cette opposition est devenue également une revendication chez les Voyageurs (beaucoup ont pourtant des origines romani) qui mettent parfois un point d'honneur à la distinction, en particulier depuis quelques décennies et la focalisation importante des discours médiatiques et politiques sur une « criminalité rom » venue de l'Est[11].

11. « Réseaux criminels roms », *in* Fondation Scelles, Y. CHARPENEL (dir.), *Exploitation sexuelle – Prostitution et crime organisé (2ème rapport mondial)*, Éditions Economica, 2012. URL : http://crides.fondationscelles.org/pluginfile.php?file=%2F67%2Fmod_resource%2Fcontent%2F2%2FR%C3%A9seaux%20criminels%20roms_RM2_FR.pdf

D'un côté nous avons donc des « gens du voyage » dont certains « porte-paroles » s'inscrivent dans une démarche universaliste de reconnaissance de leur citoyenneté française et de l'autre des collectifs rroms, de nationalité étrangère, victimes de racisme et de xénophobie. Cette opposition entretenue par certains Voyageurs (qui craignent l'amalgame et une régression de leurs droits obtenus au prix de longues luttes) et les autorités publiques, conduit à rendre difficile toute approche transversale de l'antitsiganisme. Ainsi en 2020, à l'occasion du lancement du projet européen Pecao (*Peer Education to Counter Antigypsyist Online Hate Speech*)[12] qui vise à améliorer les moyens de lutte contre les discours antitsiganes en ligne, des invitations au séminaire de présentation du projet sont envoyées à différents responsables politiques et associatifs. La réponse d'un des invités, un député socialiste, résume parfaitement cette opposition : « je vous remercie de votre invitation, par contre je travaille sur les gens du voyage, pas les Roms ».

Cette distinction entre Rroms et « gens du voyage » change d'intensité en fonction des opportunités politiques. En 2010, Nicolas Sarkozy n'hésite pas à jouer de ces flous. Suite à des violences commises par des personnes catégorisées « gens du voyage » dans le Loir-et-Cher, il annonce un ensemble de « mesures sévères » à l'encontre de « certains roms et gens du voyage » dont des reconduites aux frontières[13]. Dans ce cas de figure, l'amalgame permet de justifier auprès d'un électorat relativement ignorant un panel de mesures antitsiganes très fortes dont la transversalité s'expose comme un signe d'autorité.

Les « gens du voyage » français auraient donc tout intérêt à tenir un discours clair, d'affirmation de leurs droits fondamentaux et de rejet de l'antitsiganisme quelle qu'en soit la cible. Mais l'équilibre s'avère particulièrement compliqué à trouver dans une société construite autour de l'État-nation ou l'appréhension des minorités et la prise en compte de leurs différences fait plus que jamais débat.

Pour ne rien arranger aux confusions, entretenues à dessein ou non, les institutions européennes utilisent le terme « Roms » de manière générique[14].

12. https://www.facebook.com/PECAOProject/
13. « Roms et gens du voyage : les annonces de Nicolas Sarkozy font polémique », *Le Parisien*, 29 juillet 2010. URL : https://www.leparisien.fr/politique/roms-et-gens-du-voyage-les-annonces-de-nicolas-sarkozy-font-polemique-29-07-2010-1015946.php
14. Voir chapitre Les noms.

Ce qui renforce un peu plus l'imbroglio et le moins que l'on puisse affirmer est que l'expression de l'antitsiganisme se complait dans la confusion.

C'est dans ce contexte particulièrement complexe et riche que la production médiatique évolue. Réceptacle des discours, mais aussi force créatrice, la presse demeure un des principaux vecteurs de l'antitsiganisme. Comprendre le traitement médiatique des « gens du voyage » est donc un préalable essentiel pour toute personne souhaitant lutter contre l'antitsiganisme.

L'effet de masse

Globalement l'usage des termes « gens du voyage » dans un article de presse, pour produire de l'information ou relayer un discours, se consolide autour de deux grandes thématiques : la présence « voyageuse » et la criminalité.

La production journalistique répond en partie à une logique cyclique, ainsi chaque année avons-nous le droit aux mêmes marronniers sur l'accueil :

- de mai à septembre une grande production d'articles sur les difficultés d'accueil des grands groupes de Voyageurs, qui correspond à la saison des grands passages ;
- au mois d'août et en hiver une augmentation des articles sur les installations illégales de petits groupes, qui souvent correspondent aux périodes de fermetures administratives des aires, lors desquelles de nombreuses familles se trouvent sans solution de stationnement ;
- tout au long de l'année, la couverture médiatique des ouvertures d'aires, des fermetures administratives lorsqu'elles créent des tensions, des nouvelles obligations en matière d'accueil au moment des révisions des schémas départementaux d'accueil et d'habitat des « gens du voyage » ou parfois des dégradations (qui font de manière quasi-systématique l'objet de communication politique et d'une couverture presse).

La pauvreté de la typologie des thématiques abordées dans la presse dénote avec l'impressionnante production autour des « gens du voyage ». Faire l'expérience de quantifier le nombre d'articles sur une période donnée se révèle particulièrement instructif.

Ainsi à partir d'une recherche dans *Google actualités* qui recense l'ensemble des articles numériques par mot clé « gens du voyage », sur une période s'étalant entre le 7 novembre et le 7 décembre 2020, 211 articles (presse nationale et locale) ont été publiés. Sans les doublons ce sont environ 122 articles différents.

Sur ces 122 articles, 64 traitent de la délinquance et de la criminalité, 45 portent sur la présence Voyageuse (difficultés d'accueil ou installation illicite), 9 se rapportent à la Covid-19 chez les « gens du voyage » et 4 se concentrent sur les discriminations subies par les intéressés. Autrement dit 90 % des articles sont négatifs, j'avais déjà tenté ce genre de quantification en juillet 2019 où la part des articles négatifs frôlait les 100 %. Le contexte sanitaire en 2020 a permis de mettre en avant certaines difficultés que rencontrent les Voyageurs et faire baisser la part d'articles négatifs.

De manière générale, chaque article publié est accompagné de nombreux commentaires racistes sur les réseaux sociaux, parfois des milliers, particulièrement sous certaines vidéos. Tous les ans ce sont plusieurs milliers d'articles essentiellement négatifs qui font mention des « gens du voyage », et cette masse produit des effets catastrophiques dans l'opinion publique. Comme pour le reste de la société, les sujets positifs pouvant se rapporter aux « gens du voyage » sont indénombrables, mais restent majoritairement ignorés par les rédactions.

La parole publique

Au gouvernement

La presse relaie la parole publique et cette dernière n'est pas exempte de discours antitsiganes. Les exemples de déclarations d'hommes et de femmes politiques sont très nombreux. En particulier à droite, dès 2002 Nicolas Sarkozy déclare à propos des « gens du voyage » : « J'ai bien l'intention que nous puissions poser des questions à des gens qui n'ont jamais travaillé de leur vie, et qui pilotent des automobiles que bien des travailleurs de notre pays ne pourraient jamais se payer après une vie de labeur ». Cette fixette sur la « cylindrée de certains véhicules qui tractent les caravanes » comme le formule Brice Hortefeux, ministre de l'Intérieur en 2010 est reprise par plusieurs responsables politiques UMP. En juillet 2010 le porte-parole du gouvernement, Luc Chatel déclare quant à lui « on a beau être rom, gens du voyage, parfois même français au sein de cette communauté, et bien on doit respecter les lois de la République ». En 2010 ces propos foncièrement racistes ont eu des effets dévastateurs, j'ai moi-même assisté à un renforcement de la haine à l'égard des Rroms parmi les Voyageurs de mon entourage. Des personnalités publiques ont pris la parole, et à raison, en qualifiant ces discours d'« amalgame extrêmement grave ».

En 2013 ce sont les sorties racistes de Manuel Valls alors ministre de l'Intérieur pour qui « les Roms ont vocation à revenir en Roumanie ou en Bulgarie » en raison de leurs « modes de vie extrêmement différents des nôtres », qui suscitent l'émoi dans l'opinion publique. Les associations alertent aussi sur les risques d'amalgames avec les « gens du voyage », ce qui conduit certains journaux à expliquer la différence entre les termes[15].

Au parlement

Le discours antitsigane qui vise directement les « gens du voyage », aussi français soient-ils, n'a fait que se renforcer à mesure que les obligations en matière d'accueil ont été consacrées par le droit. Les discussions à l'Assemblée nationale regorgent de cette parole de haine. L'exemple du discours de Sébastien Chenu, député Front national, tenu lors d'une discussion sur une proposition de loi relative à l'accueil des « gens du voyage » en 2018 est significatif[16].

Petite analyse d'une partie du discours :

> « alors que l'Assemblée examine cette proposition de loi relative à l'accueil des gens du voyage et à la lutte contre les installations illicites, je vais ici vous parler de la France réelle et de ce que vivent et subissent les habitants et les élus de ma circonscription et, plus largement, les Français. »

Le député commence par poser un préalable important à tout discours de haine : l'altérité de la cible.

15. « Roms, gitans, gens du voyage... Pour en finir avec les clichés », *Libération*, 10 juin 2013. URL : https://www.liberation.fr/societe/2013/06/10/roms-gitans-gens-du-voyage-pour-en-finir-avec-les-cliches_909626

16. Assemblée nationale, séance en hémicycle du jeudi 5 avril 2018. URL : https://www.nosdeputes.fr/15/seance/1206#inter_009e6fc6237d619cecfcec6183c1ca8b

« Denain, Prouvy, Rouvignies, Maing, Escaudain : autant de communes de ma circonscription qui doivent faire face aux comportements inacceptables et illégaux de trop nombreux “gens du voyage”, comme on les appelle de façon poétique. »

Il sous-entend que le terme administratif permet de dissimuler l'origine ethnique de la cible. Il s'agit là d'une vieille rengaine complotiste de l'extrême droite.

« À Denain, ville de 20 000 habitants, ce sont plus de 1 500 Roms itinérants qui se sont sédentarisés ; en septembre dernier, un vaste réseau de fraude sociale – fraude aux prestations familiales et au régime social des indépendants – était démantelé dans cette communauté. De l'argent volé, les Français ne reverront jamais la couleur, car ces délinquants sont insolvables. Avec application et détermination, le parlementaire que je suis se voit obligé de solliciter sans arrêt les acteurs publics, notamment le comité opérationnel départemental anti-fraude, le Codaf, afin d'obtenir des résultats et de maintenir la vigilance. »

Ici le député reprend le stéréotype du vol, de la communauté structurée en clan mafieux, l'opposition entre Roms et français, et aussi, détail d'importance, il remplace les termes administratifs par le mot « Roms », ainsi les « gens du voyage itinérants » ou « sédentaires » deviennent des « Roms itinérants » ou des « Roms sédentaires ».

« Je tiens d'ailleurs à saluer le travail remarquable des agents de la caisse d'allocations familiales pour limiter la fraude, alors même que l'État ne prend pas la mesure du phénomène. »

Dans une acception classique de l'expression raciste, le député accuse l'État d'une forme de laxisme ou d'ignorance du « problème ».

« Je dénonce les marchands de sommeil qui louent à Denain plus d'une centaine de logements insalubres à ces populations itinérantes, profitant de la passivité coupable, pendant de longues années, de la municipalité socialiste. À Prouvy et Rouvignies, ce sont des zones commerciales squattées par les gens du voyage qui désespèrent les habitants, transformant une cohabitation subie, imposée de force, en véritable cauchemar. À Escaudain et Trith-Saint-Léger aussi, il y a des installations illicites de gens du voyage ; les maires, communistes, crient leur colère, notamment dans les cérémonies de vœux, mais ils ne sont entendus par personne. »

Le député crée une forme d'amalgame entre des problématiques liées à l'habitat insalubre et celle de l'accueil. Il place également l'opposition entre les élus locaux et les responsables nationaux, dans un traditionnel discours anti-élite.

Ces quelques élus d'extrême droite qui s'illustrent particulièrement dans les discours de haine antitsigane ne rencontrent pas de condamnation particulièrement ferme dans les rangs du Parlement. Le groupe d'étude de l'Assemblée nationale qui est dédié aux « gens du voyage » donne le ton. Dans ce groupe, dont les travaux restent non-publics, se trouve une majorité d'élus plutôt opposés au développement de l'accueil. Parmi les sept députés qui composent la tête du groupe en décembre 2020, cinq se positionnent clairement dans une ligne de renforcement des contraintes et des sanctions pénales à l'égard des « gens du voyage » :

- Charles de la Verpillière, président du groupe d'étude, député Les Républicains, déclare en 2015 : « le premier devoir des gens du voyage réside dans le respect de la loi républicaine, respecter la tranquillité d'autrui, la salubrité, la propriété qu'elle soit privée ou publique ». En une phrase il sous-entend le désordre, la saleté et l'illégalité.

Parmi les vice-présidents du groupe :

- Sophie Auconie, porte-parole des députés UDI, qui à l'occasion de l'examen de la proposition de loi du Sénat relative à l'accueil des « gens du voyage » et à la lutte contre les installations illicites en 2018 déclare sur sa page Facebook regretter « la suppression pure et simple en commission de la plupart des articles visant à renforcer les sanctions pénales »[17].
- Marion Lenne, députée LREM qui sur son blog se positionne pour l'assouplissement des conditions d'expulsion (en supprimant notamment la condition d'« atteinte à la salubrité, la sécurité ou la tranquillité publique » de l'installation incriminée), le renfort des sanctions financières en intégrant une notion de « bande organisée » ou encore l'élargissement du champ de l'interdiction de territoire[18].
- Brigitte Liso et Didier Paris, tous deux LREM qui soutiennent une ligne plus humaine. Brigitte Liso, par exemple, lors de débats en

17. Sophie Auconie, vidéo « 05/04/18- DG- Accueil des gens du voyage et lutte contre les installations illicites ». URL : https://www.facebook.com/watch/?v=10156163325172707
18. https://www.marionlenne.fr/situation-accueil-gensduvoyage/

2017 alors qu'elle souligne le non-respect des obligations d'accueil par certaines collectivités et la nécessité de poursuivre les constructions d'aires d'accueil se fait couper la parole à plusieurs reprises par Christian Jacob, président du groupe LR, qui l'invective d'un charmant « donnez-nous votre adresse, nous allons vous les envoyer ! »[19]

- Didier Quentin, député Les Républicains, fait l'objet d'une plainte par la Ligue des droits de l'Homme en 2012 pour racisme. Pour rappel, le maire de Royan avait affirmé que les « gens du voyage », installés depuis plus d'un mois sans autorisation dans sa ville, étaient « des menteurs, des pollueurs, des fraudeurs et des voleurs »[20].
- Virginie Duby Muller, députée Les Républicains, secrétaire du « groupe d'étude gens du voyage », probablement la parlementaire la plus active parmi les tenants d'une ligne dure, et ce depuis plusieurs années. Elle fait partie des parlementaires et élus de Haute-Savoie qui mènent une véritable guerre législative aux « gens du voyage » depuis plusieurs années.

C'est sans étonnement que l'on retrouve parmi les autres membres du groupe, les députés LR Arnaud Viala ou Annie Genevard, qui en 2016 furent, aux côtés de Virginie Duby Muller et Charles de la Verpillières, les co-auteurs d'une proposition de loi visant « à alourdir les sanctions à l'encontre des gens du voyage refusant de s'installer sur les aires d'accueils prévues par les municipalités ».

Autrement dit, les députés les plus actifs dans ce groupe de travail font partie des plus hostiles aux « gens du voyage », inutile de préciser qu'aucun des 577 députés français n'est Voyageur. La tolérance relative de certains d'entre eux n'est forcément pas gage de succès auprès des principaux concernés. Milo Delage président de l'association France Liberté Voyage publie ainsi le 22 octobre 2019 sur sa page Facebook « aujourd'hui auditionné à l'Assemblée nationale par M. Charles de la Verpillière "président" et Mme Brigitte Liso "vice-présidente". Audition très très spéciale avec des politiques qui mélangent tout »[21].

19. Assemblée nationale, séance en hémicycle du mercredi 15 novembre 2017. URL : https://www.nosdeputes.fr/15/seance/480#inter_203e49c0913d0c2a9de86f259471b170

20. « Gens du voyage – Plainte contre Didier Quentin », *La Côte de Beauté*, n°116, février-mars 2012. URL : http://www.lacotedebeaute.info/article/gens-du-voyage--plainte-contre-didier-quentin-,12991.php

21. https://www.facebook.com/permalink.php?story_fbid=2662109783882401&id=584236745003059

Au niveau local

Mais c'est sûrement au niveau local que l'on rencontre les discours antitsiganes les plus virulents. L'enjeu politique de l'accueil des « gens du voyage » y étant beaucoup plus fort. Les maires et élus communautaires jouent parfois leur mandat sur ce sujet. Les édiles se font réceptacle des doléances de leurs administrés et c'est sans étonnement que certains maires prennent le parti du rejet. Là aussi les discours entretiennent une forme d'altérité qui oppose « gens du voyage » au « reste des français ».

Citons pêle-mêle Philippe Villeroy, élu de la Manche qui déclare à propos de la création d'une aire d'accueil : « une question me taraude, est-il légitime d'offrir un million d'euros (argent du contribuable je le rappelle) à une population qui ne respecte rien, détruit tout et se comporte sans aucun respect des bases de notre société ? Un million d'euros, cela représente combien d'heures de cours d'éducation civique et de vie en société ? »[22] ; Christian Robache ancien maire de Montevrain (77), commune qui ne respecte pas ses obligations d'accueil depuis des décennies, qui en 2013 lance un appel à ses administrés pour empêcher la venue de « gens du voyage » : « Je vous demande à tous de vous mobiliser, et pas uniquement sur Facebook ; j'ai besoin d'avoir les Montévrinois à mes côtés physiquement »[23] ; Marc Savino, ancien maire de Voisenon, qui en 2020 publie une lettre à ses administrés intitulée « Vigilance gens du voyage » où l'édile érupte : « Ensemble défendons Voisenon ! »[24] ; ou encore Gilles Bourdouleix, maire de Cholet et président de la Communauté d'agglomération du Choletais, qui affirme à propos des « gens du voyage » qu'Adolf Hitler « n'en a peut-être pas tué assez »[25], il sera condamné à 3 000 € d'amende pour apologie de crime contre l'humanité.

---

22. François BÉGUIN et Jonathan PARIENTÉ, « Accueil des gens du voyage : quand les maires médiatisent leur colère », *Le Monde*, 23 juillet 2013. URL : https://www.lemonde.fr/societe/article/2013/07/23/accueil-des-gens-du-voyage-quand-les-maires-mediatisent-leur-colere_3452569_3224.html

23. « Seine-et-Marne : un maire mobilise sur Facebook pour expulser des Tsiganes », *BFM TV*, 24 mai 2013. URL : https://www.bfmtv.com/societe/seine-et-marne-un-maire-mobilise-sur-facebook-pour-expulser-des-tsiganes_AN-201305240037.html

24. Solani BOURÉBI, « Des associations se mobilisent contre les propos anti-tsiganes d'un maire », *op. cit.*

25. AFP, « Gens du voyage : le maire de Cholet Gilles Bourdouleix condamné à 3 000 euros d'amende », *Libération*, 12 août 2014. URL : https://www.liberation.fr/france/2014/08/12/gens-du-voyage-le-maire-de-cholet-gilles-bourdouleix-condamne-a-3-000-euros-d-amende_1079498

Les maires de grandes villes ne sont pas en reste, à l'image de Christian Estrosi, maire de Nice qui en 2013 promet de « mater » les « gens du voyage » installés illégalement à Nice[26]. S'alignant sur Jean-Marie Le Pen qui quelques jours plus tôt avait souligné la « présence urticante et odorante des Roms » à Nice[27].

Le sceau du racisme n'est pas toujours légalement opposable au discours antitsigane. Le droit français offre une souplesse d'expression bien commode. « La loi, rien que la loi », avancent certains élus locaux. En attendant, les stratégies de communication politique vont rarement dans le sens d'un élargissement de l'accueil, mais prendront plutôt le parti de souligner les difficultés, le poids de l'accueil sur les contribuables locaux, ou l'enfer que représentent les stationnements illégaux. Il m'est impossible de compter le nombre de fois où la communication politique et la situation réelle s'avèrent en décalage. Dans le Cher, à Saint-Armand-Montrond, Emmanuel Riotte maire de la commune et vice-président de la Communauté de communes de Cœur de France annonce 130 000 euros pour la rénovation de l'aire d'accueil fermée en 2015 suite à des dégradations[28]. À ce sujet Daniel Bône, président de l'EPCI, ne manque pas de déclarer à la presse : « Cette situation a assez duré. Cela fait des années que l'on n'arrête pas de payer pour cette communauté sans toucher le moindre euro en retour. On ne peut plus se le permettre. C'est impossible et intolérable de continuer sur cette voie »[29]. Pourtant les associatifs et Voyageurs qui vivent sur place se demandent où ont été dépensés les 130 000 euros. En octobre 2020, peu après la réouverture de l'aire, un responsable associatif me contacte pour m'envoyer des photos des lieux. Visiblement les normes de sécurité ne sont pas respectées, quatre WC chimiques font office de sanitaires, des barbelés concertina (ceux qui ont des lames de rasoir) servent de clôture, l'aire est sommaire, elle ne respecte pas les surfaces de minimum 75 m^2

26. « Gens du voyage : les nouvelles approximations d'Estrosi », blog Les décodeurs, *Le Monde*, 16 juillet 2013. URL : https://www.lemonde.fr/blog/decodeurs/2013/07/16/gens-du-voyage-les-nouvelles-approximations-destrosi/

27. AFP, « La présence "urticante et odorante" des Roms à Nice, selon Jean-Marie le Pen », *Le Monde*, 5 juillet 2013. URL : https://www.lemonde.fr/politique/article/2013/07/05/la-presence-urticante-et-odorante-des-roms-a-nice-selon-jean-marie-le-pen_3442823_823448.html

28. Guillaume BLANC, « Les trois choses à savoir sur la réouverture de l'aire officielle d'accueil des gens du voyage à Saint-Amand-Montrond », *Le Berry républicain*, 10 octobre 2020. URL : https://www.leberry.fr/saint-amand-montrond-18200/actualites/les-trois-choses-a-savoir-sur-la-reouverture-de-l-aire-officielle-d-accueil-des-gens-du-voyage-a-saint-amand-montrond_13851309/

29. *Ibid.*

par emplacement, les Voyageurs ne comprennent pas quels travaux ont été faits. Pour les « occupants » de l'aire, il faut débourser entre 250 € et 370 € par mois pour vivre dans cet espace sous-équipé. Paradoxalement, il s'agit d'une des aires les mieux localisées du Cher, proche des zones d'habitation et des commodités, preuve qu'une bonne localisation n'est pas toujours synonyme d'hospitalité.

Les forces de l'ordre

Stéréotypes racistes et rhétorique antitsigane, ces discours se retrouvent à tous les échelons. Les forces de l'ordre n'en sont pas exemptes. Pendant des années Raymond Gurême, ancien résistant et interné des camps pour « nomades », a témoigné du harcèlement et des violences policières qu'il a subis jusqu'à ses 89 ans[30].

En 2015, le défenseur des droits condamne vivement un énième cas de fichage ethnique. En l'espèce, un chef de police municipale qui organisait un fichage systématique des personnes de « type gens du voyage »[31]. Ces pratiques discriminatoires liées au fichage ethnique ou racial sont anciennes. Encore en 2010, le journal *Le Monde* révèle l'existence d'un fichier intitulé Mens pour « Minorités ethniques non sédentaires » par l'Office central de lutte contre la délinquance itinérante (OCLDI)[32]. Ce fichier ethnique est déclaré inexistant par la Cnil[33], alors que *Le Monde* va jusqu'à en publier les fac-similés[34]. Comme d'autres j'ai entendu plusieurs fois ces histoires dans mon entourage, des personnes arrêtées d'après leur nom de famille et qui découvrent la liste des noms de Voyageurs affichée dans les commissariats. L'histoire est ancienne, l'un des premiers fichages ethniques en France est organisé par la Sûreté générale en 1908 qui prescrit le fichage des « vagabonds, nomades et romanichels circulant isolément ou voyageant

30. « Raymond Gurême victime d'un déni de justice ? », *L'Humanité*, 20 janvier 2015. URL : https://www.humanite.fr/raymond-gureme-victime-dun-deni-de-justice-563212

31. Décision MDS-MLD-2015-057 du 20 mars 2015 relative à une instruction à caractère discriminatoire contenue dans une note de service de police municipale.

32. Franck JOHANNÈS, « Mens, le fichier ethnique illégal sur les Roms », *Le Monde*, 7 octobre 2010. URL : https://www.lemonde.fr/societe/article/2010/10/07/la-gendarmerie-detient-un-fichier-roms-illegal_1421548_3224.html

33. « La Cnil ne trouve pas de fichier Mens », *Le Journal du Dimanche*, 15 octobre 2010. URL : https://www.lejdd.fr/Societe/La-Cnil-ne-trouve-pas-de-fichier-Mens-227076-3105065

34. Franck JOHANNÈS, « Le fichier des Roms du ministère de l'intérieur », *Le Monde*, 7 octobre 2010. URL : https://www.lemonde.fr/justice/article/2010/10/07/le-fichier-des-roms-du-ministere-de-l-interieur_5977544_1653604.html

en groupes » et ne cessera officiellement qu'avec la fin des carnets en 2012 où il était encore nécessaire de faire viser tous les 3 mois les carnets de circulation au commissariat de police. Mais des pratiques de fichage ethnique continuent d'exister, j'ai constaté en 2020 la demande d'une preuve d'ethnicité adressée à un habitant d'aire d'accueil qui réclamait des aménagements liés à sa situation de handicap. Plusieurs témoignages existent de personnes itinérantes qui se sont vu refuser l'accès aux aires d'accueil pendant le premier confinement de 2020, car elles n'étaient pas enregistrées comme « gens du voyage » auprès des administrations locales[35].

Aujourd'hui, les Voyageurs sont confrontés à la présence policière pour presque chacune de leurs installations, ils sont confrontés également aux « opérations de contrôle » qui ressemblent parfois à des perquisitions arbitraires[36] et aux violences policières lors d'évacuations par la force ou comme ce fut le cas le 26 mars 2020 sur l'aire d'accueil d'Hellemmes Ronchin (59)[37]. Des brigades leurs sont toujours spécifiquement dédiées, l'OCLDI existe toujours, et le « fléau des campagnes » du début du siècle est encore d'actualité avec la création en 2019 d'une « Cellule nationale de suivi des atteintes au monde agricole » (Cellule Déméter) dont une des attributions est la lutte contre « les occupations illégales de terrains agricoles aux fins d'installation temporaire par des groupes constitués de gens du voyage »[38].

Il n'est pas rare non plus que les aires d'accueil elles-mêmes soient placées sous la gestion directe de la police municipale. On imagine mal la présence de policiers chargés de l'application d'un règlement intérieur tous les jours chez soi, c'est pourtant le cas dans plusieurs communes notamment à La Farlède (83) depuis 2017[39].

Le racisme dans la police nationale est documenté depuis sa création, l'œuvre salutaire de Maurice Rajsfus est une somme en la matière. Aux violences ajoutent les morts et parfois les exécutions sommaires d'hommes

35. Voir chapitre L'utopique.
36. Corinne MATIAS, « La Ciotat : contrôle surprise des gens du voyage sur la zone Athélia », *La Provence*, 5 août 2019. URL : https://www.laprovence.com/article/papier/5622629/controle-surprise-des-gens-du-voyage-sur-la-zone-athelia.html
37. https://twitter.com/davduf/status/1244730252250746883?s=20
38. Ministère de l'Intérieur, 13 décembre 2019, dossier de presse, « Présentation de "DEMETER", la cellule nationale de suivi des atteintes au monde agricole ». URL : https://www.interieur.gouv.fr/Archives/Archives-ministres-de-l-Interieur/Archives-Christophe-Castaner/Dossiers-de-presse/Presentation-de-DEMETER-la-cellule-nationale-de-suivi-des-atteintes-au-monde-agricole
39. Communauté de Communes de la Vallée du Gapeau, « Aire d'accueil des gens du voyage de La Farlède », *op. cit.*

Voyageurs pourtant désarmés. Joseph Guerdner est mort en garde à vue[40], Henri Lenfant est tué lors d'un contrôle par les gendarmes[41], Mikael Simon, Luigi Duquenet, sont tous deux abattus lors de contrôles routiers, Angelo Garand est quant à lui exécuté froidement par le GIGN au fond d'une grange. Sa sœur Aurélie Garand se bat depuis sa mort en 2017 pour obtenir justice et vérité. Combien sont-ils en réalité ? Combien de ces « gitans »[42], comme les médias aiment à les présenter dans ce type d'affaires, sont morts à cause de réactions disproportionnées des forces de l'ordre ? L'antitsiganisme des forces de l'ordre reste peu documenté[43] même si son expérimentation s'avère quasi-quotidienne. Tout juste trouve-t-on ici et là quelques faits d'armes relatés par la presse. Illustration faite par ce petit article dans le *Courrier picard* du 5 décembre 2020 intitulé « Woincourt : un capitaine de gendarmerie dérape sur les gens du voyage », où l'on apprend qu'un capitaine de la gendarmerie d'Amiens, intervenant lors d'une réunion publique tient quelques propos antitsiganes devant un auditoire composé de chefs d'entreprises, de représentants de l'État dont le sous-préfet d'Abbeville et de deux journalistes. Voici ce que le journaliste Jérémy Hébras écrit :

« Ayant pris la parole pour évoquer la sécurité des entreprises, et décrivant le comportement d'un cambrioleur de maison, le capitaine de gendarmerie évoque à son propos une « caravane », déclenchant quelques rires. Avant d'ajouter, quelques minutes plus tard : « j'ai fait une boutade sur les gens du voyage. Mais qu'on se le dise, leur métier, c'est voleur ». Là encore, quelques rires, et aucune réaction à ces propos racistes. Présent, le sous-préfet d'Abbeville Philippe Fournier-Montgieux a condamné jeudi ces paroles : « Je ne peux évidemment pas cautionner ces propos. C'est un dérapage individuel. J'ai contacté le général Frustié, qui va s'entretenir avec l'intéressé. »[44]

---

40. Christelle MARQUÈS, « La France condamnée pour la mort de Joseph Guerdner en garde à vue », *France Bleu Provence*, 17 avril 2014. URL : https://www.francebleu.fr/infos/faits-divers-justice/la-france-condamnee-pour-la-mort-de-joseph-guerdner-en-garde-vue-1397733295

41. Timothée DE RAUGLAUDRE, « En un an, les forces de l'ordre ont tué au moins sept personnes », *Streetpress*, 15 juillet 2019. URL : https://www.streetpress.com/sujet/1563182139-forces-de-l-ordre-tue-sept-personnes

42. Inès BELGACEM, « C'est ici que le GIGN a abattu mon fils. Il s'appellait Angelo », *Streetpress*, 11 décembre 2019. URL : https://www.streetpress.com/sujet/1576077647-gign-angelo-garand-gens-voyage

43. À l'exception notable de certains ouvrages comme : Didier Fassin, *Mort d'un voyageur. Une contre-enquête*, 2020, Éditions du Seuil.

44. Jérémy HÉBRAS, « Woincourt : un capitaine de gendarmerie dérape sur les gens du voyage », *Courrier picard*, 4 décembre 2020. URL : http://premium.courrier-picard.fr/id145574/article/2020-12-04/un-capitaine-de-gendarmerie-derape-sur-les-gens-du-voyage-woincourt

À la fin de l'article, on apprend que le capitaine a été « admonesté » par sa hiérarchie. J'ai vérifié la définition d'admonester, cela signifie : réprimander sévèrement en avertissant de ne pas recommencer. Avec une hiérarchie aussi sévère, c'est certain : la fin de l'antitsiganisme approche à grands pas !

Mais pourquoi s'arrêter sur la parole publique dans un chapitre réservé au traitement médiatique des « gens du voyage » ?

Si globalement la presse condamne les déclarations publiques les plus racistes, elle ne reste pas moins le réceptacle principal et le vecteur de diffusion le plus important de ces discours. Surtout la presse n'est pas en reste en matière de production de discours antitsiganes. Nous avons évoqué précédemment l'effet désastreux du choix des sujets traités et de leur quantité, puis le rôle historique joué par la presse dans la construction négative de la figure du Tsigane qui est le socle de l'expression antitsigane contemporaine.

La fabrication médiatique du groupe

La conception des « gens du voyage » par le groupe est ancienne et toujours actuelle. La vie en famille qui est souvent un des éléments forts de revendication identitaire des personnes catégorisées « gens du voyage » ne permet néanmoins en aucun cas d'affirmer l'existence d'une « communauté des gens du voyage ». Au mieux existe-t-il plusieurs communautés qui se désignent aux individus extérieurs comme « gens du voyage », au mieux existe-t-il des associations œuvrant pour les droits des « gens du voyage », mais il n'y a pas de communauté unique et unifiée. Pourtant cette croyance apparaît comme un réel problème, d'une part dans la représentation publique de la parole Voyageuse, d'autre part quant à l'immensité du champ des amalgames permis par le terme « appartenant à la communauté des gens du voyage ».

Lorsque l'on cherche « porte-parole des gens du voyage » sur *Google*, la page *Wikipédia* de Louis de Gouyon Matignon apparaît en première occurrence. Louis de Gouyon Matignon, 29 ans, est présenté comme un jeune homme de la noblesse, immergé parmi les « Tsiganes ». Dans les années 2010-2014, les médias se l'arrachent et l'affublent d'un panel de qualificatifs pour le moins impressionnants. Le journal *Le Point* le qualifie d'« aristocrate manouche sans concession »[45], *Libération* en fait « l'avocat des Tsiganes »[46] et *Les Inrocks* le déclare même « porte-parole des gens du voyage »[47]. En 2012 il publie un « dictionnaire tsigane »[48] qui suscite la polémique. Il est accusé par plusieurs personnes d'avoir plagié un ouvrage[49] écrit par le père Joseph Valet qui a passé près de 50 ans de sa vie auprès des Voyageurs. Ce dictionnaire n'a jamais été édité, car le *Rachaï*[50] ne le souhaitait pas, il déclare à ce sujet en 2013 aux journalistes de *La Montagne* : « Ah non, non, pas question. J'en donne ou j'en prête aux institutrices ou à l'assistante sociale, mais c'est tout ! »[51]. D'un autre côté ce dictionnaire est aussi reçu positivement par certains Voyageurs ou Manouches en quête de réappropriation de leur langue qui a fini par disparaître dans certaines familles (c'est le cas chez moi).

En 2015, une dizaine d'associations publient une lettre commune explicite : « Défendre notre cause est tout en votre honneur, mais vous présenter comme incontournable et porte-parole de nos communautés n'est pas acceptable »[52]. Ce rejet n'est pourtant pas partagé par tout le monde, le premier à m'avoir parlé de Louis de Gouyon Matignon est mon oncle qui, comme beaucoup de Voyageurs de mon entourage, lui voue une admiration sans faille. Ce Gadjo qui s'exprime dans une langue que beaucoup d'entre nous ont perdue fascine. Ses sorties médiatiques pour défendre les Voyageurs suscitent du respect et de la reconnaissance. Elles suscitent également des critiques, très nombreuses parmi des Voyageurs ou des Manouches que j'ai pu rencontrer, mais aussi des militants ou des universitaires. Bref, Louis de Gouyon Matignon est une personnalité clivante. Et il continue à susciter une forme de fascination dans les médias : en 2020 *Le Point* publie un

45. Nicolas GUÉGAN, « Louis de Gouyon Matignon, l'aristocrate manouche sans concession », Le Point, 24 octobre 2014. URL : https://www.lepoint.fr/societe/louis-de-gouyon-matignon-l-aristocrate-manouche-sans-concession-24-10-2014-1875184_23.php

46. Célia LEBUR, « Gadjo aristo, avocat des Tsiganes », *Libération*, 26 août 2012. URL : https://www.liberation.fr/societe/2012/08/26/gadjo-aristo-avocat-des-tsiganes_841995

47. Alexandre COMTE, « Louis de Gouyon Matignon : un aristo chez les Tsiganes », *Les Inrockuptibles*, 17 septembre 2014. URL : https://www.lesinrocks.com/2014/09/17/actualite/actualite/louis-gouyon-matignon-aristo-chez-les-tsiganes/

48. https://louisdegouyonmatignon.com/dictionnaire/

49. https://aigucorea.wordpress.com/2017/06/28/lettre-ouverte-a-louis-de-gouyon-matignon/#comments

50. Prêtre.

51. Geneviève THIVAT, « Une vie sur les routes auvergnates avec, pour port d'attache, l'église Sainte-Bernadette », *La Montagne*, 3 mai 2013. URL : https://www.lamontagne.fr/clermont-ferrand-63000/actualites/une-vie-sur-les-routes-auvergnates-avec-pour-port-dattache-leglise-sainte-bernadette_1537917/

52. https://www.facebook.com/permalink.php?story_fbid=788187991274599&id=584236745003059

portrait le qualifiant de touche-à-tout et pour cause, on y apprend qu'il a conduit la plus jeune liste de l'histoire des élections européennes, qu'il a dirigé la campagne de Gnangbo Kacou aux élections présidentielles de Côte d'Ivoire en 2015 et qu'il a soutenu une thèse de doctorat en octobre 2020 en droit spatial à l'université de Paris I[53]. Son parcours chez les Tsiganes est toujours remis en avant et il s'agit certainement de la personnalité qui a été la plus médiatisée sur cette thématique ces dernières années.

Il me paraît important de s'interroger sur les mécanismes qui conduisent à l'émergence d'une telle figure ; la couverture médiatique autour de Louis de Gouyon Matignon et sa présentation comme « porte-parole des gens du voyage » interpelle. Le fait qu'un Gadjo soit fait « porte-parole des gens du voyage » par les médias en a secoué plus d'un, imaginerait-on pareil cas de figure avec n'importe quel autre groupe ? Louis de Gouyon Matignon est un choix facile pour les médias. Il répond aux standards et entretient l'idée sous-jacente que les Tsiganes ne sont pas capables de produire leurs propres discours, qu'il leur faut toujours un intermédiaire, un « ami ». Il y a aussi une seconde figure très recherchée dans l'espace médiatique, celle du « porte-parole ». Chez certains Voyageurs on entend régulièrement des discours qui encouragent ce type de personnalités, éduquées et bienveillantes. Mais l'attribution de cette fonction de « porte-parole » m'apparaît réductrice et condescendante. Même lorsqu'elle est bien intentionnée, elle contribue toujours à restreindre le champ de la parole légitime. En personnifiant les discours, les nuances finissent par disparaître, *a fortiori* lorsque les « porte-paroles » se comptent sur les doigts d'une main. L'attribution de cette fonction semble indissociable de l'appréhension des « gens du voyage » par « la communauté ». Encore une fois imaginerait-on un porte-parole des gens-du-sur-place ?

Une autre externalité négative de l'appréhension par le groupe est l'usage des termes « issu de la communauté des gens du voyage ». L'utilisation de cette formule dans un article relatant un fait divers, la commission d'un délit par un Voyageur par exemple, est une indication très probable de la nature de la source du journaliste : la préfecture ou le commissariat de police. Il est légitime de se poser la question de la valeur informationnelle d'une telle mention. Lorsque cette dernière a un lien de causalité direct avec la commission du délit pourquoi pas, mais dans le cas contraire ? Qu'est-ce que

53. Baudouin ESCHAPASSE, « Louis de Gouyon Matignon, un "gadjo" dans les étoiles », *Le Point*, 21 octobre 2020. URL : https://www.lepoint.fr/sciences-nature/louis-de-gouyon-matignon-un-gadjo-dans-les-etoiles-21-10-2020-2397479_1924.php

cela signifie si ce n'est le sous-entendu d'un caractère criminel intrinsèque à l'appartenance à la « communauté des gens du voyage » ? Il s'agit là d'un des principaux stéréotypes accolé à la figure du Tsigane et construit en partie par le droit. Depuis la création du premier délit de vagabondage en 1810, le législateur n'a cessé de criminaliser certaines formes de vie en société réputée « Tsigane », par le champ de l'ordre public dans un premier temps, du contrôle de la mobilité, de la suspicion de non-profession à partir de 1912, de l'installation illicite et du droit de l'urbanisme de manière plus contemporaine. Cet usage est peu, voire pas du tout remis en cause par des journalistes qui eux n'auront jamais à se penser comme appartenant à la communauté des gens-du-sur-place. En revanche, les effets sont bien réels, puisque près de la moitié des articles consacrés aux « gens du voyage » traitent de délinquance. Sans compter les productions sensationnalistes qu'une certaine télévision diffuse chaque année. Par exemple, diffusée sur *C8* et présenté comme « magazine de société » par la chaîne, une émission au titre évocateur : « Enquête sous haute tension : Violences, traditions, mariages : plongée au cœur d'une communauté de gens du voyage ». Une audience de près de 350 000 téléspectateurs lors de sa dernière diffusion en août 2019[54].

La fabrication médiatique du lieu

Comme vu précédemment, en juillet 2010 le porte-parole du gouvernement, Luc Chatel déclare « on a beau être rom, gens du voyage, parfois même français au sein de cette communauté, eh bien on doit respecter les lois de la République ». Plus récemment la gendarmerie de Seine-et-Marne publie sur son compte twitter : « Le 24 janvier 2020, lors d'un contrôle routier mis en place sur la #RN4, les militaires de la compagnie de Provins ont été engagés dans le cadre d'un flagrant délit de recel de #vols de moteurs de bateaux à l'encontre de ressortissants des gens du voyage »[55]. Ayant cherché pendant quelques heures la *gensduvoyagie* sur une carte, et sans succès, il m'a fallu me rendre à l'évidence : l'usage du terme « ressortissant » est tout sauf une maladresse.

Dans l'imaginaire collectif, le Tsigane est un éternel étranger. L'usage des termes « accueil des gens du voyage » est en cela parfaitement illustrant,

54. https://tv-programme.com/audiences-tv/mercredi-28-aout-2019/
55. https://twitter.com/Rafumab/status/1229473868613660677?s=20

et présume que le « gens du voyage » n'est pas chez lui puisqu'accueilli. En explorant les fonds d'archives départementales de la Sarthe j'ai pu constater la présence de la famille Destouches (la mienne) sur un petit territoire qui s'étale du Mans au nord de l'Indre-et-Loire et ce depuis au moins le XVIIIe siècle. Est-ce à dire que cette famille présente dans cette zone depuis au moins trois siècles n'est pas chez elle ?

Penser le « gens du voyage » à travers la figure de l'étranger est un moyen de domination qui se traduit notamment par l'attribution spatiale. Les étrangers ne sont jamais que tolérés par les autochtones et cette conception irrigue profondément le discours et la représentation collective de la place du « gens du voyage » dans une société du gens-du-sur-place. Les choix des localisations des espaces tolérés et réservés pour les « gens du voyage » sont indissociables de l'appréhension de leur état d'accueilli et donc d'étranger au territoire. Cette vision s'est largement importée dans la production médiatique, notamment autour des lieux. Le terme « camp », régulièrement utilisé pour désigner les lieux de vie des « gens du voyage », induit un état provisoire, c'est-à-dire qu'un camp peut se déplacer et n'a pas vocation à rester. Il est donc légitime de se poser la question de l'usage fait d'un tel terme à propos de terrains privés de Voyageurs. Régulièrement la presse n'hésite pas à qualifier de camps, des terrains où vivent des familles de manière pérenne. Dans une autre acception, la substitution des termes légaux « aire d'accueil » par le mot camp est aussi une approximation récurrente. Cet usage est fréquent, en particulier lorsque l'aire d'accueil devient un théâtre de faits délictuels. Certains journalistes adoptent ainsi des formulations similaires à : « la gendarmerie est intervenue dans un camp de gens du voyage ». Mais à quoi renvoie cet usage ?

Lorsque l'on évoque le « camp de gitan » ou le « camp de gens du voyage », le voisinage sémantique impose vite l'utilisation du mot clan. Le camp est indissociable du groupe et donc du clan. Utiliser le mot camp pour qualifier le théâtre d'un délit, renvoie donc la commission de ce délit à une forme collective de responsabilité, le camp évoque la bande organisée. Le mot camp est presque toujours associé au délit. Le 3 décembre 2020, le journal *Paris Normandie* dans un article intitulé « Le voleur de camion de la fourrière de Saint-Marcel condamné à un an de prison ferme »[56]

56. « Le voleur de camion de la fourrière de Saint-Marcel condamné à un an de prison ferme », *Paris Normandie*, 3 décembre 2020. URL : https://www.paris-normandie.fr/actualites/faits-divers/le-voleur-de-camion-de-la-fourriere-de-saint-marcel-condamne-a-un-an-de-prison-ferme-LL17499031

précisera « Dans le box, le prévenu, domicilié dans un camp des gens du voyage de Brie-Comte-Robert (77), est un vieux routard des prétoires, avec 29 mentions à son casier judiciaire. ». Là aussi on est en droit d'interroger la valeur informationnelle de cette mention. La reprise du mot « camp » par un journaliste indique souvent la qualité de la source : policière. Dans sa communication, la police substitue très fréquemment au terme « aire d'accueil » celui de camp, comme l'illustre ce tweet du compte de la police nationale d'Ille-et-Vilaine qui publie le 14 janvier 2020 : « ce matin, opération de police dans le cadre d'un trafic #stupéfiants dans un camp des gens du voyage près de Rennes. Enquête en cours. ». Le camp en question n'est rien d'autre que l'aire d'accueil de Thorigné-Fouillard.

Un dernier usage malhonnête du mot camp sert régulièrement à qualifier les bidonvilles. En particulier en substituant le terme « bidonville », qui renvoie à des habitations précaires et non mobiles, au qualificatif « camp de Roms ». Cet usage permet de renverser la responsabilité, l'imaginaire collectif l'associera à un mode de vie traditionnel des Roms. En revanche, utiliser le terme bidonville fait reposer la responsabilité de l'existence du lieu sur l'incapacité d'une société à générer de l'habitat digne pour tous. Le terme bidonville est infamant pour une ville, pourtant il existe beaucoup de bidonvilles en France au XXIe siècle et ils sont loin, très loin de tous être habités par des Roms. Mais de nombreuses rédactions continuent de substituer « camp de Roms » à « bidonville ». Ainsi le journal *La Provence* tweete le 16 septembre 2020 « Cette nuit à #Marseille, une trentaine de #marinspompiers ont été mobilisés sur un #incendie survenu dans un camp de Roms aux alentours d'une heure du matin. Une personne est décédée »[57]. Le drame est immédiatement repris par l'extrême droite locale, Stéphane Ravier maire Rassemblement National en profite pour demander plus de fermeté de la part de l'État et Valérie Boyer, en pointe dans la lutte contre les Roms et les « gens du voyage » depuis des années sur son secteur de Saint-Menet se targuera d'un indécent « Voilà des mois que je demande au préfet d'agir face à la multiplication des camps de Roms sur notre secteur. Voilà des années que je déplore la passivité de l'État. Toutes mes condoléances aux proches de la victime. L'État doit tout mettre en œuvre pour éviter de nouveaux drames »[58]. Sans commentaires. Dans cette affaire il n'y aura guère que le média d'investigation local *Marsactu* pour

57. https://twitter.com/Rafumab/status/1306275399517773825?s=20
58. https://twitter.com/Rafumab/status/1306277088756989955?s=20

utiliser les termes justes, deux jours après le drame dans un article intitulé : « Bidonvilles à Marseille : malgré un drame, les associations constatent des améliorations »[59].

Enfin, il y a une utilisation de plus en plus importante du terme « quartier de gens du voyage sédentarisés ». La création de quartiers entièrement habités par des « gens du voyage sédentarisés », dont on se demande au passage pourquoi l'administration s'entête toujours à les qualifier ainsi (sûrement pour ne pas perdre de vue la caractérisation ethnique), force parfois à abandonner le terme « camp ». C'est le cas pour le quartier de l'Aéropostale au Neuhof à Strasbourg, qualifié de « quartier de gens du voyage sédentarisés » dans un article du journal *L'Alsace* du 3 décembre 2020 intitulé : « Strasbourg : saisie d'armes et de drogue au Neuhof »[60].

Identifier les discours antitsiganes

Pour détecter la production antitsigane dans les médias, il convient d'observer les caractéristiques structurelles des articles eux-mêmes. Il est toujours très délicat d'accuser une rédaction et encore plus un journaliste *ad hominem* de produire du discours antitsigane. Il s'agit d'une accusation vécue comme une violence par les personnes qui n'agissent pas toujours consciemment dans une démarche de haine. Surtout lorsqu'on n'a pas à se penser dans une position minoritaire.

L'étude de la structure des textes est un bon révélateur de l'omniprésence de points de discours jamais remis en cause. Sensibiliser aux discours antitsiganes produits ou relayés par la presse relève de difficultés similaires à celles que l'on rencontre dans les luttes contre les discours sexistes ou homophobes. À la différence près que le corpus de contenus offrant une définition de l'antitsiganisme ou décrivant ses effets est quasi nul, et difficile d'accès pour celles et ceux qui viendraient à aborder cette notion encore confidentielle en France.

Il y a une prise de conscience générale des différentes formes de discriminations à l'encontre des « gens du voyage », mais surtout une acceptabilité sociale importante de ces discriminations. Cette conscience existe chez ceux

59. Lisa CASTELLY, « Bidonvilles à Marseille : malgré un drame, les associations constatent des améliorations », *Marsactu*, 18 septembre 2020. URL : https://marsactu.fr/bidonvilles-a-marseille-malgre-un-drame-les-associations-constatent-des-ameliorations/

60. « Strasbourg : saisie d'armes et de drogue au Neuhof », *L'Alsace*, 3 décembre 2020. URL : https://www.lalsace.fr/faits-divers-justice/2020/12/02/strasbourg-saisie-d-armes-et-de-drogue-a-l-aerospostale

qui s'opposent à ces discours, mais aussi parmi les producteurs de discours haineux qui agissent en toute impunité. En témoigne l'existence d'une expression haineuse sur tous les réseaux sociaux. Depuis septembre 2020, avec une équipe de cinq jeunes Rroms, Manouches et Gitans, je participe au recensement de ces contenus de haine qui sont très nombreux, même sur des réseaux professionnels comme LinkedIn.

Encore aujourd'hui, l'analyse du racisme particulier qui touche les « gens du voyage » se contente souvent d'un historique des discriminations légales, sans prendre le temps d'étudier ce qu'expriment les Voyageurs eux-mêmes sur leurs expériences quotidiennes du racisme. Par exemple je constate souvent que mes interlocuteurs Gadjé réduisent l'existence d'un antitsiganisme public aux seuls refus de construction d'aire d'accueil par des élus locaux, quand dans le même temps certaines pratiques administratives sur les aires d'accueil, l'action policière, l'accueil à l'école ou les actions de rejet des riverains accompagnées par des élus locaux constituent les principales manifestations de l'expression antitsigane.

Il semble donc important d'offrir des clés de lecture (et d'écriture) à ceux qui relaient et produisent les discours. Mais aussi à leurs lecteurs qui agissent aujourd'hui comme autant de modérateurs. Quelques caractéristiques simples permettent d'identifier ces articles.

Le sujet

Le sujet abordé par l'article est le premier élément d'identification du discours antitsigane, à lui seul il ne peut se suffire, mais il permet d'identifier le contexte dans lequel le discours se développera (et certains contextes sont préférés à d'autres) et, analysé dans la masse des autres articles produits, permet une mise en exergue des points d'achoppement. Autrement dit, un sujet sur la criminalité est plus antitsiganogène (lorsque l'antitsiganisme est inconscient) ou antitsiganophile (lorsqu'il sert un objectif) qu'un article sur la santé. Et le problème est que ce sont ces sujets qui sont les plus couverts et traités comme nous l'avons démontré ci-dessus. Alors que la couverture d'un fait divers n'engage l'image que de son seul auteur lorsqu'il ne subit pas de procédés de racisation, elle salit celle de plusieurs centaines de milliers de personnes par l'usage des termes « issu de la communauté des gens du voyage ». Par acquit de conscience certainement, et parce que les

Voyageurs eux-mêmes ont souvent mis en garde les rédactions, de nouvelles expressions voient le jour.

Historiquement la police ou la gendarmerie ont fait de l'appréhension par le groupe un des principaux fondements de la lutte contre la « délinquance itinérante ». Les services de police et de gendarmerie utilisent et diffusent un alternatif au fameux « issu de la communauté des gens du voyage ». À intervalle régulier le Sirasco[61] qui regroupe des personnels de la police nationale, de la gendarmerie nationale et de la DGSI[62], publie un rapport sur la criminalité organisée. Dans son dernier rapport, l'expression « frange criminalisée de gens du voyage »[63] revient régulièrement. Cette expression est commode. En visant la « frange » et non plus la « communauté », on s'évite bien des accusations de racisme. Mais la question reste la même : est-ce que l'origine ethnique influence la commission de délit ? Si le mode de vie des individus constituant cette frange est une information importante, pourquoi dans ce cas ne pas se contenter des mots « criminalité itinérante » ? À moins que pour le ministère de l'Intérieur, la présence ou non de caravanes à titre de résidence principale n'ait que peu d'intérêt comme critère de qualification de « gens du voyage », mais que l'origine ethnique réelle ou supposée de ces derniers soit une manière d'identification plus intéressante, car elle viendra ensuite servir la mise en œuvre de mesures de répression et de contrôle contre tous les « gens du voyage ». Cette méthode de classification policière basée sur l'identification ethnique supposée d'individus ou de groupes n'est pas inédite : rappelons quand même que la découverte du fichier des minorités ethniques non sédentaires date de 2010. Cette expression de « frange criminalisée de gens du voyage » est reprise par une large partie de la presse, de *La Dépêche*[64] en passant par *CNEWS*[65], *Le Monde*[66] ou *Le Figaro*[67].

61. Service d'information, de renseignement et d'analyse stratégique de la criminalité organisée.
62. Direction générale de la Sûreté intérieure.
63. https://lessor.org/wp-content/uploads/2014/06/Rapport-Criminalité-organisée-2013-2014-V2.pdf
64. Jean COHADON, « Montrabé. “Une méthode simple, délicate et dangereuse” », *La Dépêche*, 2 avril 2015. URL : https://www.ladepeche.fr/article/2015/04/02/2079423-une-methode-simple-delicate-et-dangereuse.html
65. Sandra BUISSON, « Faux plombier et faux policiers dépouillaient les personnes âgées », *CNEWS*, 13 mars 2020. URL : https://www.cnews.fr/france/2020-03-13/faux-plombier-et-faux-policiers-depouillaient-les-personnes-agees-935996
66. Anne MICHEL, « Narcotrafic : “On constate une hybridation des réseaux criminels de blanchiment” », *Le Monde*, 7 décembre 2020. URL : https://www.lemonde.fr/international/article/2020/12/07/narcotrafic-on-constate-une-hybridation-des-reseaux-criminels-de-blanchiment_6062447_3210.html
67. Jean-Marc LECLERC, « Des gens du voyage ont intégré la famille des mafias », *Le Figaro*, 29 juin 2012. URL : https://www.lefigaro.fr/actualite-france/2012/06/29/01016-20120629ARTFIG00727-des-gens-du-voyage-ont-integre-la-famille-des-mafias.php

Le titre

L'hyperconnexion des individus paraît conduire ou être induite par une consommation très importante d'informations sur internet. Certains utilisent les termes d'« infobésité » ou de surcharge informationnelle[68] pour traduire un indicateur en constante diminution : celui du temps moyen d'attention qu'accorde un lecteur à un article. Le titre d'un article est donc plus que jamais stratégique pour des rédactions, non seulement pour offrir une synthèse du sujet principal abordé, mais aussi pour générer de l'interaction au contenu : commentaires sur le site du journal ou sur les réseaux sociaux, partages de l'article, etc.

Or les titres qui utilisent ou évoquent les termes « gens du voyage » renvoient dans leur majorité à une image négative. Les titres, à l'image des thèmes abordés, sont essentiellement tournés autour des difficultés de cohabitation avec les « gens du voyage » (présence, accueil, expulsion). Une différence tout de même avec les thématiques : les titres font moins mention des termes « gens du voyage » dans les articles traitant de délinquance, mais souvent l'information sera contenue dans le texte. Il est plus difficile de faire un lien directement dans le titre entre la criminalité et les « gens du voyage », qui sera rappelé de façon plus subtile dans le corps de l'article où l'« appartenance » du délinquant aux « gens du voyage » sera présentée comme un élément factuel parmi d'autres.

L'image

L'image est un réel enjeu dans la construction des imaginaires. Elle peut changer le sens du titre et renforcer certains stéréotypes. Le choix des photos d'illustration n'est donc pas un enjeu secondaire dans la lutte contre l'antitsiganisme médiatique. À force de parcourir les articles produits sur les « gens du voyage », il est possible d'affirmer que quatre types d'images composent la grande majorité des photographies d'illustration.

- L'image policière. Elle montre le plus souvent un véhicule de police ou des hommes en uniforme près de caravanes. Cette image est choisie en général pour illustrer les articles « faits divers », qu'ils traitent de délits ou de crimes commis par des personnes identifiées comme « gens

68. Caroline SAUVAJOL-RIALLAND, « Infobésité, gros risques et vrais remèdes », *L'Expansion Management Review*, vol. 152, n°1, 2014, pp. 110-118. DOI : https://doi.org/10.3917/emr.152.0110

du voyage ». Dans la mesure où ces articles constituent la part la plus importante de la production médiatique sur le sujet, l'image des « gens du voyage » est régulièrement associée à celle des forces de l'ordre.

- Une ou des caravanes. Ce sont en général les photos qui illustrent les articles sur la présence des Voyageurs, quel que soit le sujet : accueil, installation légale ou illégale, départ, etc. Elles deviennent un automatisme ces images, difficile d'être plus créatif sur une aire d'accueil et en dehors des personnes elles-mêmes il n'y a pas grand-chose à montrer. L'univers esthétique d'une aire est fait de béton, de métal et des tôles blanches des caravanes. Plusieurs photographes se sont attaqués au sujet. Par exemple, Antoine Le Roux a développé une pratique consistant en une mise à vide des lieux. Les aires sont photographiées sans leurs occupants et ces photographies transmettent une impression de froideur hostile, administrative, des lieux en série qui se ressemblent presque tous, des barreaux aux fenêtres des maisonnettes de gardiens d'aires, des blocs de béton gris, des clôtures et du bitume. Ce travail est intéressant, car il prend le parti pris de montrer ces lieux tels qu'ils sont, personne ne souhaiterait vivre dans une photo d'Antoine Le Roux. Une autre façon d'aborder l'esthétique est celle de Valentin Merlin qui utilise fréquemment le noir et blanc, montre des aires habitées et joue du contexte pour installer une narration. Ses photos abordent le symbole, elles racontent les luttes, la solidarité, les pollutions, la mise à l'écart. Deux approches différentes, qui démontrent la possibilité de montrer autre chose, autrement. Mais la masse des photographies, au modèle standardisé, a tendance à créer un sentiment d'altérité fort, les hommes et femmes disparaissent au profit des véhicules, la caravane devient un point d'essence et un symbole. Parfois les photographies prises de très loin illustrent des articles sur les installations illégales ne faisant que renforcer un peu plus cette impression d'altérité dangereuse.
- L'image du groupe. Généralement utilisée lorsque l'article se centre sur les Voyageurs eux-mêmes. Dans ce cas le ton employé et le sujet sont généralement bienveillants, l'humain retrouve une place centrale.
- L'image dégradante. Elle est en général tirée d'une banque d'images en ligne. Une pratique courante consiste à illustrer un propos sur les aires d'accueil avec des images de bidonville, où les déchets sont nombreux. Parfois les choix des rédactions semblent partir d'une bonne intention, par exemple pour illustrer un article sur les pollutions,

France Culture a utilisé l'image d'une expulsion de « camp » à Nice[69]. Une caravane en mauvais état, sise seule au milieu d'immondices, ce qui est très loin de la réalité de la majorité des aires d'accueil. Ici l'intention est louable, mais l'effet est contre-productif et se révèle dégradant. Les photographies de déchets ou d'excréments sont monnaie courante, elles illustrent généralement des articles où les élus se plaignent des dégradations engendrées par l'arrivée de « gens du voyage », elles ont un impact extrêmement fort sur l'inconscient collectif. Ces images illustrent des situations réelles, des incivilités réelles, mais ne traduisent pas toutes les réalités : l'absence de structures d'accueil, de sanitaires, l'insuffisance ou l'absence de ramassage de déchets, parfois ce sont des tas regroupés de sacs poubelles qui servent d'illustration alors même qu'ils sont regroupés par les Voyageurs dans le but de faciliter le ramassage.

Le lexique

Un champ lexical dédié est utilisé de manière transversale dans les articles traitant des « gens du voyage ». Le premier groupe de mots est celui permettant l'identification. Ils sont régulièrement mal utilisés, se révèlent parfois à l'origine d'anachronismes ou de contresens. En cela l'usage des termes juridiques « gens du voyage » ou « nomade » renvoie à deux périodes historiques distinctes. Le statut « nomade » a ainsi une réalité juridique de 1912 à 1969 puis la catégorie administrative de « gens du voyage » prend la suite. L'usage dans la presse permet d'utiliser le terme « nomade » qui parfois est trompeur, car les « gens du voyage » ne sont plus appréhendés par leur mode de vie nomade, mais bien la caractéristique de leur habitat. Ainsi une majorité de ceux qui aujourd'hui sont identifiés comme « gens du voyage » n'a pas un mode de vie nomade.

« Nomade » peut donc recouvrir plusieurs acceptions, comme statut juridique, critère d'identité positive ou négative, mais également traduction d'un mode de vie qui n'est pas propre aux « gens du voyage ». L'utilisation du terme requiert de la précision, ce qui n'est pas toujours le cas. Par exemple de manière très étonnante, jusqu'en 2005 la plus haute juridiction administrative de France utilisait indistinctement les termes « gens du voyage » ou « nomade »[70]. Étonnant aussi cet article de l'historien Ilsen About qui en

69. Sonia KRONLUND et Delphine SALTEL, « Gens du voyage : des aires empoisonnées », Les pieds sur terre, *op. cit.*
70. http://www.conseil-etat.fr/fr/arianeweb/CE/decision/2005-07-27/257394

2019 publie dans le journal *Libération* un article intitulé « gens du voyage : l'heure des réparations »[71], où l'usage du terme « gens du voyage » en plus d'être anachronique dans une partie des développements, est utilisé comme une identité à part entière. L'auteur écrit à propos de la montre de Bitchika Gorgan, rescapé des camps, dont celui de Bergen-Belsen où il est identifié comme *Zigeuner*, et ancien résistant : « Cette montre raconte aussi l'histoire des Roms, Sintis et gens du voyage français persécutés durant la Seconde Guerre mondiale. Elle renvoie à tous ces biens saisis qui n'ont jamais été restitués à ceux que l'on appelait les Tsiganes. ». Ces confusions sont reproduites par les journalistes, qui pour alléger la lecture utiliseront justement de manière un peu trop légère les termes « nomades » ou même « tsiganes » comme des synonymes.

Mais le principal problème posé par le corpus lexical qui entoure les mots « gens du voyage » se situe ailleurs. Le champ lexical utilisé est souvent déshumanisant ou tribalisant et réutilise l'ensemble des ressorts antitsiganes, du stéréotype du voleur à celui du parasite. Un des articles qui illustre parfaitement cette tendance est celui du journal *La Montagne* qui publie en 2019 « Ma vie à deux pas du campement sauvage des gens du voyage à la Souterraine »[72]. Le champ lexical utilisé est saisissant. Voici les termes retenus dans l'ordre d'usage : « campement sauvage », « angoisse », « squatteurs », « la peur des habitants », « désespoir des riverains », « on les laisse voler de l'eau en toute impunité », « nuisances », « un autre voisin explique qu'il essaye de ne pas les croiser », « caïds », « dès qu'ils vous voient vous devenez la proie », « toute une zone commerciale en péril », « les gens du voyage qui squattent ce terrain effraient sa clientèle. Une clientèle souvent âgée et fragile », « la jeune femme se sent surveillée. Épiée. Elle est même insultée », « dépotoirs », « incivilités et agressions ». L'article entièrement à charge sera complété d'un encart pour recueillir la version des Voyageurs, pas des personnes incriminées, mais d'autres qui vivent sur l'aire d'accueil de la ville et n'ont rien à voir avec le sujet ! Un Gitan ou un autre quelle différence ?

D'autres mots sont régulièrement accolés aux « gens du voyage », celui d'« envahissement » par exemple qui est un des plus courants et traduit bien les processus d'altérisation que l'on retrouve dans la presse. Plus anecdotique

71. Ilsen ABOUT, « Gens du voyage : l'heure des réparations », *op. cit.*

72. Virginie MAYET, « Ma vie à deux pas du campement sauvage des gens du voyage à La Souterraine (Creuse) », *La Montagne*, 18 avril 2019. URL : https://www.lamontagne.fr/souterraine-23300/actualites/ma-vie-a-deux-pas-du-campement-sauvage-des-gens-du-voyage-a-la-souterraine-creuse_13543803/

même si certains y verraient un signe d'animalisation, le terme « transhumance » appliqué aux grands passages comme dans cet article du *Figaro* qui précise : « Dans le contexte de la crise sanitaire, leur transhumance à travers le pays, prévue mi-mai, soulève des questions de sécurité. »[73]. Plus violent encore, l'usage du verbe « éradiquer » régulièrement utilisé pour parler d'installations illégales, comme cet article de *Paris Normandie* publié en 2019 et intitulé « À Guichainville, une aire d'accueil des gens du voyage pour éradiquer les campements sauvages d'Évreux »[74].

La citation

L'usage des citations interroge quant à la légitimité de la parole d'une part et ce qu'il est possible de diffuser par la citation. Sur le premier point, il est clair que les principales citations utilisées dans les articles écrits sur les « gens du voyage » ne sont pas celles des principaux concernés. Il s'agit en majorité de citation de rapports officiels, de policiers, de préfets, de procureurs ou de responsables politiques. Viennent ensuite les responsables associatifs, qui dans leur majorité ne sont pas Voyageur.

La citation est un enjeu qui rejoint celui de la parole légitime, celle des autorités ou des élus, la parole des Gadjé, ceux par qui et pour qui les médias sont faits. On ne peut également ignorer les difficultés rencontrées par certains journalistes qui souvent, manquent de temps et de moyens pour aller à la rencontre des gens directement sur place. Et le moins que l'on puisse dire c'est que la base de données des interlocuteurs identifiés « gens du voyage » est relativement restreinte.

Questionner la parole c'est aussi questionner la réappropriation de ses propres narratifs. Je remarque que dans les médias la parole des Voyageurs n'est jamais totalement libre, elle répond à des questions ou des accusations. Le Voyageur ou la Voyageuse se raconte pour les Gadjé, répond parfois aux injonctions ou doit se défendre contre certains stéréotypes. Les effets de répétition exaspèrent aussi un certain nombre d'habitants d'aires que j'ai pu rencontrer : « ça fait 50 ans que je raconte la même histoire, ça sert à rien ! » dira une habitante de l'aire d'accueil de Saint-Menet (13)

73. Fabien PAILLOT, « Gens du voyage : les élus inquiets des "grands passages" », *Le Figaro*, 16 avril 2020. URL :https://www.lefigaro.fr/actualite-france/gens-du-voyage-les-elus-inquiets-des-grands-passages-20200416
74. « À Guichainville, une aire d'accueil des gens du voyage pour éradiquer les campements sauvages d'Évreux », *op. cit.*

interrogée à propos des pollutions et des conditions de vie sur l'aire. Un autre de me dire « nous on connaît tout d'eux, eux ils ne connaissent rien de nous ». Et c'est là que le bât blesse, il n'y a que peu d'espace médiatique réservé à une expression voyageuse libre, une qui se raconte de sa propre position et qui transmet librement ce qu'elle estime important. Le développement de groupes *Facebook* (très suivis) par et pour les Voyageurs est l'illustration de ce besoin, de plateformes qui racontent le réel des Voyageurs vu par eux-mêmes et non par les Gadjé. Récemment j'ai eu la chance de travailler avec l'Agence des Quartiers qui forment des jeunes journalistes issus de quartiers prioritaires de la ville et qui ensuite viennent travailler dans des agences de presse implantées directement dans les quartiers. L'angle des sujets est radicalement différent et vient questionner la légitimité de rédactions parfois déconnectées de certaines réalités, à l'image du traitement médiatique des banlieues depuis plusieurs décennies[1]. L'enjeu aujourd'hui se situe peut-être là, faire une place parmi les journalistes à de jeunes Voyageurs, de jeunes Rroms, Gitans, Manouches, Sinté ou Yéniches. Et peut-être que cela ne suffira pas, peut-être conviendra-t-il de créer nous-mêmes ces opportunités.

Alors les mots de la réalisatrice Alice Diop résonnent : « On ne peut plus se contenter de ce qui est produit dans et par le centre »[2].

1. Mame-Fatou Niang, *Identités françaises : Banlieues, féminités et universalisme*, Brill/Rodopi, 2019.
2. Mame-Fatou Niang, *op. cit.*, p. 3.

L'UTOPIQUE

Fonction de l'utopie politique : éclairer le secteur de ce qui mérite d'être détruit.
Walter Benjamin[3]

Résister

Au bord de l'Isère à Villard Bonnot (38) il y a une aire d'accueil, tout en bas de la ville, au fond de la zone, il y a un énième parking. Quelques chalets signalent la présence de personnes sédentarisées sur l'aire. Elle répond aux mêmes canons architecturaux que les autres : blocs de béton, goudron et grillage. En front il y a une pancarte jaune, dessinée à la main, il est possible d'y lire « ici rempaillage de chaises ». Ici, au fond de la zone, dans un lieu où peu d'habitants passent, il y a un rempailleur qui perpétue un savoir-faire ancien. La présence de cette pancarte est presque anachronique dans ce décor froid, dur, gris, sans fioritures, un lieu fait pour être quitté, mais où se sont installés plusieurs ménages. De cette simple vue il paraît possible d'entamer une nouvelle monographie, celle du rempailleur de chaise qui tient son savoir du « temps des chevaux » et l'exerce désormais au temps du béton et du grillage. Celui qui en moins d'un siècle est passé du « camp volant », au camp d'internement, puis à l'aire d'accueil.

Début janvier 2021, une fonctionnaire d'un Casnav[4], qui s'occupe d'élèves du Voyage me dit au téléphone : « Avec mes élèves nous avons visité le camp de Rivesaltes, il y avait une présentation sur l'internement des nomades, je lisais en silence, mais j'étais perturbée. J'écoutais les traitements et je me disais, mais ça, c'est toujours d'actualité, ça, ça n'a pas changé et ça, c'est ce que je vois tous les jours ». La comparaison est maladroite, mais difficile de ne pas voir de continuité, une constance dans le traitement, mélange d'idéologie et d'effet d'aubaine. Les deux ne s'opposent pas, ils se nourrissent l'une de l'autre. Car parvenir au « gens du voyage », à celui dont l'intégration puis l'assimilation passent par la voie de la sédentarisation, requiert à la fois une

3. Walter BENJAMIN, *Baudelaire*, Édition établie par Giorgio AGAMBEN, Barbara CHITUSSI et Clemens-Carl HÄRLE, La Fabrique, 2013.
4. Centre académique pour la scolarisation des élèves allophones nouvellement arrivés (EANA) et des enfants issus de familles itinérantes et de voyageurs (EFIV).

base idéologique et des effets d'aubaine. Restreindre le Voyage aux aires, élargir le champ de l'expulsion et du stationnement illégal, durcir le droit de l'urbanisme, astreindre à un statut, conduit à un effet d'aubaine : on accompagne le « volontaire à la sédentarisation » qu'on a préalablement, par l'accumulation de pratiques et de contraintes légales, conduit à ce « choix ». Un choix d'Hobson, celui à une seule option, à prendre ou à laisser.

Mais il ne faut pas croire que tout cela se passe sans luttes. Être préparé au conflit est inhérent au Voyage. Il faut attendre l'arrivée des *clisté*[5] après chaque installation, se préparer aux élus hostiles, aux épandages de lisier, à déplacer les pierres qui bloquent les chemins, à ouvrir des places qui, pourtant prévues pour l'accueil, restent porte close. La préparation au conflit c'est partout, dans les administrations, à l'école, dans le voisinage, on fait face aux pétitions de riverains qui demandent un départ, à l'éducation nationale incapable de répondre aux besoins des enfants Voyageurs ou aux difficultés d'accès au droit. La bataille est quasi-permanente, il faut lutter pour l'accès à l'eau, lutter pour l'accès à l'électricité, lutter pour l'accès au stationnement, lutter pour l'accès à l'éducation, à la santé ou au travail. Il faut encore lutter pour obtenir une attestation de résidence sur les aires, indispensable pour les démarches administratives ou s'inscrire à l'école. Pour certaines familles précaires qui n'ont plus les moyens de voyager, l'enchaînement des expulsions d'aires (en raison des fermetures administratives ou d'incapacité de payer les droits de stationnement, l'eau ou l'électricité) et d'emplacements illégaux, constitue un processus de marginalisation inextricable. En fait c'est assez simple, si l'on ne résiste pas il n'y a plus de Voyage.

Mais la résistance n'est pas toujours visible, souvent elle se joue dans l'évitement. Elle compose surtout avec le silence. En décembre 2020 un habitant d'aire me transmet un document, une lettre envoyée par le gestionnaire privé de l'aire d'accueil. Lui, en situation de handicap réclame un aménagement spécifique de ses toilettes, il veut passer du toilette à la turque à la cuvette. Mais pour accéder à sa demande le gestionnaire lui réclame de prouver son « appartenance aux gens du voyage (Manouches, Tziganes, ou autres...) ». Ça n'a aucun rapport, ça sert à faire traîner les choses. C'est surtout une des vieilles ficelles, un fichage ethnique hérité du temps des carnets de circulation, mais qui existe toujours dans cette collectivité. À la demande de l'intéressé, j'en tais le nom. Mais je garde le courrier avec le tampon du gestionnaire, précieusement. Nous avons publié ce document

5. Policiers.

sur les réseaux sociaux : après plusieurs centaines de réactions sur *Twitter* durant tout un week-end, le gestionnaire est arrivé le lundi matin sur l'aire d'accueil, paniqué et en colère. Les toilettes sont accordées, mais désormais la famille a peur, elle ne veut pas de conflit avec la collectivité ou l'entreprise de gestion, il faut effacer le tweet. Le document méritait au moins une saisine du défenseur des droits et de la Cnil, mais il restera anonyme.

Les processus de réduction au silence sont très nombreux et s'appliquent en priorité aux collectifs les plus précaires, ceux qui sont en position de demande face à l'administration. Le plus souvent, ils se concentrent sur un habile jeu de promesses (celles d'accéder à un terrain familial par exemple) et de menaces (celles de ne pas y accéder).

Mais l'organisation du silence est loin d'annihiler toute forme de résistance. Lise Foisneau utilise le terme de « résistances voyageuses »[6] pour décrire l'ensemble de ces actions contemporaines qu'elle inclut dans un long processus de résistance aux assignations légales et notamment à l'internement pendant la Seconde Guerre mondiale. Dans un article intitulé « Résistances voyageuses : un long combat », elle décrit à partir de ses observations les différentes stratégies mises en œuvre par les Voyageurs pour échapper à ces assignations, résistances aux gestionnaires d'aires d'accueil, blocages d'autoroutes ou révoltes suite à des actes de violence policière. Elle décrit aussi toutes ces résistances quotidiennes, ces « tactiques de résistance subtiles pour faire acte de désobéissance sans faire courir de risques à leurs familles ou perdre leur liberté ». Et elles sont nombreuses, souvent appréhendées au prisme de la délinquance, interprétées à partir d'une grille de lecture stéréotypée. Mais le caractère courant et l'efficience de ces pratiques ne favorisent pas toujours la visibilisation de ces luttes. Combien de fois ai-je entendu ou vu des personnes préférer l'arrangement, quitte à accepter certaines concessions, plutôt qu'une lutte frontale qui peut être perçue comme perdue d'avance. La confiance est un luxe, *a fortiori* pour les personnes en situation précaire même lorsqu'elles sont dans leur bon droit. Des décennies de vexation ne s'effacent pas comme ça, pas pour tout le monde.

Pourtant des luttes il y en a eu. Elles ne sont pas enseignées dans les manuels d'histoire, ne font l'objet que de peu de travaux et ne sont souvent connues que de certains Voyageurs. Elles sont un héritage, qu'il apparaît nécessaire de redécouvrir, pour en entretenir le souvenir et s'en inspirer.

---

6. Lise FOISNEAU, « Résistances voyageuses : un long combat », *op. cit.*

Hériter

En 2004, la sociologue Claire Cossée soutient une thèse intitulée « Tsiganes et politique : vers quelles représentations ? Action collective, droits des minorités et citoyenneté »[7] où elle analyse les difficultés de l'émergence de la parole et des revendications des Tsiganes. En France les acteurs et associations « amis des personnes d'origine nomade » ont vu le jour dans l'après-guerre, dans la continuité de la commission interministérielle de 1949 et de la création des *Études Tsiganes* en 1955 et du CNIN[8] en 1960 (qui deviendra l'Unisat, puis l'actuelle Fnasat). Le conseiller d'État Pierre Joint-Lambert, dont nous avons évoqué l'œuvre précédemment, a été un des moteurs de ces « amis ». Pourtant ces acteurs ont essuyé de nombreuses critiques. Ces « amis » se sont mués en interlocuteurs privilégiés des gouvernements et ont servi d'éléments moteurs dans la mise en œuvre des politiques publiques. Il faut attendre les années 1970 et quelques années de pression, pour que les « amis » laissent un peu de place à la parole des principaux concernés.

Dans la même période, porté par plusieurs intellectuels et militants, le mouvement internationaliste Rom émerge en France et en Europe. Il vise à l'unité des « peuples Roms », centre son propos autour de revendications identitaires et recourt volontiers à l'utopie politique. La diffusion de ces idées a pris une ampleur certaine en Europe dès les années 1970, mais n'a pas rencontré le succès escompté en France. Les raisons sont multiples, elles tiennent certainement au caractère exceptionnel de la situation française, où il existe une très grande diversité sous l'appellation « gens du voyage » ce qui complique la réception de ce discours sur un « peuple rom ». Aussi, des recherches récentes montrent les mécanismes déployés par les responsables publics pour annihiler l'émergence de ces revendications identitaires. En 2019 l'historienne Maria Sierra analyse le cas d'un personnage très controversé[9]. Il s'agit de Ionel Rotaru qui, en matière d'utopie politique, n'était pas en reste. Rotaru c'est d'abord un personnage, arrivé de Roumanie

7. Claire COSSÉE, thèse « Tsiganes et politique : vers quelle représentation : action collective, droits des minorités et citoyenneté : analyse comparative France-Hongrie » soutenue en 2004 sous la direction de Jean-François LAÉ, Paris 8. URL : https://www.theses.fr/083061517

8. Comité National d'action et d'information sociale pour les gens du voyage et les personnes d'origines nomades.

9. María SIERRA, « Creating Romanestan : A Place to be a Gypsy in Post-Nazi Europe », *European History Quarterly,* 2019;49(2):272-292. URL : https://journals.sagepub.com/doi/full/10.1177/0265691419836909

en France dans les années 1950, il se proclame « chef suprême et spirituel du peuple tzigane » en 1959[10] et se fait appeler Vaida Voeivod III. Il est partisan de la création d'un État qu'il appelle Romanestan et qu'il situe tantôt vers Israël, tantôt dans une île du Pacifique ou en Somalie[11]. Très tôt le personnage a été attaqué et sa « tsiganité » remise en cause dans des charges très violentes notamment par le Père Fleury, aumônier national des Gitans et Tsiganes, dans les colonnes du journal *Le Monde* en 1961[12]. Maria Sierra démontre que Rotaru est étroitement surveillé par les renseignements généraux qui dès les années 1960 émettent des notes où l'on peut par exemple lire « garçon très intelligent, mais paresseux et d'une probité douteuse »[13]. Dans les années 1960, Rotaru crée la « Communauté mondiale des Gitans », qui selon l'historienne aura contribué (avec d'autres associations civiles) à exercer une forme de pression pour qu'un processus de révision de la législation s'engage en France à l'égard des « nomades ». L'action de Rotaru n'était pas vue d'un très bon œil par Pierre Join-Lambert, président de la commission interministérielle de 1949 qui comme le rappelle l'historienne, de sa création à 1965 ne s'est réunie que cinq ou six fois et n'aura « permis de parvenir à aucune réalisation pratique »[14]. Pierre Join-Lambert partisan d'une « assimilation respectueuse »[15] des « personnes d'origines nomades » et de leur relèvement comme « homme moderne »[16], souhaite neutraliser Rotaru qui prône un nationalisme Tsigane que ne peut accepter le conseiller d'État. Ce sera chose faite dans les années 1970 où Rotaru se trouvera peu à peu marginalisé, au profit de l'émergence d'autres

10. Jean-Pierre LIEGEOIS, invitation « Coronation of "Vaïda Voevod" », 1959. URL : https://www.romarchive.eu/en/collection/coronation-of-vaida-voevod/

11. « La communauté mondiale des gitans réclame un territoire en Somalie », *Le Monde*, 26 juin 1967. URL : https://www.lemonde.fr/archives/article/1967/06/26/la-communaute-mondiale-des-gitans-reclame-dil-territoire-en-somalie_2634883_1819218.html

12. K. CHRISTITCH, « Les gitans de France ne veulent ni d'une île, ni d'un roi », *Le Monde*, 29 décembre 1961. URL : https://www.lemonde.fr/archives/article/1961/12/29/les-gitans-de-france-ne-veulent-ni-d-une-ile-ni-d-un-roi_2279916_1819218.html

13. Note de 28.10.1961, renseignement sur Rotaru, Archives Nationales de France, Intérieur, Direction des libertés publiques et des affaires juridiques, Nomades-Gens de Voyages (henceforth, ANF-I) [« garçon très intelligent, mais paresseux et d'une probité douteuse »]. Citation *in* María SIERRA, « Creating Romanestan : A Place to be a Gypsy in Post-Nazi Europe », *op. cit.*

14. Note on problems concerning the nomadic populations or those of nomadic origin', February 1967, 6 (ANF-I) [« ne s'est réunie que cinq ou six fois en près de vingt ans. Sa dernière réunion remonte au milieu de l'année 1965 et n'a permis de parvenir à aucune réalisation pratique »]. Citation *in* María SIERRA, « Creating Romanestan : A Place to be a Gypsy in Post-Nazi Europe », *op. cit.*

15. Letters from Join-Lambert to Gouaze, 2.11.1961 and 29.6.1962 (ANF-I). Citation *in* María SIERRA, *ibid.*

16. Pierre JOIN-LAMBERT, « Discriminations raciales et tsiganes », *op. cit.*, p. 25.

personnalités, comme son bras droit jusqu'au début des années 1960 Vanko Rouda, de son vrai nom Jacques Dauvergne, acteur majeur dans l'émergence de l'Union Romani internationale dans les années 1970. Des intellectuels Rroms ont marqué ces mouvements en France, à l'image de l'écrivain et ancien interné Matéo Maximoff qui a produit une œuvre majeure tant sur le plan littéraire que politique. Il continue aujourd'hui d'être une référence dans les mouvements militants Rroms internationaux qui sont représentés dans les institutions européennes.

L'héritage vient aussi des Voyageurs et notamment des Manouches qui ont développé une lutte centrée sur les droits au Voyage. Ces mouvements se construisent également en opposition aux associations « amis des nomades » déjà existantes. Comme l'écrit en 1982 Dany Peto Manso, il s'agit d'une « reconnaissance à gérer nos propres intérêts » face à des « Associations existantes qui ont trop souvent travaillé pour nous, mais sans nous »[17]. Il est important de se souvenir de ces premières organisations Voyageuses. En 1972 l'ancien résistant manouche Niki Lorier crée avec Marius Lussi et Dany Peto-Manso le « Comité national d'entente des gens du voyage ». Ensemble et pendant plusieurs décennies ils prendront une part active dans la défense des droits des Voyageurs, réussiront à mener des batailles juridiques, ils obtiendront l'inviolabilité pénale d'une caravane servant de domicile ou l'interdiction de limiter le stationnement à moins de 48 h[18], mais aussi organiseront des actions contre les titres de circulation obligatoires comme le 28 mai 1986 où ils rassemblent près de 200 caravanes dans Paris.

L'héritage de ces luttes se traduit de manière paradoxale, elles ont permis l'obtention de droits au prix de longues batailles et de revendications, mais souvent des droits *a minima* au point de créer des situations contre-productives. Dans les années 1990 la revendication d'un « droit à la différence », s'est incarnée dans la mise en place de l'accueil des « gens du voyage ». Ainsi l'accueil est un droit, mais il est aussi un élément central dans « l'équilibre républicain » construit par la loi Besson. Comme droit il implique des devoirs, celui de vivre uniquement dans des lieux prévus pour les « gens du voyage ». Cet équilibre est devenu depuis 2000 une boussole dans l'élaboration des lois et la mise en œuvre des politiques publiques. D'un côté les collectivités construisent des aires, de l'autre les « gens du voyage »

17. « Inauguration du terrain de Trappes, 22 décembre 1981 », *in Études tsiganes*, n°1, 1982. URL : https://gallica.bnf.fr/ark:/12148/bpt6k9677362h/f30.item

18. Conseil d'État du 2 décembre 1983 « Commune de Lille ».

y résident. Mais en pratique il suffit d'écouter quelques heures de débats parlementaires pour comprendre le problème. L'accueil est perçu comme un don, une générosité et une contrainte et les Voyageurs continuent d'être traités de « fléau » dès qu'ils sortent des lieux qui leur sont assignés.

À partir des années 1990, les revendications des associations qui œuvrent en faveur des droits des « gens du voyage » se sont peu à peu restreintes au cadre légal sans jamais réellement parvenir à remettre en cause sa structure. Dès lors, il est devenu difficile de continuer à faire vivre certaines utopies politiques. L'idéal d'équilibre présenté par la loi Besson n'est toujours pas atteint même 20 ans après la loi du 5 juillet 2000. Les réalisations d'aires d'accueil, qui sont pourtant peu ambitieuses dans la mesure où 94 % des communes n'ont aucune obligation en la matière, ne sont toujours pas atteintes. Le parc existant est de piètre qualité, évidemment des réalisations se distinguent et sont érigées en modèle, mais faire l'inventaire des aires c'est aussi constater une succession de terrains spartiates et indigents. La droite parlementaire continue chaque année de proposer des renforts de sanctions pénales contre les Voyageurs leur imputant des défaillances dont l'origine repose sur les collectivités publiques incapables pour la majorité (en janvier 2021 seuls 24 schémas départementaux sont respectés) de respecter la loi républicaine en matière d'accueil. La métropolisation des territoires a également accentué les relégations à grande échelle, puisque la loi permet de prononcer des interdictions de territoire d'une semaine à l'échelle d'un EPCI. Le 19 janvier 2021, les sénateurs ont examiné une proposition de loi du groupe Les Républicains visant à permettre la confiscation des caravanes d'habitation, intégrer les obligations d'accueil aux dispositifs SRU[19], soumettre les Voyageurs à des réservations de place en aire d'accueil en amont de leur venue, rallonger les interdictions de territoire après des installations illégales de 7 à 14 jours et limiter les contraintes légales qui pèsent sur les EPCI qui ne respectent pas la loi. Contraintes déjà faibles, très faibles mêmes, en l'espèce il s'agissait de supprimer le dispositif de consignation pécuniaire qui contraint les EPCI qui ne respectent pas les obligations d'accueil à provisionner des montants qui seront plus tard alloués aux constructions d'aires. D'un côté on demande donc un renfort des sanctions contre les Voyageurs et de l'autre un allègement des contraintes pour les collectivités. Il faut aussi préciser que dans le texte présenté au Sénat, la rapportrice a jugé bon de supprimer une proposition

19. Loi Solidarité et Renouvellement Urbain.

des parlementaires Les Républicains, souhaitant le retour du quota de 3 % de « gens du voyage » domiciliés par communes. En 2021 une partie de la « droite républicaine » a donc tenté la réintroduction de quotas ethniques.

Mais toutes ces propositions législatives, toutes ces positions politiques, font fi des réalités, celles des principaux concernés par les défaillances d'accueil : les « gens du voyage » eux-mêmes. À gauche le mot d'ordre est le respect de la loi Besson, mais personne ne pose de question sur les assignations et les exclusions majeures induites par ce texte. Peu mettent en avant les processus d'assignation spatiale, sociale et même raciale (car il convient d'employer les termes), créés par les manques de terrains. Terrains qui le plus souvent jouissent d'une localisation qui relègue. Qui cherche à comprendre les installations illégales ? Elles peuvent s'expliquer par le manque de terrain, c'est une réalité dans beaucoup de territoires, mais il y a un tabou sur le rejet de l'accueil par certains Voyageurs eux-mêmes. Les simples d'esprit argueront qu'il s'agit de tactiques d'évitement, pour ne pas payer l'eau et l'électricité dans une aire par exemple. Mais qui parmi ceux qui côtoient les Voyageurs peuvent sérieusement penser cela ? Les plaidoyers des associations de défense des « gens du voyage », qu'elles soient « amies » ou composées uniquement de Voyageurs sont parfois bien fades lorsqu'il s'agit de s'exprimer sur les installations illégales. Préférant rappeler le manque de terrain dû au non-respect de la loi par les collectivités, elles semblent s'enfermer dans une forme de piège. Le jour où toutes les aires prévues aux schémas seront réalisées, quel discours tiendront-elles pour expliquer les installations illégales ? Car il ne faut pas se voiler la face, ces pratiques continueront d'exister tant que subsisteront les raisons du rejet de l'accueil tel qu'il existe aujourd'hui. Et il ne suffira pas non plus de reloger toutes les personnes sédentarisées sur les aires.

Si l'accueil est un droit, alors il doit être un droit sur tout le territoire, pas seulement dans les villes de plus de 5 000 habitants, qui par ailleurs peuvent jouir de dérogations. L'immense majorité des communes sont capables de réserver des espaces viables, un carré de terrain et quelques raccords à l'eau et l'électricité. L'immense majorité des collectifs Voyageurs acceptent de couvrir les coûts inhérents à leur présence (consommation et ramassage des déchets). S'il n'y a pas de problème pour construire des aires de camping-car géantes dans les centres-villes, alors il doit être possible de trouver des espaces pour les lieux d'accueil.

L'héritage des luttes semble s'être quelque peu étiolé dans les instances de consultations inhérentes à la mise en œuvre des politiques publiques. Les revendications se font aujourd'hui directement dans des instances de consultations départementales et nationales. Je suis toujours étonné du nombre d'associations de défense des droits des « gens du voyage » où l'on ne croise aucun « gens du voyage ». Il n'est pas question de les rejeter en bloc, elles font pour nombre d'entre elles un travail précieux et agissent avec sincérité, mais le déséquilibre a de quoi interroger. Il y a bien des organisations composées que de Voyageurs, c'est la démarche initiée par le Comité national d'entente des gens du voyage dans les années 1970 et poursuivie par d'autres associations comme l'ANGVC ou France Liberté Voyage, mais on ne peut que déplorer leur faible visibilité, elles qui mériteraient bien plus d'attention que quelques séances de commission consultative par an.

Se référer

Ce sont deux décennies tièdes qui viennent de s'écouler, où toute contestation est étouffée, réduite à un fait individuel ou isolée. Où toute revendication sur la place, le stationnement ou l'habitat est noyée dès lors qu'elle sort du cadre d'assignation légal. Le système d'accueil et d'habitat est présenté comme la seule voie et ses imperfections comme le signe qu'il faut accélérer son développement et tendre vers son achèvement. Deux décennies où la lutte s'est muée en un processus en trois points :

- Construire le système d'accueil et d'habitat des « gens du voyage ».
- Entretenir une forme d'acceptation précaire du Voyage.
- Poursuivre un processus de reconnaissance mémorielle[20].

Deux décennies tièdes qui pourtant ne rendent pas justice aux luttes voyageuses, car celles-ci n'ont jamais cessé. Plus tôt dans l'ouvrage, je regrettais l'impossibilité de présenter une histoire qui sorte de cette longue liste de pratiques et de lois discriminatoires contre les « nomades » puis les « gens du voyage ». Je ne compte plus les fois où j'ai entendu des Voyageurs exprimer une forme de rejet vis-à-vis de cette histoire qui, souvent racontée du point de vue du Gadjo, a tendance à assigner au statut unique de victime. Mais il ne faut pas croire en une passivité des « nomades » ou des « gens du voyage ».

20. En 2016 François Hollande reconnaît l'implication de la France dans l'internement des « nomades ».

En 2019, j'ai ainsi eu la chance de participer au programme Dikh He Na Bister[21] à Cracovie en Pologne, où pendant plusieurs jours en compagnie de plusieurs centaines de jeunes d'origines romani, descendants ou non de victimes, nous avons commémoré le génocide des Roms et Sinté durant la Seconde Guerre mondiale. Outre les visites au *ZigeunerLager*[22] de Birkenau et du camp d'Auschwitz, cette semaine consistait aussi à rencontrer des survivants, parler de résistance, d'antitsiganisme et évoquer l'histoire des luttes et de celles et ceux qui en sont à l'origine. Ce fut une semaine marquante, riche en émotion, aussi parce qu'elle a lieu quelques mois après la mort de Papou qui avait comme obsession que l'internement des « nomades » ne tombe jamais dans l'oubli et qu'un vrai mémorial soit érigé à l'emplacement des lieux d'internement de sa mère.

C'est ici que j'ai rencontré des hommes et des femmes qui aujourd'hui me servent de modèles et qui peuvent être porteurs d'espoir et permettre à de jeunes Voyageurs de se reconnaître dans des figures positives et admirables.

Raymond Gurême

À Cracovie j'ai rencontré une figure de la résistance, un Voyageur français, le regretté Raymond Gurême. Je connaissais la légende, le Raymond interné, le Raymond évadé, le Raymond résistant. Celle de l'homme en lutte, du témoin éclairé, du fédérateur. Celle de l'adolescent réussissant deux fois à s'évader du camp pour « nomade » de Linas-Montlhéry, celle du jeune homme parvenant à s'évader à nouveau des camps de travail allemands. Je connaissais la légende, celle de l'homme risquant sa vie pour détourner un camion de vivres allemand, celle du Raymond apportant de quoi se nourrir, par-dessus les barbelés, à sa famille internée au camp de Montreuil-Bellay.

Bien sûr que je connaissais cette légende, je m'y sentais lié par une histoire familiale, par mes aïeux internés eux aussi à Montreuil-Bellay. Puis j'ai rencontré l'homme, je l'ai écouté déjà, de longues heures. Fin juillet 2019, à Paris, avec les jeunes de la délégation française de Dikh He Na Bister nous rejoignons Raymond accompagné de ses petits-enfants, pour partir vers la Pologne. Nous partons en train, puis en autobus, un voyage de près de

21. Qui signifie « Regarde et souviens-toi » en romanès.
22. Camp des Tsiganes.

dix-sept heures auxquelles s'ajoutent mes précédentes pérégrinations entre Toulon et Paris. Nous avions la possibilité d'y aller en avion, mais Raymond préfère la terre. Raymond n'a pas peur de l'avion, il aime simplement le trajet terrestre qui laisse de longues heures pour discuter avec « les jeunes ». Dix-sept heures où il ne ferme pas l'œil, contrairement à nous tous. Le groupe, composé d'une petite vingtaine, jeunes rroms, voyageurs, gadjé aussi, compose une famille de fait, évidente, accompagnée par ce grand-père calme, drôle et bienveillant. Nous buvons ses paroles, celles de la légende, et Raymond passe de longues heures en retour à nous écouter. On enchaîne les cigarettes, les cafés, les bières aussi, sous son regard bienveillant, et il nous livre son témoignage, son histoire, mais surtout celle des autres. Car Raymond raconte les autres, ceux que justement notre histoire nationale et notre histoire européenne ont soigneusement ignorés pendant des décennies. Raymond raconte son enfance heureuse, ses parents forains, circassiens, leur cinéma ambulant, lui jeune garçon, acrobate, clown, cette vie sur le Voyage et faite de petits bonheurs.

Puis Raymond raconte sa guerre, le transfert au camp de rassemblement pour « nomades » de Darnétal à partir du 4 octobre 1940, le choc d'y voir son père, ancien combattant de la Grande Guerre, avili, arrêté et gardé dans un camp par des Français. Le transfert par camion puis par train à bestiaux jusqu'à la gare de Brétigny-sur-Orge le 27 octobre 1940, l'internement au camp pour « nomades » de Linas-Montlhéry. Ses deux évasions, alors âgé de 15 ans. Le choc d'y voir les maltraitances, les nourrissons mourir, la faim qui prend en tenaille. Son emprisonnement à Angers, sa déportation aux camps de travail allemands, mais aussi la façon dont les cheminots français l'y ont aidé à s'évader, son engagement dans la résistance et la fin de la guerre. L'histoire aurait pu s'arrêter là, mais ce qui me marque le plus est la suite, car les horreurs de la guerre, le courage de résister je ne les connaîtrais probablement jamais. Mais la vie de Raymond après-guerre fait écho à celle de ma famille et de milliers d'autres.

Raymond s'installe quelques années après la guerre à Saint-Germain-les-Arpajon (91), en face de la colline qui abritait le camp pour « nomades » de Linas-Monthléry. Il voulait voir, chaque jour, la colline qui lui rappelle ce que la France a fait aux Tsiganes. Dans un entretien en 2015, Raymond disait « Quand je sors de chez moi, j'aperçois la colline du camp. Le soir, quand je vais dormir dans ma caravane, je la regarde aussi. Je suis resté fixé là-bas, ma mémoire aussi. »[23] Sur la colline aujourd'hui il n'y a plus de traces du camp, une installation industrielle y a été construite. Plus de traces, c'est le cas de la plupart des camps d'internement et de concentration pour « nomades ». Si donc les hommes ont effacé les traces, ils ne sont pour autant pas parvenus à les faire oublier. C'est ainsi que le régisseur du camp où Raymond fut emprisonné, un homme cruel qui a laissé mourir des internés, est devenu le maire de Linas de 1948 à 1959. Comme protégé par la République, encore aujourd'hui, son nom est soigneusement oublié sur la page internet présentant l'historique des maires de la ville. Raymond nous explique comment des années plus tard il s'est retrouvé face à face avec les gendarmes qui le gardaient dans le camp, impunis comme tous les autres. Son histoire nous apprend que les discriminations qu'ont subi les « nomades » n'ont jamais cessé, il raconte le harcèlement policier, les violences qu'il a subies jusqu'à l'âge de 89 ans en 2014 où les gendarmes de sa ville pénètrent dans son domicile sans mandat et le frappent à coups de matraque qui lui engendrent de multiples blessures[24]. À Linas comme ailleurs la présence de ces Voyageurs sédentarisés est toujours l'objet de tensions.

Cette figure de la résistance est un modèle, Raymond a témoigné partout en Europe, jusqu'au Parlement européen en 2015[25]. À Cracovie il s'est exprimé aux côtés du révérend Jesse Jackson[26], militant pour les droits civiques des noirs américains et de Romani Rose dirigeant du conseil central des Roms et Sinté allemands figure des luttes des Sinté allemands, dont 90 % ont été exterminés pendant la guerre. Raymond Gurême raconte sa vie et son parcours hors-normes en 2011 dans le livre *Interdit aux nomades*[27]. Il raconte également les difficultés rencontrées pour faire reconnaître son statut d'interné politique. Une demande envoyée en 1983 à l'administration française reste lettre morte jusqu'en 2009, soit près de 30 ans plus tard, où il reçoit sa carte, avec la photographie de 1983. Quel symbole plus parlant pour illustrer l'indifférence d'État ?

Après la publication de son livre, il est fait chevalier de l'ordre des Arts et des Lettres en 2012 pour avoir « contribué à lutter contre les discriminations que subissent encore les Tsiganes dans notre pays, implantés pourtant sur ce

23. https://www.centreavec.be/publication/roms-voyageurs-violences-policieres-et-devoir-de-memoire/
24. « Raymond Gurême victime d'un déni de justice ? », *op. cit.*
25. https://www.facebook.com/justice4RaymondGureme/photos/
26. Militant pour les droits civiques des noirs américains, ancien candidat à l'investiture démocrate en 1984 et 1988.
27. Raymond GURÊME avec Isabelle LIGNER, *Interdit aux nomades*, Calmann-Lévy, 2011.

territoire depuis le XVe siècle, et citoyens français à part entière »[28]. Raymond est décédé le 24 mai 2020 à 94 ans, assez peu d'articles ont fait écho de cette disparition, mais l'œuvre reste pour la postérité et continuera d'inspirer les générations futures. J'espère que les années me donneront raison et que des générations de Français découvriront cet homme hors normes dans leurs cours d'histoire et que l'esprit de résistance que Raymond n'a cessé de partager perdurera encore quelques siècles chez les Voyageurs.

Zijo Ribic

À Cracovie et Auschwitz, j'ai aussi vu la puissance de la réappropriation narrative à l'œuvre. Pour une fois dans ma vie, pendant une semaine entière j'ai écouté ces personnes se raconter, sans être coupées, sans être sommées de s'expliquer sur tel ou tel point de leur vie. Il y avait une succession de parcours hors normes, des jeunes roms de l'Est qui vivent une exclusion sociale et spatiale d'une rare violence, des *Travellers* écossais qui se battent pour leurs droits, des Gitans espagnols, des Manouches français, des Sinté italiens, des Rroms roumains, d'Albanie ou de Suède, mais aussi des survivants du génocide, enfin des génocides. Là, pendant 5 jours j'ai partagé quelques heures d'atelier avec un homme à peine plus âgé que moi, il s'appelle Zijo Ribic, un Rrom de Bosnie. À la fin des 5 jours, j'ai été surpris de le voir désigné comme *speaker* dans un panel de survivants, tous âgés de plus de 80 ans. Il se lève, se rend devant l'assemblée et commence à nous raconter l'objet de son intervention. Zijo vient de Bosnie-Herzégovine, d'un village nommé Skočić proche de la ville de Zvornik. Calmement il égraine l'horreur : le 12 juillet 1992, une unité paramilitaire serbe appelée *Simini četnici*[29] a détruit la mosquée de son village, rassemblé 35 personnes rroms, dont toute la famille de Zijo. Ils séparent trois jeunes filles du groupe qu'ils violent et qu'ils réduisent ensuite en esclaves. Ils torturent le reste, puis transportent 27 personnes 10 kilomètres plus loin, dans le village de Šetići. Là, ils assassinent tout le monde, puis jettent les corps dans des fosses préalablement creusées. Ils tuent toute la famille de Zijo, violent sa sœur avant de l'assassiner et fusillent sa mère enceinte et son jeune frère de 2 ans. Zijo,

28. https://fr.wikipedia.org/wiki/Raymond_Gurême

29. Les « Tchetniks » sont des groupes paramilitaires serbes actifs entre 1991 et 1996 notamment en Bosnie-Herzégovine.

alors âgé de 8 ans, est aussi fusillé, mais il survit. Il raconte ensuite comment, gravement blessé, il parvient à s'extraire de la fosse où gisent ses proches.

La chaleur polonaise est écrasante, mais l'ambiance est glaciale, je frissonne de froid, ma nuque est bloquée. En Europe, il n'y a pas si longtemps, à 1 600 kilomètres de Paris, on exterminait encore des êtres humains en masse. Zijo nous explique comment des années plus tard il est parvenu à retrouver et identifier les corps de quatre de ses sœurs et surtout comment aujourd'hui il lutte pour que le souvenir perdure et que les responsables soient traduits en justice. Malheureusement en 2018 la cour d'appel de Belgrade a prononcé plusieurs acquittements des meurtriers, décision dénoncée longuement par le centre de droit humanitaire de Belgrade[30]. L'impunité des criminels tranche avec l'incroyable dignité de Zijo qui explique se battre pour l'avenir de ses enfants et contre l'antitsiganisme qui ronge encore cette région d'Europe.

Au retour de Cracovie, nous prenons le bus direction Paris. À côté de moi est assise M., une jeune fille rrom française qui vit dans une aire d'accueil du nord de la France. Vers trois heures du matin, alors que tout le monde dort, je la vois pensive. Elle me raconte un des ateliers qu'elle a fait un peu plus tôt dans la semaine. Les encadrants lui ont expliqué à l'aide d'un schéma les mécanismes de la haine antitsigane. Une pyramide qui va de la blague raciste jusqu'au génocide. M. me raconte que dans son groupe tous ont coché les cases des blagues et des violences racistes. « Il y en a même un qui a coché la case génocide », elle parle de Zijo. M. me dit qu'elle a peur qu'un jour ça recommence, puisqu'elle aussi a coché presque toutes les cases. À 16 ans elle pense à l'éventualité d'un génocide.

Maintenant, c'est à M. que je pense chaque fois que j'ai envie de tout arrêter.

Rassembler ?

L'injonction au rassemblement procède de l'existence supposée d'une communauté unifiée, qui a les mêmes intérêts à défendre et donc pouvant faire l'objet de synthèse par la voie d'un porte-parole. Pourtant une des caractéristiques des « gens du voyage » et plus particulièrement des Tsiganes

30. « "Sima's Chetniks" acquitted of murder of Roma Civilians in Skočić », Humanitarian Law Center, 03 juillet 2018. URL : http://www.hlc-rdc.org/?p=35341&lang=de

et Voyageurs français réside dans la grande diversité de ses collectifs, ce qui suscite fréquemment des formes de tensions. Les uns qui cherchent à rassembler sur un paradigme identitaire perçoivent cette diversité au mieux comme un élément intracommunautaire et secondaire, parfois même comme un obstacle à toute forme d'organisation commune qui nécessite la reconnaissance d'un « peuple ». Les autres qui cherchent à « s'intégrer » pleinement par la voie légale en visant l'obtention d'une pleine citoyenneté font passer les revendications identitaires au second plan. La valorisation de la richesse par la différence est donc vue comme un moyen de division voire de négation des communs. Cette balance entre identité et citoyenneté est un paradigme sensible qui rend fragile toute forme d'organisation commune.

En France ces deux catégories de revendications ont parfois viré à l'antagonisme entre Rroms et Voyageurs se résumant grossièrement dans les discours à un partage entre l'identité aux Rroms et la citoyenneté aux Voyageurs. Mais une fois l'indigence de la démonstration passée, persiste un malaise résiduel. L'antagonisme est bien réel, je l'ai expérimenté plusieurs fois auprès de responsables associatifs ou de militants. Il s'exprime à divers degrés. Il y a les tenants d'une logique identitaire et internationaliste qui pensent le « peuple rom ». Il y a ceux qui procèdent d'une logique identitaire d'un groupe particulier. Il y a ceux qui procèdent d'une logique identitaire nationale ou « républicaine » et parfois qui n'hésitent pas à recourir à des logiques xénophobes et/ou antitsiganes, par exemple par une forme de rejet des Roms. Une logique rejette l'« étranger » pour marquer une appartenance pleine et entière à l'État-nation et la « communauté nationale ». Je vois ainsi souvent des Voyageurs, eux-mêmes considérés comme d'« éternels étrangers », un « fléau » ou des « intrus » qui expérimentent depuis toujours le rejet ou la mise à l'écart, se mettre à rejeter les Roms sur les mêmes critères.

Certains mouvements tentent la synthèse entre des revendications identitaires et culturelles, européennes et nationales, et des revendications sur les droits liés au Voyage. Mais cette dernière voie n'est pas toujours simple, car elle doit composer avec un environnement politique, médiatique et culturel qui joue de cette opposition entre Roms et « gens du voyage ». J'ai été confronté des dizaines de fois à ces oppositions, de ceux qui veulent rassembler et de ceux qui veulent complètement dissocier les Rroms des « gens du voyage ».

Pour la première fois, j'assiste en 2019 à une réunion ayant pour objectif de créer une exposition autour des métiers exercés par les personnes romani.

Cette exposition est prévue dans un grand musée français. Il y a autour de la table des personnalités très différentes, une majorité de personnes d'origines romani. En face de moi sont assises plusieurs militantes rroms qui viennent de différents pays d'Europe de l'Est. Comme toujours dans ce type de réunion nous en venons à une discussion autour de la terminologie. Je tente d'expliquer qu'en France il est impossible de parler des personnes romani, sans faire écho à la catégorie administrative de « gens du voyage » et que l'antitsiganisme est commun à tous les « gens du voyage » même non romani. De plus une partie des Voyageurs ne se reconnaissent pas dans le terme « Rrom » (même si par ailleurs beaucoup d'entre eux peuvent avoir des origines romani), qu'il y a aussi des Yéniches parmi les Voyageurs, eux ne sont pas Rroms, et qu'il y a même des gens qui descendent de familles gadjé et qui étant sur le Voyage depuis longtemps se considèrent et/ou sont considérés comme Voyageurs. J'explique qu'il existe des antagonismes identitaires forts et que les seuls mots « Rroms » ou « Romani » ne pourront suffire pour l'ensemble des concernés, en tout cas de celles et ceux que l'exposition entend viser. Que dans le contexte français, la forme d'artificialisation identitaire créée par la catégorie de « gens du voyage » a des effets négatifs puisqu'elle tend à effacer l'immense diversité des personnes catégorisées et que finalement, désigner tout le monde sous le terme unique de « Rroms » procède d'une logique similaire. Probablement que je ne suis pas le premier à avoir tenu ce discours, probablement aussi qu'il sera amené à fluctuer en fonction de mes expériences, de mes lectures et discussions. Il n'en reste pas moins que leurs réactions ont été assez vives. Mon discours a été perçu comme une forme d'« antitsiganisme intériorisé », celui d'un Voyageur français qui rejette les Rroms, et associé à une forme de méconnaissance de l'héritage politique des mouvements roms européens.

Autre cas de figure, en juin 2020 j'échange sur le droit à l'eau avec une responsable associative Voyageuse. Elle porte un nom manouche très connu, parle manouche et se dit Voyageuse et Manouche. Je lui fais part de quelques jurisprudences récentes, qui par la voie de référés administratifs ont enjoint des collectivités à permettre un accès à l'eau à des personnes en situation d'habitat précaire, dont des habitants de bidonvilles. Je lui dis qu'il serait intéressant d'explorer cette voie pour les nombreux terrains ou des familles de Voyageurs se retrouvent confinées sans eau courante. Nous échangeons quelques minutes sur le sujet puis elle conclut : « les jurisprudences ont abouti pour les Rroms, mais tu sais bien que pour nous les Voyageurs il n'y a pas d'espoir, c'est toujours pour les mêmes que les choses avancent ». Ce discours xénophobe et antitsigane ne m'a pas surpris et il prend racine dans des pratiques discursives qui tentent d'opposer strictement Rroms et Voyageurs, quand bien même un nombre significatif de Voyageurs peuvent être Rroms ou se considérer (ou être considérés) comme d'origines romani (manouches, sinté, gitans, etc.).

Enfin dernier cas pour illustrer cette complexité, en février 2020 j'échange avec un responsable d'association nationale qui ne laisse aucune place aux revendications identitaires. Il revendique la disparition du terme « gens du voyage » au profit de « citoyen français itinérant » et me déclare : « Manouches, Gitans, Sinté, Rroms, tout ça n'a aucun intérêt, il y a les Voyageurs et les autres et les autres doivent comprendre que les Voyageurs sont comme eux et que la seule différence c'est que les uns vivent dans une maison et que les autres vivent dans une caravane ». Lui aussi met un point d'honneur à être distingué des Rroms, sous-entendu « étrangers ».

Cette question du rassemblement, qui est recherchée depuis l'émergence des mouvements politiques Tsiganes ou Roms des années 1960, se confronte inlassablement aux revendications identitaires. Qui faut-il rassembler, les Tsiganes ou les Roms au sens large ? Les personnes catégorisées « gens du voyage » ? Uniquement les Voyageurs ? Pour quelle lutte commune ?

Par exemple, comment rassemble-t-on sur le sujet des aires d'accueil ?

L'obtention d'aires est un objectif qui s'est développé en même temps qu'une revendication d'un « droit à la différence », dont la réalisation des terrains serait une forme de reconnaissance. Or venir aujourd'hui critiquer l'état des aires d'accueil et plus encore leur fonction peut être source de crispation, car cela revient à reconnaître une forme d'échec. Ce droit à la différence a été en quelque sorte une voie royale pour normaliser une forme de contrôle spatial et social des Tsiganes, qui passe notamment par l'exclusion territoriale du Voyage et des formes d'incitation ou de contraintes à la sédentarisation.

Il y a donc deux débats distincts, un premier sur l'existence des aires d'accueil, qui se concentre sur leur nombre et ne laisse que peu de place aux voies contestataires (celles des Voyageurs qui rejettent les aires d'accueil). Et un second débat sur la qualité et la vocation de ces équipements : faut-il ou non en limiter l'usage aux seuls « gens du voyage » ? Faut-il une gestion publique ou privée, ou des formes d'autogestion ?

Il y a aussi plusieurs types de personnes concernées, celles qui n'utilisent ces équipements qu'une partie de l'année auront intérêt à revendiquer l'augmentation du nombre d'aires. Celles qui vivent à l'année sur les aires d'accueil et circulent d'aire en aire, elles, auront intérêt à revendiquer l'augmentation du nombre d'aires d'accueil et la qualité des équipements et de leurs localisations. Et celles qui y sont sédentarisées et pour qui l'aire d'accueil est devenue une « aire de sédentarisation » auront intérêt à revendiquer l'obtention de terrains familiaux.

Cette somme d'intérêts parfois divergents (en particulier lorsqu'un même terrain accueille des collectifs à l'année et d'autres de passage) rend difficile l'émergence de revendications communes. Dans le cas des pollutions, des effets de relégation ou de la qualité des équipements, la structuration des luttes est rendue possible à la seule condition que l'aire d'accueil visée soit habitée par des collectifs sédentarisés à l'année. La revendication sur l'augmentation du nombre d'aires est quant à elle conditionnée à l'existence de flux importants et d'installations illégales. Quant aux revendications sur les traitements discriminatoires subis sur les aires d'accueil, elles sont contraintes aux rapports de force entre Voyageurs et collectivités. Ces conditions ne sont souvent pas toutes réunies et contraignent un nombre significatif de revendications à une forme d'invisibilisation.

D'autant qu'il existe un facteur majeur dans la neutralisation des luttes : aucun Voyageur de passage ne considère une aire d'accueil comme un terrain à investir. L'aire d'accueil ce n'est jamais un chez soi, mais un équipement public. Finalement y a-t-il un réel intérêt à engager une lutte pour obtenir des conditions viables dans un lieu où l'on est amené à rester quelques semaines ? Est-ce que le prix à payer n'est pas un peu trop élevé ?

De manière pratique la parole des concernés émerge peu. Et lorsqu'elle parvient à percer le plafond de verre de l'espace médiatique, sa portée est souvent limitée. Les canaux de diffusion dans l'espace médiatique national restent peu nombreux pour les Voyageurs et surtout une fois la percée réalisée il convient d'échapper aux biais des journalistes qui ont vite tendance à faire « porte-parole des gens du voyage » le moindre Voyageur interrogé. C'est aussi de cette injonction au rassemblement que naissent les « porte-parole », qui en pratique ne représentent qu'une partie des « gens du voyage » et une partie encore plus infime des Tsiganes (dont une majorité adopte un mode de vie sédentaire). Il semblerait que peu de personnes aient travaillé sur la richesse que représente cette diversité d'opinions et de pensées chez les Voyageurs, pourtant je suis à peu près certain que quelques-uns critiqueront cet ouvrage et il faut s'en réjouir.

Lutter

Pour lutter contre l'invisibilisation, rappeler l'héritage des luttes et offrir de nouvelles perspectives, les résistances et les luttes voyageuses nécessitent parfois une forme d'accompagnement médiatique et organisationnelle, car elles sont nombreuses, mais souvent éparpillées et isolées. L'enjeu des prochaines décennies sera certainement celui-ci, parvenir à rassembler des collectifs isolés et leur offrir une place active dans des mouvements politiques, des associations ou des médias nationaux. En cela, les questions de justice environnementale paraissent incontournables. Trop longtemps ignoré, le sujet majeur des pollutions est un référentiel commun à la majorité des Voyageurs, et il a plusieurs avantages. Communément admise, la nécessité de lutter contre les injustices environnementales permet d'éviter les divisions d'ordre idéologique, elle s'inclut dans un mouvement qui dépasse largement les seuls « gens du voyage » et elle est une porte d'entrée plus large pour aborder les réalités de l'antitsiganisme institutionnel et populaire en France. Les mouvements de justice environnementale ne peuvent ignorer la situation des « gens du voyage » en France tant elle lie intimement les questions de discriminations sociales, raciales et environnementales. Ainsi le recensement des aires d'accueil présenté en deuxième partie d'ouvrage, vient comme un outil qui permet d'illustrer l'ampleur des inégalités environnementales dont sont victimes les « gens du voyage » et je l'espère, servira d'outil de lutte dans un avenir proche.

Ces luttes, dont j'ai eu la chance d'en côtoyer ou d'en accompagner certaines, sont le plus souvent portées par des femmes. La plus emblématique d'entre elles a été menée par le Collectif des femmes de l'aire d'accueil d'Hellemmes-Ronchin[31] (59). Rassemblées en collectif depuis plusieurs années, elles se battent contre les conditions sanitaires et environnementales de leur lieu de vie. L'aire d'accueil isolée du reste de la ville est située aux pieds d'une usine de béton, des centaines de semi-remorques passent chaque jour à vive allure devant l'aire et soulèvent des nuages de poussière qui s'insinue partout. L'aire est voisine d'une concasserie

31. https://www.facebook.com/people/Collectif-Femmes-Lm-Ronchin/100010532415012

ELLEMMES – RONCHIN
0°36’57.6”N 3°05’41.0”E

qui fait un bruit sourd toute la journée. L'aire est aussi particulièrement exposée aux épandages de produits phytosanitaires dans les exploitations agricoles voisines. Bref, il s'agit d'un lieu invivable et cela fait des années que Sue-Ellen Demestre et les autres membres du collectif demandent une relocalisation de l'équipement.

Avec un courage et une abnégation sans faille elles mènent une lutte sur tous les fronts, de la recherche de fédération autour de leur cause, au lobbying politique, de l'organisation de manifestation devant le siège de la métropole Lille Europe (qui comporte sur son territoire quelques-unes des pires aires d'accueil de France), à la réalisation d'un documentaire[32] sur leurs conditions de vie et celles des autres habitants des aires de la métropole Lilloise, le Collectif des femmes d'Hellemmes Ronchin met une claque à pas mal de monde. Elles réussissent à elles seules à mobiliser et diffuser des revendications de justice environnementale et de lutte contre l'antitsiganisme, plus largement que bon nombre d'institutions et d'associations réunies ces quarante dernières années.

À Petit-Quevilly (76) au pied de l'usine Lubrizol, ce sont également les femmes qui se sont mobilisées les premières. J'ai eu la chance de rencontrer Vanessa Moreira Fernandez et de porter avec elle un plaidoyer à l'Assemblée nationale en décembre 2019 alors que nous étions auditionnés par des députés. Elle aussi se bat courageusement contre la métropole de Rouen Normandie, et ce depuis plus d'une année afin d'obtenir la relocalisation de l'aire d'accueil ou la possibilité de s'installer dans un terrain familial.

Les luttes contre les inégalités environnementales s'étendent également aux terrains familiaux. À Nantes (44), à Saint-Rémy-sur-Avre (28) ou aux Arcs-sur-Argens (83) des familles réclament le droit à un environnement sain et à ne plus être reléguées au fond de décharge, de carrière, de crématorium, d'autoroute, d'abattoir, d'usine, de centrale électrique, de piste d'aéroport ou de station d'épuration.

Là, dans ces terrains pollués, dans ces espaces de relégation ethnique se pense l'avenir des Voyageurs, là, des hommes et des femmes n'hésitent pas à mobiliser l'utopie politique comme moyen d'éclairer le secteur de ce qui mérite d'être détruit et de ce qui mérite d'être construit.

32.Collectif des femmes de l'aire d'accueil d'Hellemmes Ronchin, vidéo « Nos poumons c'est du béton ! », 4 juin 2016, URL : https://www.youtube.com/watch?v=uVvTxtEwfco

Prendre place

Lorsque l'on remet en cause le système d'accueil des « gens du voyage » vient toujours une question : quelles sont les solutions alternatives ? Il ne m'appartient certainement pas d'y répondre. Mais il apparaît indispensable d'imaginer les différents modes de réappropriation de l'espace par les collectifs Voyageurs.

Le racisme environnemental dont sont victimes les « gens du voyage » en France est un phénomène majeur qui pourrait faire l'objet d'une commission d'enquête parlementaire. Il y a une nécessité à mesurer et compiler de nombreuses données, évaluer la qualité des équipements d'accueil, l'importance des effets de relégations, les pratiques illégales des gestionnaires d'aires d'accueil, l'importance des nuisances environnementales soumises aux habitants des aires ou encore les stratégies de contournement de l'accueil des « gens du voyage » mises en œuvre par certaines collectivités.

Après plus de 70 ans de politiques de contrainte et d'incitation à la sédentarisation, il est plus que temps de répondre aux besoins des « gens du voyage sédentaires » et d'y répondre correctement. Cela suppose une localisation des terrains qui permette une connexion facile au tissu urbain et qui évite la relégation. Ces conditions doivent être clairement indiquées dans la loi. Il devrait être impossible pour une collectivité de placer une aire d'accueil (qui n'est déjà pas adaptée pour accueillir des personnes sédentarisées) ou un terrain familial au pied d'une usine Seveso ou à 10 mètres d'une autoroute. De la même façon qu'il existe un accompagnement à la sédentarisation, il pourrait exister un accompagnement au retour sur le Voyage pour celles et ceux qui en expriment le souhait.

Une réflexion large sur la nature des espaces d'accueil doit être menée. L'accueil est un droit qui devrait pouvoir être accessible dans chaque commune de France. Les effets d'exclusion territoriale représentent une rupture d'égalité majeure. Plus d'espace d'accueil ne signifie pas pour autant plus d'aires d'accueil, il paraît urgent de repenser les différents modèles d'accueil public. Le fait qu'il existe en France plusieurs systèmes dont le critère de différenciation repose sur l'appréhension ethnique des usagers doit poser question. Comment est-il possible que certains départements possèdent près d'une centaine d'aires d'accueil de camping-car, lorsqu'ils ne respectent pas les prescriptions d'aire d'accueil des « gens du voyage » ? Et que dire des tarifs encore non harmonisés ? Comment se fait-il que certaines aires de camping-car soient gratuites quand l'aire d'accueil est toujours payante ? Comment se fait-il que des campings municipaux continuent d'interdire leur accès aux « gens du voyage » (ou aux caravanes doubles essieux majoritairement utilisées par les intéressés) ? Ne peut-on pas imaginer des espaces d'accueil communs, sans distinction sur la catégorisation administrative ?

Les chantiers sont nombreux. En particulier en matière de droit de l'urbanisme qui, pour les Voyageurs et de nombreuses autres personnes en habitat léger ou mobile, n'est ni plus ni moins qu'un droit de police. L'urbanisme peut être saisi pour organiser le bien vivre ensemble et c'est une perspective de chantier juridique énorme qui mérite d'être mise en lumière. Un travail que réalise actuellement la chercheuse Alice Collin à l'université de Lorient.

En matière de droit toujours, est-il concevable que des collectivités publiques fassent fi en toute impunité de leurs obligations légales ? Il est urgent d'instaurer des mesures de contraintes pour forcer les plus récalcitrantes à appliquer le droit sur l'accueil qui 20 ans plus tard n'est toujours pas pleinement mis en œuvre.

Il paraît également étonnant que les « gens du voyage » faisant pourtant partie des publics les plus fragilisés et localisés dans les parties les plus indigentes des villes ne puissent pas faire l'objet de financement des politiques de la ville.

D'un point de vue juridique, il y a tellement de sujets qui pourraient être abordés. Il y a en premier lieu une nécessité de recourir à la justice pour produire du contentieux qui manque cruellement dans de nombreux domaines qui touchent les « gens du voyage ». Il s'agit donc de réaliser un travail sur l'accès aux droits, à l'aide juridictionnelle, faciliter l'accès à des professionnels formés aux particularités juridiques que rencontrent les « gens du voyage ». Il y a des pans entiers du droit qu'il faut explorer, comme celui du droit à l'eau dont beaucoup de familles sont privées. La possibilité d'accéder aux APL ou à la trêve hivernale pour les habitants des aires d'accueil qui jusqu'à aujourd'hui en sont privés. Cela impliquerait une révision du statut de la caravane. Il y a également un chantier énorme à ouvrir sur l'accès aux crédits et à l'assurance pour les Voyageurs qui subissent des discriminations incompréhensibles.

Il y a tant à valoriser, tant de savoir-faire, de métiers, d'art et d'artisanat, tant de patrimoines. Il y a tant à faire sur l'éducation, l'accès à l'école, la médiation scolaire et les suivis des parcours professionnels. Imagine-t-on un jour la création d'un Bac Voyage, qui formerait aux métiers itinérants ? Car vivre et travailler sur le Voyage requiert des savoirs techniques, qui aujourd'hui ne peuvent s'apprendre qu'auprès des parents et ne font l'objet d'aucune valorisation.

Prendre place requiert aussi de la reconnaissance. Aucune réparation n'a été engagée sur les spoliations de familles « nomades » pendant la Seconde Guerre mondiale. Pendant que les bourreaux des « nomades », le plus souvent des gendarmes français, ont continué à vivre en toute impunité de leurs crimes, recevoir des décorations et toucher leur pension militaire, les « nomades » ont bataillé des années pour recevoir quelques indemnités misérables dues à leur internement.

Que dire de leur histoire qui n'est même pas enseignée à l'école ? Comment espérer une progression sur l'inclusion scolaire des enfants du Voyage sans recourir au symbole fort de l'enseignement de leur histoire à l'école ? Comment expliquer le retard de cette prise en compte quand dans d'autres pays des musées, des mémoriaux, des centres documentaires sont consacrés aux Rroms ou aux Sinté ? En France il y a la médiathèque associative Matéo Maximoff située rue de l'Ourcq dans le XIXe arrondissement de Paris qui fait figure d'exception, il s'agit d'un véritable trésor qui pourrait être un premier point de départ.

En France, quelle est la représentation mémorielle ? Quelques pierres gravées érigées sur le tard, une reconnaissance de la responsabilité de la France dans l'internement qui n'arrive qu'en 2016 et une exposition « Mondes Tsiganes » présentée au musée national de l'histoire de l'immigration en 2018 faite entièrement sans lesdits Tsiganes ? Quels sont les fonds alloués à la recherche en histoire ? Les Voyageurs français font partie de l'histoire de France et d'Europe, leur mode de vie fait partie d'un patrimoine commun, ils représentent au même titre que les autres citoyens une richesse, mais six siècles de présence attestée sur ce territoire n'auront pas suffi à en faire des citoyens comme les autres.

La localisation des aires d'accueil est un symptôme parmi d'autres, savoir où sont les « gens du voyage » c'est interroger la place qui leur est assignée, c'est interroger la place où on les imagine, c'est « l'art de penser dans la tête des autres »[33].

33. Walter BENJAMIN dans son essai sur Brecht : « *le décisif, politiquement, n'est pas la pensée privée, mais, comme Brecht l'a exprimé une fois, l'art de penser dans la tête des autres* ».

Où sont les « gens du voyage » parlementaires ?
Où sont les « gens du voyage » ministres ?
Où sont les « gens du voyage » hauts fonctionnaires ?
Où sont les « gens du voyage » avocats ?
Où sont les « gens du voyage » chercheurs ?
Où sont les « gens du voyage » juges ?
Où sont les « gens du voyage » maires ?
Où sont les « gens du voyage » enseignants ?
Où sont les « gens du voyage » cadres de partis politiques ?
Où sont les « gens du voyage » journalistes ?

LA MÉTHODE

Le stock

Les chiffres sont le nerf de la guerre, il apparaît aujourd'hui impossible de porter un discours sans données quantitatives sur les aires d'accueil des « gens du voyage ». Au moment de Lubrizol nous avons publié collectivement une tribune dénonçant le caractère systémique des localisations des aires à proximité d'installations polluantes. Le jour même, il nous a été rétorqué que notre argument relevait de la démagogie. Il est vrai que nous n'avions pas de chiffre, aucune étude nationale, exhaustive et précise n'avait été faite sur la question des localisations des aires d'accueil et de leur contexte environnemental.

Cette absence de données nationales paraît étonnante, mais elle s'explique. Il existe un écueil constant dans l'appréhension de l'accueil en France, et ce depuis des décennies : la réflexion en termes de stock. En écoutant les acteurs institutionnels et associatifs, les discours politiques ou médiatiques, il apparaît clairement qu'il existe une croyance en un système d'accueil vertueux dont les seuls freins seraient : les collectivités qui ne respectent pas la loi et les « gens du voyage » qui ne respectent pas la loi. Ainsi seul un département sur quatre respecte les prescriptions d'accueil[1], quand de l'autre côté les moyens de répression contre les « campements illicites » sont augmentés. Comme c'est le cas avec la création en octobre 2019 de la cellule déméter au sein de la gendarmerie nationale, qui possède des compétences spécifiques aux « occupations illicites » de « gens du voyage »[2].

Cet antagonisme explique que la production des données sur les aires d'accueil et plus généralement sur les « gens du voyage » ne se soit restreinte d'ordinaire qu'aux seules questions de capacité. Le « stock » devient l'alpha et l'oméga des politiques d'accueil et d'habitat des « gens du voyage ». Les questions relatives au confort de vie, à l'inclusion urbaine, aux modalités

1. Commission nationale consultative des gens du voyage (CNCGDV), avis n° 2019-04, 14 novembre 2019, « sur les articles 14 et 15 du projet de loi relatif à l'engagement dans la vie locale et à la proximité de l'action publique ».
2. Ministère de l'Intérieur, 13 décembre 2019, dossier de presse, « Présentation de "DEMETER", la cellule nationale de suivi des atteintes au monde agricole », *op. cit.*

d'interconnexion entre l'aire et la ville, à l'impact psychologique de l'enfermement dans des lieux éloignés, passent au second plan des priorités. De l'accueil *a minima*.

Les symptômes de cette conception particulière de l'accueil sont réguliers, provenant parfois d'acteurs inattendus comme la commission nationale consultative des gens du voyage (CNCGDV). Depuis 2015 elle est rattachée à la délégation interministérielle à l'hébergement et à l'accès au logement (Dihal). Son rôle est de prendre en compte les « besoins des gens du voyage et leur implication dans l'élaboration et le suivi des politiques publiques les concernant »[3]. Elle est composée entre autres de « huit représentants des associations des gens du voyage » et de « huit personnalités désignées en raison de leurs compétences, dont trois gens du voyage »[4]. Soit un total potentiel de onze « gens du voyage » sur trente-deux membres. Quoi qu'il en soit une minorité de Voyageurs, comme toujours lorsqu'il s'agit de leurs consultations publiques. Ceci explique peut-être pourquoi les avis rendus par cette commission sur les projets de textes se concentrent sur la question du « stock » même lorsque l'objet porte sur un point qualitatif. Un des derniers exemples en date, lorsque la Commission rend son avis sur un décret censé améliorer les conditions matérielles sur les aires d'accueil, elle écrit : « la commission rend un avis favorable avec deux réserves, dont [...] : le souhait du président [de la commission, l'ancien député Dominique Raimbourg] que le projet n'impose pas la mise aux normes des aires d'accueil permanentes construites avant la publication du décret pour maintenir la capacité d'accueil du stock existant [...] »[5]. Autrement dit, ce décret qui a pour vocation d'améliorer les conditions de vie des Voyageurs sur les aires ne doit pas être appliqué aux aires déjà existantes, ce qui signifierait à terme que plus des deux tiers[6] des aires d'accueil françaises échapperaient à cette réglementation. Les aires d'accueil inhumaines peuvent attendre, ce qui importe c'est le nombre de places, que plus un seul « gens du voyage » ne puisse vivre en dehors des terrains choisis pour lui.

Cette logique se retrouve naturellement dans les données produites sur les aires d'accueil. En premier lieu celles des structures institutionnelles ou associatives au niveau local. Les départements sont les premiers producteurs

3. https://www.gouvernement.fr/commission-nationale-consultative-des-gens-du-voyage-4906
4. Décret n° 2015-563 du 20 mai 2015 relatif à la Commission nationale consultative des gens du voyage.
5. CNCGDV, avis n° 2019-04, *op. cit.*
6. Ministère de la cohésion des territoires et des relations avec les collectivités territoriales, « Mise en œuvre des schémas départementaux d'accueil des gens du voyage », 31 décembre 2018.

de données en raison de l'existence de schémas départementaux d'accueil et d'habitat des gens du voyage. Deux grands objectifs sont remplis par les schémas :

- ils prévoient l'implantation et le nombre d'aires d'accueil (pour le passage), de terrains familiaux (pour la sédentarisation) et d'aires de grand passage (pour les grands groupes),
- ils définissent la nature des actions à caractère social destinées aux « gens du voyage ».

Le plus souvent ces chiffres remplissent un objectif quantitatif en tentant de déterminer le nombre de places d'accueil nécessaires par département, et ce en fonction de la présence de collectifs dits « gens du voyage sédentaires » ou de la fréquence et de l'importance des passages des « itinérants » ou « semi-sédentaires ». Des données sont également produites pour fournir des indicateurs en matière de politique sociale (éducation, précarité, santé...).

Il existe également des données nationales, elles sont établies principalement par des institutions comme la Cour des comptes ou les Ministères. Là aussi les rapports offrent des indicateurs usuels, dont l'objectif principal reste de quantifier les besoins pour la mise en œuvre des politiques publiques. Ainsi il est possible de savoir qu'en 2018 existent en France 29 198 places dans des aires d'accueil permanentes, soit 74,8 % du total des prescriptions, ou que seules 1 388 places en terrains familiaux ont été construites[7]. D'autres indicateurs nationaux sont publiés notamment sur les taux d'occupation des aires : seules 55 à 60 % des aires seraient effectivement occupées[8]. Le nombre de places et les taux d'occupation sont les principales données utilisées par les autorités publiques.

Les associations membres de réseaux nationaux partiellement financés par l'État (Fnasat, Asnit, Faset, ANGVC) ou d'initiatives locales, participent-elles aussi à la production de ces indicateurs de stock. La production se concentre sur les chiffres (taux de réalisation, taux d'occupation, nombre d'installations illégales, flux d'itinérants, présence observée des groupes, etc.). Elle peut également être qualitative, ce qui est le cas des données produites sur le taux d'équipement des aires par exemple ou celles relatives aux politiques sociales menées auprès des Voyageurs. Là aussi les schémas

7. *Ibid.*
8. Cour des comptes, « L'accueil et l'accompagnement des gens du voyage : des progrès lents et inégaux, des objectifs à redéfinir », rapport public annuel février 2017.

départementaux en font mention, l'idée étant « d'améliorer les conditions d'accueil des gens du voyage ».

Les données liées à la santé

Périodiquement les Ministères commandent certaines études qui peuvent apporter des indications sur les questions environnementales et de localisation. À titre d'exemple, la Fnasat a lancé en 2019 une étude locale intitulée « La santé des Gens du voyage : étude en Nouvelle-Aquitaine, 2019-2020 ». L'initiative a été lancée suite à l'apparition d'épidémies de rougeoles et d'intoxication au plomb en Charente où près de 48 % des enfants testés sont atteints de saturnisme[9]. L'étude devait s'achever en 2020 et consiste en la distribution de questionnaires aux « gens du voyage » et de rencontres. Elle fait mention des conditions de vie comme facteur aggravant en termes de santé, et relève le mauvais état général des aires, tout comme les précédentes études du même genre (2009[10], 2010[11] et 2013[12]). Une étude de Médecins du Monde menée en 2000, mentionne que l'espérance de vie des « populations tsiganes » est de 15 ans inférieure à la moyenne nationale[13], mais les indicateurs sur cette question restent trop peu nombreux.

C'est surtout à partir de la fin des années 1990 que le sujet de la santé des « gens du voyage » commence à prendre de l'importance. Ainsi en 2000 la revue *Études Tsiganes* publie un numéro spécial intitulé « Tsiganes et santé : de nouveaux risques ? ». Pêle-mêle y sont abordées des questions diverses liées au VIH, à l'assurance maladie, les intoxications au plomb ou encore un article intitulé « Étude exploratoire des représentations de la maladie et de la guérison chez les Manush ». Valéry Levy-Jurin, présidente du réseau français des villes-santé de l'OMS en 2009, relève que « si peu de travaux de recherche existent sur le sujet, des initiatives, des expériences ont lieu

9. Santé publique France, « Saturnisme infantile chez les gens du voyage ». URL : https://www.rencontressantepubliquefrance.fr/wp-content/uploads/2019/06/8-VANDENTORREN.pdf

10. Communauté d'agglomération de Saint-Quentin-en-Yvelines – Acte du colloque santé et gens du voyage 1er avril 2010. URL : https://fnasat.centredoc.fr/doc_num.php?explnum_id=929

11. La santé des gens du voyage. Comprendre et agir. Groupe de travail : Santé des Gens du voyage Réseau Français des Villes-Santé de l'OMS 2009, URL : http://www.villes-sante.com/wp-content/uploads/guide_methodo_sante_gens_du_voyage-1.pdf

12. ASAV, État des lieux des actions de santé menées auprès des Gens du voyage Réseau Fnasat 2012-2013, URL : https://fnasat.centredoc.fr/doc_num.php?explnum_id=851

13. Projet Romeurope « Roms, Sinté, Kalés - Tsiganes en Europe • Promouvoir la santé et les droits d'une minorité en détresse » - Actes du colloque européen des 19 et 20 octobre 2000 à Paris.

chaque jour sur le terrain. Menées par des acteurs divers, institutionnels, territoriaux ou associatifs, ces actions restent malheureusement souvent confidentielles ».

L'autre difficulté dans la production et la diffusion de ces données est l'existence d'effets de stigmatisation par la santé. Les auteurs de ces études et rédacteurs de rapports publics sur la santé des « gens du voyage » n'échappent pas toujours à leurs approches stéréotypées. Ainsi est-il possible de lire, dans un rapport de 2017 téléchargeable sur le site de la préfecture de Nouvelle-Aquitaine : « À quoi est lié le manque d'hygiène chez les gens du voyage ? Quel type d'action serait prioritaire avec ce public ? (prévention, éducation... ?) ». À ces questions est jointe une « grille d'observation hygiène » où les sujets, identifiés par leur numéro de stationnement dans l'aire d'accueil, sont soumis à un contrôle d'hygiène. Les notes vont de 1 à 4, de « très sales » à « très propres », elles viennent évaluer la propreté des cheveux, des mains, des dents, des vêtements et des pieds. Sans mettre en doute l'utilité d'évaluation des besoins en matière d'hygiène, les formulations choisies, l'effet stigmatisant, déshumanisant d'un tel rapport questionne, *a fortiori* lorsque celui-ci est disponible sur internet.

Outre ces limites, le sujet des liens de cause à effet quant à la question de la localisation des aires d'accueil reste marginal dans la production scientifique et administrative. Pourtant une des vocations affichées des aires d'accueil est justement de permettre l'accès à un environnement plus sain pour les Voyageurs. En 2019 un article de Lise Foisneau souligne ce paradoxe : « l'écart » entre les objectifs d'accès à la santé pour les « gens du voyage »[14] et la localisation des aires d'accueil dans des sites pollués et dégradés[15]. Il semble difficile d'imaginer une remise en question profonde des localisations d'aires d'accueil alors qu'elles sont présentées comme une des solutions aux conditions sanitaires précaires. D'autre part, prendre des mesures quant à ce sujet induirait un audit de l'ensemble des lieux d'accueil et un nombre certain de fermetures d'aires pour une remise aux normes ou une relocalisation. Des dépenses que le gouvernement ne semble pas prêt à engager.

14. Mise en avant dans les politiques d'accueil et notamment dans la Loi Besson de 2000.
15. Lise FOISNEAU, « Dedicated Caravan Sites for French Gens du Voyage : Public Health Policy or Construction of Health and Environmental Inequalities ? », *op. cit.*

Racisme environnemental ?

Une étude de 2020 portée par le bureau européen de l'environnement[16] est formelle : la localisation des collectifs romanis en Europe de l'Est démontre une situation de racisme environnemental. Sur plus d'une cinquantaine de terrains d'études, elle démontre comment les relégations publiques de ces collectifs les amènent à coexister avec de nombreuses nuisances environnementales et industrielles. La France n'est pas en reste, Dunja Mijatović, commissaire aux droits de l'homme du conseil de l'Europe a rappelé à l'ordre plusieurs États d'Europe occidentale dont la France, qui durant la pandémie de covid-19 ont fait défaut quant à « l'égalité d'accès à la protection et aux soins pour les Roms et les gens du voyage »[17].

En France aussi il existe une situation « d'inégalité environnementale »[18] systémique. La « présence voyageuse »[19] est de manière générale synonyme d'environnements relégués et pollués. L'existence d'une forme de racisme environnemental semble difficilement contestable et son caractère institutionnel ne peut être écarté en raison de la nature même du système d'accueil. Ce dispositif est national il est strictement encadré par le droit. Il impose des lieux choisis par la puissance publique et ne concerne qu'une catégorie de la population dont la distinction principale en droit est l'« habitat mobile traditionnel ». Un point d'essence, une manière on ne peut plus traditionnelle pour viser les populations dites Tsiganes, qui s'inscrit dans un héritage historique.

- Les localisations des aires d'accueil, terrains familiaux ou des aires de grand passage font l'objet de choix publics. Les schémas départementaux d'accueil et d'habitat des gens du voyage sont approuvés par l'État par un arrêté signé du préfet du département. L'accueil n'est pas ou peu co-construit avec les accueillis, les consultations mises en œuvre

---

16. Patrizia HEIDEGGER, Katy WIESE, « Pushed to the wastelands: Environmental racism against Roma communities in Central and Eastern Europe », Brussels: European Environmental Bureau, 2020. URL : https://eeb.org/library/pushed-to-the-wastelands-environmental-racism-against-roma-communities-in-central-and-eastern-europe/
17. Conseil de l'Europe, Commissaire aux droits de l'homme, déclaration, 7 avril 2020, URL : https://www.coe.int/fr/web/commissioner/-/governments-must-ensure-equal-protection-and-care-for-roma-and-travellers-during-the-covid-19-crisis
18. Lise FOISNEAU, « Dedicated Caravan Sites for French Gens du Voyage : Public Health Policy or Construction of Health and Environmental Inequalities ? » *op. cit.*
19. Gaëlla LOISEAU, « "On a gagné le campement" – Des formes de la halte aux régimes de négociation de la présence voyageuse », *op. cit.*

au niveau local comme national sont faites *a minima*. Les « gens du voyage » sollicités pour donner leur avis le font au niveau départemental dans des commissions consultatives qui sont composées de 22 à 24 membres, dont seuls 7 peuvent être des « gens du voyage ». Et encore, ces 7 membres peuvent être des « personnalités qualifiées en raison de leur connaissance des gens du voyage »[20]. Autrement dit les principaux concernés sont toujours en minorité et même pas assurés de pouvoir participer. Au niveau national les avis rendus par la commission nationale consultative des « gens du voyage » souffrent des mêmes écueils, les principaux concernés, ceux qui pourraient éventuellement être un jour « accueillis » sont largement minoritaires. Il paraît donc primordial de réinterroger le fonctionnement de ces organes dont le vernis de consultation couvre mal celui de la légitimation.

- Les terrains dédiés répondent à une typologie simple et sont dénombrables : aires d'accueil, aire de grand passage ou terrain familiaux. Il est donc simple de les recenser pour en tirer des statistiques quantitatives et qualitatives.
- Les terrains sont réservés à des collectifs catégorisés par le droit administratif de « gens du voyage » : cette catégorisation juridique est le résultat d'un processus historique visant principalement les personnes appréhendées comme Tsiganes.

Lorsque le 12 décembre 2019 nous intervenons auprès de la mission d'information parlementaire sur l'incendie de Lubrizol, Vanessa Moreira Fernandez, habitante de l'aire d'accueil de Petit-Quevilly en profite pour interroger en fin de séance le député Damien Adam, rapporteur de la mission. Elle lui demande pourquoi son aire d'accueil est localisée entre deux sites Seveso seuil haut, pourquoi les autorités refusent de prendre des mesures de relocalisation d'urgence et pourquoi les « gens du voyage » sont toujours situés à proximité de déchèterie et d'usines ? La réponse du député, embarrassé dans un premier temps, fut lapidaire en conclusion « les terrains ça ne se trouve pas comme ça, il existe une pression foncière qui amène à ces choix de localisation ». Cette réponse est systématique, la pression foncière expliquerait tout, même dans les départements ruraux ? Même en Aveyron, même dans le Puy-de-Dôme, dans le Cher ou en Corrèze ? Comment expliquer la localisation de l'aire de Sourdun ou de

20. Décret n° 2001-540 du 25 juin 2001 relatif à la composition et au fonctionnement de la commission départementale consultative des gens du voyage

Saint-Fargeau-Ponthierry en Seine-et-Marne, toutes deux situées dans des communes rurales, mais néanmoins reléguées aux frontières communales ?

Monsieur Adam, comme beaucoup d'autres, pense en réalité l'accueil comme une gestion de stock. Standardisation des aires d'accueil, surveillance des accueillis, aide financière de l'État aux collectivités en fonction du taux d'occupation, séparation entre l'État concepteur et la collectivité exécutrice, parcellisation de terrain en fonction du nombre d'habitants dans la commune : l'appréhension de l'accueil dans le discours public raisonne comme du taylorisme. Quelle place laisse-t-elle à l'humain ?

Recueillir la parole

C'est de ce constat qu'il convient de partir pour envisager un inventaire critique des aires d'accueil. Sans la parole des accueillis, les chiffres ne veulent rien dire. Qui soupçonne la souffrance d'habitant comme Édouard Guerdener dans l'aire d'accueil de Gex (01), reléguée en dehors de la ville, coincée entre deux sites de carrières et de brûlage de déchets toxiques[21] ? Qui connaît la situation invivable et les maladies chroniques dont sont victimes les habitants de l'aire d'accueil d'Hellemmes Ronchin (59)[22] ? Qui appréhende ce qu'est de vivre dans l'aire de Saint-Menet (13)[23] ? Qui sait pour les rats et l'état déplorable de l'aire d'accueil de Lannion (22)[24] ? Sans la parole des habitants, les chiffres ne disent rien.

Produire de la donnée, non plus pour aider à rationaliser les coûts d'une politique publique, mais pour relever ses dérives, nécessite d'écouter la parole des accueillis. L'inventaire critique des aires d'accueil n'a de sens que dans ce cadre. Les sentiments d'enfermement, de mise à l'écart, d'infantilisation, de harcèlement, de rejet, de perte de repères ne peuvent être connus qu'à la seule condition de recueillir la parole ou d'expérimenter l'accueil en

21. William ACKER, « Dans l'enfer des aires d'accueil des gens du voyage », blog Médiapart, 9 juillet 2020, URL : https://blogs.mediapart.fr/william-acker/blog/090720/dans-lenfer-des-aires-daccueil-des-gens-du-voyage

22. Collectif des femmes de l'aire d'accueil d'Hellemmes Ronchin, vidéo « Nos poumons c'est du béton ! », *op. cit.*

23. Lise FOISNEAU, « Ethnographie des kumpanji de Provence : rencontres, séparations et retrouvailles chez les Roms "Hongrois" », thèse d'anthropologie, Dir. Dionigi Albera, Université Aix Marseille, soutenue le 19 décembre 2018.

24. T. GOURLIN, « Lannion. Les gens du voyage dénoncent une aire d'accueil vétuste », *Ouest France*, 18 septembre 2018. URL : https://www.ouest-france.fr/bretagne/lannion-22300/lannion-les-gens-du-voyage-denoncent-une-aire-d-accueil-vetuste-5973539

tant qu'accueilli. Si ces sentiments ne peuvent être quantifiés, ils ont néanmoins une origine déterminée qui prend racine dans un cadre juridique et historique connu. L'inventaire permet ainsi de mettre en évidence, par la statistique, l'image et le témoignage le caractère profondément contestable de « l'accueil des gens du voyage » tel qu'il est conçu et surtout mis en œuvre en France. L'inventaire permet enfin de sensibiliser une société, productrice d'un antitsiganisme d'État depuis bientôt 200 ans, aux dérives de ses choix et de la confronter à sa gestion de la circulation à travers la mise en place d'un système d'encampement[25].

Les sources utiles à l'inventaire

Il n'existe pas d'inventaire complet de toutes les « aires d'accueil des gens du voyage » en France. Le plus important a été réalisé par l'association ANGVC, mais les localisations demeurent parfois imprécises et l'inventaire reste incomplet. La vocation de l'inventaire de l'ANGVC est de fournir des indications pratiques aux Voyageurs et peut servir pour localiser un nombre important d'aires.

Des données de localisation elles aussi très largement partielles peuvent être trouvées sur le site data.gouv.fr.

Dans tous les cas, pour chaque département il est indispensable de lire entièrement le schéma départemental d'accueil et d'habitat des gens du voyage (lorsque celui-ci ne fait pas défaut), qui rarement offrira une localisation précise, mais énumère au moins les villes ayant obligation d'accueillir et les réalisations d'aires déjà effectives à la date de la rédaction du schéma.

Localiser toutes les aires d'accueil françaises est un travail de fourmi qui nécessite régulièrement de fonctionner par faisceau d'indices, en combinant plusieurs sources :

- Schémas départementaux.
- Inventaires existants.
- Articles de presse : chaque projet d'aire récent fait l'objet d'un article dans la presse locale, souvent il arrive de trouver des aires suite à la couverture d'un sujet annexe.

25. Michel AGIER, *op. cit.*, p.11.

- Pétition anti-aire d'accueil : avec le développement des sites de pétitions en ligne, la majorité des projets d'aire fait l'objet d'une pétition.
- Annonces légales pour les marchés publics : la construction ou la gestion d'une aire d'accueil fait l'objet de marchés publics où parfois des informations sur la localisation de l'aire sont disponibles.
- Les habitants eux-mêmes : qu'ils vivent dans ou à proximité d'une aire apportent des informations précieuses, notamment sur sa localisation, son état, sa gestion, etc.

Quantifier l'isolement

Les choix publics de localisation des aires d'accueil répondent le plus souvent à trois critères :

- Éviter la contestation publique.
- Composer avec la topographie et le développement urbain.
- Construire à moindre coût.

Accueillir représente un risque politique, la présence de « gens du voyage » est souvent impopulaire dans l'opinion publique et les élus locaux l'ont bien compris. De manière systématique chaque projet d'implantation d'une aire d'accueil fait l'objet d'une pétition contre. Le développement de plateformes de pétition en ligne a contribué à rendre largement visibles ces initiatives de riverains angoissés et/ou hostiles. Les arguments d'opposition sont de deux types :

- Lorsque le projet d'aire est situé dans une zone boisée, naturelle, agricole, l'argument écologique est utilisé comme ressort principal.
- Lorsque le projet d'aire n'est pas situé dans l'une de ces zones, l'argumentation se construit alors autour de stéréotypes racistes.

Ainsi une pétition signée par plus de 1 000 personnes, intitulée « NON à l'implantation d'une aire de GRAND PASSAGE des gens du voyage à La Jarne »[26] développe son argumentaire comme suit :

« Ce projet ne représente que des nuisances et n'a aucun intérêt pour notre commune.

---

26. https://www.change.org/p/non-à-l-implantation-d-une-aire-de-grand-passage-des-gens-du-voyage-à-la-jarne

Si ce projet venait à se concrétiser, les habitants de La Jarne devront gérer de nombreux problèmes qui seront en grande partie à la charge de notre petite commune :

– Problèmes de sécurité : incivilité, dégradation.
– Atteinte grave à l'environnement et à l'hygiène :
  - dépôt sauvage d'ordures,
  - excréments,
  - pollution (feu,...)
– Conséquences économiques :
  - dégradation de l'image de La Jarne,
  - conséquences sur les commerces,
  - utilisation intensive des installations sportives et des installations communales existantes avec risque de dégradation,
  - conséquences sur le pôle touristique local (Château de Buzay, golf, centre équestre, accrobranche Vertigo Park).
– Conséquences écologiques :
  - prélèvement du gibier aux alentours,
  - dégradation des cultures,
  - prélèvement sauvage de bois,
  - etc. »

Il est évident qu'en remplaçant les mots « gens du voyage » par n'importe quel autre groupe désigné, l'effet aurait été tout autre. Ici aucun émoi, les commentaires sous la pétition sont tous plus antitsiganes les uns que les autres. Guy pose la question « qui doit payer la note pour ces gens qui, pour la plupart travaillent pas, et comme un fait bizarre, juste au moment de leur départ emportent avec eux les poulets, canards qu'ils nous volent », Marie-France rétorque « nuisances, insécurité, dégradations, dévalorisation de nos propriétés à la vente » et Alexia érupte « Allez Mr le Maire ! Prenez-les chez vous et arrêtez de pourrir la vie des gens intelligents ! ».

« Monsieur le Maire », voilà bien quelques mots qui font froid dans le dos des élus locaux. Mais les habitants n'ont pas encore compris que depuis 2017 la compétence de « l'accueil des gens du voyage » – et donc des choix de terrain – n'incombe plus aux maires, mais aux EPCI. Pourtant les maires connaissent pertinemment l'effet dévastateur sur leur électorat que ce type de projet produit. Ils rivalisent donc d'ingéniosité pour montrer avec quelle fermeté ils s'opposent à ce type de projet ou de manière plus générale à l'arrivée de « gens du voyage » dans leur commune. Ainsi, régulièrement, il est possible d'observer des pratiques incroyables : le maire qui demande aux agriculteurs d'épandre du lisier sur les caravanes[27], le maire qui demande à ses administrés d'organiser une milice contre les « gens du voyage »[28] ou encore celui qui attaque les « gens du voyage » au sabre japonais[29].

Ce rejet massif de « l'accueil des gens du voyage » dans l'opinion publique explique en partie la lenteur et les disparités des réalisations d'aires d'accueil en France. Dix ans après l'entrée en vigueur de la loi Besson de 2000 seules 48 % des aires d'accueil et 26 % des aires de grand passage étaient réalisées[30]. Dans le même temps, l'obligation légale était faite aux « gens du voyage » de vivre dans ces lieux en nombre très insuffisant. Aujourd'hui environ 75 % des prescriptions ont été respectées, mais dans le même temps les objectifs ont été revus à la baisse (-5 %)[31].

Il convient d'avoir ces évènements en tête pour espérer quantifier avec sens l'isolement d'une aire. Pour cet inventaire critique, deux indicateurs sont retenus. L'un permettant d'établir si l'aire est isolée ou non des zones destinées à l'habitation, l'autre apportant une indication sur l'accès au centre-ville (où se situent majoritairement les commerces, écoles et infrastructures) de la commune d'implantation.

---

27. Nicolas BLANZAT, « Menace avec tracteur et tonne à lisier : vive tension à Malemort entre le maire et des gens du voyage », *France Bleu Limousin*, 29 juin 2020. URL : https://www.francebleu.fr/infos/faits-divers-justice/menace-avec-tracteur-et-tonne-a-lisier-vive-tension-a-malemort-entre-le-maire-et-des-gens-du-voyage-1593449105

28. Solani BOURÉBI, « Des associations se mobilisent contre les propos anti-tsiganes d'un maire », *op. cit.*

29. Nicolas GOINARD et Nicolas SIVAN, « Le maire de Wissous condamné pour avoir menacé des gens du voyage avec un sabre », *Le Parisien*, 21 novembre 2018. URL : https://www.leparisien.fr/essonne-91/le-maire-de-wissous-condamne-pour-avoir-menace-des-gens-du-voyage-avec-un-sabre-21-11-2018-7948398.php

30. Conseil général de l'environnement et du developpement durable, « Les aires d'accueil des gens du voyage », octobre 2010. URL : https://www.vie-publique.fr/sites/default/files/rapport/pdf/114000016.pdf

31. Ministère de la cohésion des territoires et des relations avec les collectivités territoriales, « Mise en œuvre desschémas départementauxd'accueil des gens du voyage - bilan au 31 décembre 2018. » URL : https://www.gouvernement.fr/sites/default/files/contenu/piece-jointe/2020/02/dhup_bilan_mise_en_oeuvre_des_sdahgv_12_2018.pdf

Ainsi pour déterminer de l'isolement ou non d'une aire d'accueil, l'inventaire retient un critère principal et obligatoire : la présence de zone d'habitation à proximité directe. Viennent ensuite des indications sur les caractéristiques de l'isolement : hors ville, sortie de ville, limites communales, zone industrielle ou zone commerciale. Une aire d'accueil située en zone industrielle n'est donc pas considérée comme isolée dans le cadre de cet inventaire si elle est à proximité directe de zones habitées. Les indications retenues pour caractériser l'isolement traduisent chacune plusieurs réalités. Une aire située hors ville fait l'objet d'un isolement par l'espace, autrement dit de larges parcelles s'interposent entre l'aire et les premières zones habitées. Elle se distingue de l'aire située en sortie de ville, qui parfois n'est pas considérée comme isolée, mais fait l'objet d'une localisation aux frontières des zones urbanisées. L'aire située en limites communales illustre plusieurs cas de figure : une aire financée par deux communes ou une aire clairement reléguée au plus loin du centre-ville.

Prenons l'exemple du département de l'Ain (01).

L'isolement de l'aire d'accueil de Saint-Denis-lès-Bourg ne fait pas de doute, elle est éloignée des zones habitées. L'aire est également située dans une zone industrielle.

En revanche à Jassans-Riottier, bien que l'aire soit positionnée en sortie de ville, elle reste à proximité des zones habitées. Dans le cadre de cet inventaire, elle ne sera pas considérée comme isolée.

Dans certains cas l'isolement peut paraître évident comme c'est le cas de l'aire d'accueil de Bourg-en-Bresse, située dans une zone commerciale, loin des quartiers d'habitation, mais la présence d'une résidence d'habitation en face de l'aire suffit à ne pas prendre en compte l'isolement.

L'idée est aussi de pouvoir s'adapter aux réalités de la ville en question, cette aire est isolée, mais il existe une forme d'égalité dans le traitement avec les riverains non catégorisés « gens du voyage ». En cas de doute sur l'isolement, celui-ci n'est pas retenu.

Enfin pour chaque aire d'accueil analysée, l'inventaire indiquera la distance et le temps de trajet à pied de la mairie de la commune ou de l'annexe de la mairie la plus proche.

Il est également intéressant de noter que certaines aires sont volontairement situées dans des zones déjà habitées par des « gens du voyage

JASSANS-RIOTTI
45°59'39.4"N 4°45'09.5

sédentaires », c'est le cas par exemple de l'aire d'accueil de Bourges (18), de Maringues (63) ou de Martigues (13). Les arguments retenus au niveau local quant à ces choix sont invariablement les mêmes :

- Les « gens du voyage » ne dérangent pas les « gens du voyage ».
- Installer une aire à proximité de terrains privés de « gens du voyage sédentaires » permet à ces derniers d'accueillir leurs familles.

Ces deux arguments peuvent être fallacieux, d'une part pourquoi les « nuisances » sans cesse mises en avant par les riverains et les maires n'incommoderaient pas de la même façon les « gens du voyage sédentaires » ? Cela revient en somme à dire que les « gens du voyage » ne peuvent vivre qu'entre eux. D'autre part, un grand nombre des terrains que les Voyageurs possèdent ont des surfaces permettant d'accueillir leurs familles de passage. Ce deuxième argument est donc à analyser dans son contexte. Ainsi ces choix de concentration peuvent traduire deux mécanismes antagonistes :

- La volonté de reléguer et concentrer dans une même zone une catégorie de population indésirable.
- La volonté de prendre en compte les besoins locaux des familles concernées.

Pour connaître de quelle logique relève le choix de concentration, il est donc nécessaire d'étudier la situation des familles concernées. Cet inventaire ne prend donc pas en compte cet élément qui nécessiterait une étude à part.

De la même façon l'inventaire ne qualifie pas d'isolée une aire initialement mise à l'écart, puis rattrapée par l'urbanisation dont la construction de nouvelles zones d'habitation. Là aussi cette question nécessite une étude à part.

Quantifier l'atteinte environnementale

L'atteinte environnementale est l'autre grand sujet de l'inventaire. Pour le mesurer il convient d'analyser l'environnement immédiat de l'aire. Les statistiques seront donc minorées puisqu'elles ne peuvent prendre en compte les éléments de nuisances invisibles par vue aérienne. En fonction des témoignages recueillis auprès des habitants des aires, certaines de ces nuisances invisibles peuvent être mentionnées, auquel cas elles seront prises en compte dans l'inventaire.

Les installations caractérisant l'atteinte environnementale retenues par l'inventaire sont les suivantes :

- Installations électriques : centrale électrique, transformateur EDF, lignes haute-tension.
- Station d'épuration.
- Déchèterie ou décharge.
- Carrière.
- Voie ferrée.
- Usine chimique, de béton.
- Concasserie.
- Aéroport.
- Autoroute et route de plus de trois voies de circulation.
- Abattoirs.
- Installation pour sport motorisé (circuit, terrain pour motocross, etc.)

D'autres indications peuvent être fournies, mais ne suffisent pas à elles seules à constituer l'atteinte environnementale, c'est par exemple le cas des stands de tir, des chenils ou des installations dédiées à l'élevage d'animaux, des silos agricoles ou encore des casses automobiles.

Enfin deux éléments sont mis à part :

- À la suite de nombreux témoignages d'habitants et pour en avoir fait moi-même l'expérience, lorsque l'aire est située au milieu d'exploitations agricoles cultivables, l'atteinte environnementale doit être prise en compte. Elle n'est en revanche pas prise en compte lorsque l'aire est entourée d'un talus ou de haies permettant la limitation des poussières et projections de produits phytosanitaires. La majorité des aires jouxtant ces terrains agricoles sont aujourd'hui pourvues de ce type d'aménagement, dans ce cas l'exploitation agricole ne suffit pas à caractériser l'atteinte environnementale.
- Les aires situées à proximité (moins de 500 mètres) d'un site Seveso sont prises en compte et font l'objet d'un classement à part, l'inventaire indique si le site est classé seuil haut ou seuil bas et à quelle distance se situe l'aire.

Statistiques tirées du travail d'inventaire

Les données compilées dans l'inventaire permettent d'établir des statistiques précises sur :

- la part d'aires isolées,
- la part d'aires soumises à nuisances environnementales et/ou industrielles,
- la part d'aires non isolées et non soumises à nuisances,
- la part d'aires voisines d'un site Seveso,
- le temps de trajet moyen à pied pour se rendre au centre-ville (le point de référence étant la mairie ou la mairie annexe),
- la distance moyenne jusqu'à la mairie.

L'inventaire permet également d'avoir une idée précise de l'exclusion des « gens du voyage » au niveau des territoires. Ainsi dans l'Aisne (02) sur 805 communes, seules 8 sont accessibles aux « gens du voyage itinérants », ce qui signifie que ces derniers ne peuvent stationner (et donc vivre) dans 99 % des communes de l'Aisne.

Au 1er janvier 2021, sur les 34 836 communes françaises de métropole, 6 % d'entre elles comptent plus de 5 000 habitants. Ainsi dans l'hypothèse encore très peu probable que toutes les villes de plus de 5 000 habitants finissent par respecter la loi Besson, 94 % des communes françaises resteraient fermées à l'accueil. Il s'agit là d'un cas majeur de rupture d'égalité aux conséquences parfois désastreuses sur la vie des Voyageurs français dont certains n'ont d'autres choix, pour demeurer sur un territoire, que d'alterner les séjours en aire et les installations illégales.

Alors l'inventaire tente au mieux d'illustrer ces réalités. Mais la méthode utilisée a ses limites. L'appréhension de l'isolement est aussi conditionnée par des éléments subjectifs, ainsi il est possible de se sentir isolé dans une zone qui vue du ciel ne le parait pas. Parfois l'aire est positionnée en continuité avec une zone d'habitation, mais la séparation par un cours d'eau ou une infrastructure quelconque isole de fait ses habitants. De la même façon la quantification des atteintes environnementales souffre d'une limite. L'inventaire présenté en seconde partie d'ouvrage comptabilise les infrastructures polluantes visibles du ciel, or une partie significative des pollutions reste invisible. Du ciel, impossible de mesurer la pollution aux particules fines, d'analyser la teneur des sols ou de quantifier l'exposition à tel ou tel polluant. L'inventaire ne prend pas non plus en compte (un élément majeur) l'état des aires dont le délabrement, l'inadaptation et le manque d'entretien (pourtant financé) sont très souvent pointés du doigt par les Voyageurs et les associatifs.

Les résultats du recensement sont donc certainement en deçà de la réalité. Mais même avec ces limites, le caractère systémique de la mise à l'écart et des atteintes environnementales ne souffre d'aucun doute. Il s'agit là de situations anciennes, inscrites dans un continuum de discriminations, dénoncées depuis des décennies par les habitants des aires, connues des Voyageurs, des responsables associatifs, mais aussi des pouvoirs publics.

Les travaux pionniers et récents de Lise Foisneau, la mobilisation et la parole d'habitants des aires et de Voyageurs comme toutes celles et ceux que présente ce livre, et l'inventaire des aires d'accueil contribuent à démontrer l'ambiguïté des discours, des politiques et des dispositifs publics spécifiques aux « gens du voyage ».

Comment peut-on prétendre accueillir, prendre soin et inclure dans des lieux majoritairement inhospitaliers, pollués et isolés ? Quel « vivre ensemble » comptez-vous obtenir en restreignant, en séparant et en regroupant une partie de la population aux seuls espaces indésirables ?

ÉTAT DES LIEUX AU NIVEAU NATIONAL

Nombre d'aires répertoriées	**1358**
Nombre d'aires polluées	**698**
Pourcentage	51 %
Nombre d'aires isolées	**952**
Pourcentage	70 %
Nombre d'aires en Seveso	**40**
Pourcentage	3 %
Nombre d'aires ne subissant ni pollution visible du ciel, ni effet de relégation	**257**
Pourcentage	19 %
• Nombre de communes accueillantes en France	**1255**
• Nombre total de communes en France métropolitaine au 1er janvier 2021	**34 836**
Communes accueillantes	3,60 %

Les données ainsi que le prolongement numérique de ce travail sont accessibles librement à l'adresse : www.editionsducommun.org/ousontlesgensduvoyage

L'inventaire est un outil qui se veut simple d'usage. Il liste par département l'ensemble des aires d'accueil et de grand passage connues. Le lecteur ou la lectrice pourra découvrir la localisation exacte de chacune de ces infrastructures, connaître les caractéristiques de sa position, la présence et la typologie des sources de pollution directes, à l'aide de pictogrammes.

L'inventaire offre des chiffres précis par département sur :

- Le nombre d'aires d'accueil disponibles ;
- La distance moyenne de l'aire à la mairie, ainsi que le temps de trajet à pied ;
- Le taux d'aires isolées des zones dédiées à l'habitat ;
- Le taux d'aires soumises à nuisances ;
- Le taux d'aires dont la localisation est satisfaisante ;
- Le taux d'aires voisines d'un site Seveso ;
- Le taux de communes par département qui disposent d'un espace d'accueil pour les « gens du voyage ».

Quant aux chiffres nationaux, ils sont à analyser avec précaution, car ils ne reflètent pas les disparités entre territoires.

Au 1er janvier 2021, sur 34 836 communes en France métropolitaine, 1 255 disposent d'un espace d'accueil pour les « gens du voyage », soit 3,6 %.

L'inventaire répertorie 1 358 aires d'accueil et de grand passage.

Au moins 952 de ces aires sont clairement isolées des zones d'habitation, soit 70 % du total.

Au moins 698 sont positionnées à proximité directe d'installations polluantes soit 51 % du total. Il s'agit là uniquement des sources de pollutions visibles par vue aérienne et/ou documentées par les habitants de certaines aires.

Au moins 40 aires d'accueil sont à proximité directe d'un site Seveso, soit 3 % du total.

Enfin, seules 257 aires d'accueil ne subissent ni atteintes environnementales visibles du ciel ni effets de relégation par rapport aux zones d'habitation. Soit un total de 19 % des aires d'accueil en France.

Rappelons comme toujours que ces lieux pour les « gens du voyage » sont obligatoires, que leur accès est payant et limité dans le temps et qu'une partie significative fait l'objet d'un encadrement et d'une surveillance permanente, par des agents publics, des sociétés privées ou parfois directement par les polices municipales.

11 2,67 km – 30" ↔ 73 %
55 % 9 % 0 %

00 département

↔

INFORMATIONS SUR LE DEPARTEMENT

Nombre d'aires

Distance et temps mairie moyen

↔ Pourcentage d'aires isolées du tissu urbain d'habitation

Pourcentage d'aires avec nuisances

Pourcentage de communes accessibles

Pourcentage de sites SEVESO

NOM DE LA COMMUNE — 46°19'40.7"N 6°04'30.2"E

Distance mairie en km et en temps
↔ Isolée du tissu urbain d'habitation + caractéristique écrite
Proche du du tissu urbain d'habitation + caractéristique écrite
Nuisance + type de nuisance
Site SEVESO

Accueil PP > accueil de petit passage
parfois en complément d'une aire d'accueil

Accueil GP > accueil de grand passage
parfois en complément d'une aire d'accueil

GEX — 46°19'40.7"N 6°04'30.2"E

↔

GE
46°19'40.7"N 6°04'30.2'

24 — 2,56 km – 31" — ↔ 78 %
61 % — 13 % — 0 %

AMBÉRIEU-EN-BUGEY — 45°58'29.8"N 5°20'51.7"E
2,3 km – 28" — Base aérienne militaire

▶ **AMBÉRIEU-EN-BUGEY** — 45°57'09.7"N 5°20'24.4"E
2,7 km – 32" — Train

BELLEY — 45°45'40.5"N 5°39'48.2"E
2,9 km – 35" ↔ Hors ville

BELLIGNAT — 46°14'25.3"N 5°38'14.8"E
1,4km – 20" ↔ Zone industrielle

BEYNOST — 45°49'12.5"N 4°59'48.0"E
3,7 km – 47" ↔ Hors ville
Autoroute, station d'épuration

LA BOISSE — 45°50'31.1"N 5°02'49.9"E
1,8 km – 23" ↔ Zone industrielle
Installations haute tension, train

BOURG-EN-BRESSE — 46°11'51.7"N 5°15'08.1"E
2,7 km – 34"

BRÉGNIER-CORDON — 45°39'27.0"N 5°36'46.3"E
1,4 km – 16" ↔ Hors ville

01

BRION — 46°09'35.0"N 5°33'10.6"E
1,4 km – 20" ↔ Zone autoroute Autoroute

DIVONNE-LES-BAINS — 46°20'29.3"N 6°08'29.7"E
2,5 km – 31" ↔ Zone d'activité
Station d'épuration

FERNEY-VOLTAIRE — 46°14'30.1"N 6°05'57.7"E
2,4 km – 30" ↔ Zone industrielle Aéroport

GEX — 46°19'40.7"N 6°04'30.2"E
2,5 km – 29" ↔ Hors ville Carrière, décharge

JASSANS-RIOTTIER — 46°05'26.1"N 5°48'55.7"E
1,5 km – 19"

LAGNIEU — 45°51'03.0"N 5°17'54.8"E
7,7 km – 1h36" ↔ Limites communales

MEXIMIEUX — 45°53'42.4"N 5°12'42.5"E
1,8 km – 22" ↔ Hors ville
Déchèterie, exploitations agricoles

MONTMERLE-SUR-SAÔNE — 46°04'16.8"N 4°45'57.0"E
1 km – 3" Sortie de ville

PÉRONNAS — 46°09'59.1"N 5°11'57.4"E

2 km – 25" ↔ Zone d'activité

Δ Exploitations agricoles, usine de béton

PRÉVESSIN-MOËNS — 46°14'58.4"N 6°03'11.4"E

2,8 km – 35" ↔ Hors ville

Δ Centrale électrique, installations haute tension

▶ **PRÉVESSIN-MOËNS** — 46°14'57.1"N 6°03'09.5"E

2,8 km – 35" ↔ Hors ville

Δ Centrale électrique, installations haute tension

▶ **REPLONGES** — 46°18'07.6"N 4°50'47.3"E

3,6 km – 43"

▶ **SAINT-DENIS-LÈS-BOURG** — 46°05'26.1"N 5°48'55.7"E

2 km – 23" ↔ Zone industrielle

Δ Station d'épuration, usine de béton

TRÉVOUX — 45°55'51.8"N 4°47'33.9"E

1,8 km – 22" ↔ Hors ville

VALSERHÔNE — 46°05'26.1"N 5°48'55.7"E

2,3 km – 29" Zone industrielle Δ Déchèterie, train

▶ **VIRIAT** — 46°14'18.7"N 5°16'20.0"E

5,2 km – 1h05" ↔ Hors ville Δ Autoroute

02 aisne

8 — 2,9 km – 38" — 100 %
12,5 % — 0 % — 0 %

BOHAIN — 49°59'16.6"N 3°26'18.5"E
1,6 km – 16" — Sortie de ville

CHATEAU-THIERRY — 49°02'52.6"N 3°22'10.6"E
2,8 km – 39" — Sortie de ville

GUISE — 49°53'38.3"N 3°37'14.8"E
1,1 km – 15" — Sortie de ville

HIRSON — 49°56'15.2"N 4°04'08.0"E
2,6 km – 35" — Hors ville

OGNES — 49°38'07.6"N 3°11'34.0"E
3,3 km – 42" — Limites communales
Δ Exploitations agricoles

SAINT-QUENTIN — 49°51'55.6"N 3°16'55.4"E
2,5 km – 32" — Sortie de ville

▶ **SOISSON** — 49°20'19.8"N 3°17'08.0"E
7,4 km – 1h37" — Hors ville

VILLERS-COTTERÊTS — 49°16'01.6"N 3°05'14.5"E
1,9 km – 26" — Hors ville

CHARMEIL — 46°09'07.0"N 3°24'23.0"E
1,7 km –20" ↔ Hors ville Exploitations agricoles

COMMENTRY — 46°17'11.7"N 2°45'35.2"E
1,6 km – 19" Déchèterie

DOMERAT — 46°22'32.4"N 2°34'07.9"E
3,7 km – 45"

DOMERAT — 46°22'32.4"N 2°34'07.9"E
3,7 km – 45"

GANNAT — 46°04'59.4"N 3°12'18.6"E
2,2 km – 28" ↔ Zone d'activité Train

HAUTERIVE — 46°04'25.2"N 3°26'16.6"E
2 km – 25" ↔ Hors ville

MOULINS — 46°34'26.9"N 3°18'20.8"E
3,1 km – 38" ↔ Hors ville Carrière

MOULINS — 46°34'26.0"N 3°18'28.7"E
3,1 km – 38" ↔ Hors ville Carrière

SAINT-POURÇAIN-SUR-SIOULE — 46°19'11.3"N 3°18'53.9"E
3,7 km – 46" ↔ Hors ville Train

03

SAINT-YORRE — 46°04'47.4"N 3°27'52.4"E
1,7 km – 21" Zone boisée

YZEURE — 46°33'20.9"N 3°22'56.2"E
2,9 km – 36" Hors ville

DIGNE-LES-BAINS — 44°07’00.1”N 6°14’02.4”E

3,1 km – 40” ↔ Hors ville

MANOSQUE — 43°47’34.0”N 5°48’37.5”E

5,7 km – 1h09 ↔ Zone industrielle Autoroute

SISTERON — 44°12’34.1”N 5°55’05.5”E

3,6 km – 46” ↔ Hors ville

05 hautes-alpes

2 · 5,45 km – 1h07 · 50 %
50 % · 50 % · 0 %

GAP — 44°31’14.0”N 6°03’36.4”E
4,8 km – 59” · Sortie de ville · Station d’épuration

GAP — 44°30’57.3”N 6°02’48.7”E
6,1 km – 1h16 · Sortie de ville

3 5,7 km – 1h14 ↔ 66 %
100 % 0 % 0 %

ANTIBES — 43°37’03.1”N 7°06’59.3”E
4,2 km – 52” Autoroute

NICE — 43°41’26.2”N 7°11’26.7”E
10 km – 2h07 ↔ Zone industrielle
Autoroute, usine de béton

VALLAURIS-MOUGINS — 43°35’39.8”N 7°02’47.8”E
3,1 km – 44” ↔ Zone industrielle
Autoroute, déchèterie

07 ardèche

7 — 2,08 km – 27” — 71 %

43 % — 29 % — 0 %

ANNONAY — 45°15’29.8”N 4°40’20.5”E

2,8 km – 39”

AUBENAS — 44°36’40.0”N 4°23’30.2”E

2,5 km – 29”

BOURG-SAINT-ANDÉOL — 44°20’41.5”N 4°38’14.4”E

3,4 km – 42” ↔ Limites communales

Déchèterie, train

GUILHERAND-GRANGES — 44°56’24.4”N 4°51’22.9”E

2 km – 26” ↔ Limites communales Train

LE TEIL — 44°32’35.7”N 4°41’17.7”E

0,9 km – 12” ↔ Zone industrielle

Déchèterie, train

TOURNON-SUR-RHÔNE — 45°02’52.7”N 4°49’58.7”E

2,2 km – 28” ↔ Zone non habitée

LA VOULTE-SUR-RHÔNE — 44°47’53.6”N 4°47’16.3”E

0,8 km – 11” ↔ Hors ville

CHARLEVILLE-MÉZIÈRES — 49°45'28.7"N 4°42'14.4"E
3 km – 38" Autoroute

GIVET — 50°08'57.0"N 4°48'47.7"E
2,1 km – 27" ↔ Hors ville

RETHEL — 49°30'27.5"N 4°23'03.5"E
1,5 km – 20" Train

SEDAN — 49°41'24.0"N 4°55'04.8"E
2,9 km – 38" ↔ Hors ville Autoroute

SEDAN — 49°41'20.2"N 4°55'10.8"E
2,9 km – 38" ↔ Autoroute

VOUZIERS — 49°23'26.9"N 4°40'48.4"E
2,2 km – 27" ↔ Hors ville, zone d'activité
Exploitations agricoles

09 ariège

11 — 2,42 km – 30" — 72 %
45 % — 18 % — 0 %

ARABAUX — 42°58'38.2"N 1°37'14.7"E
2,8 km – 35"

LAVELANET — 42°55'10.0"N 1°50'21.3"E
2,4 km – 31"

MAZÈRES — 43°14'14.5"N 1°40'49.5"E
1,6 km – 20" Hors ville

PAMIERS — 43°07'17.7"N 1°35'53.1"E
1,5 km – 19" Déchèterie

PAMIERS — 43°09'15.9"N 1°37'04.2"E
5,3 km – 1h05 Hors ville Autoroute

RIEUCROS — 43°04'59.1"N 1°45'45.1"E
0,7 km – 8"

SAINT-GIRONS — 42°59'28.9"N 1°09'30.3"E
1,7 km – 22"

SAINT-GIRONS — 42°58'34.7"N 1°07'30.2"E
2,2 km – 28" Zone industrielle
Carrière, station d'épuration

SAVERDUN — 43°14'00.8"N 1°35'43.4"E

2,1 km – 25" ↔ Hors ville

Exploitations agricoles, train

VARILHES — 43°03'59.3"N 1°38'20.0"E

3,1 km – 38" ↔ Zone industrielle Carrière

VARILHES — 43°04'01.6"N 1°38'01.0"E

3,3 km – 41" ↔

10 aube

7 — 2,7 km – 34” — ↔ 86 %
43 % — 14 % — 0 %

BAR-SUR-AUBE — 48°14’32.6”N 4°41’18.7”E
1,8 km – 23” ↔ Sortie de ville

BRÉVIANDES — 48°15’35.8”N 4°07’12.8”E
4,9 km – 59” ↔ Hors ville

MAZIÈRES-LA-GRANDE-PAROISSE — 48°29’57.9”N 3°45’49.1”E
2,7 km – 33” ↔ Hors ville

ROMILLY-SUR-SEINE — 48°30’55.7”N 3°40’52.5”E
3 km – 37” ↔ Limites communales
Exploitations agricoles, train

SAINTE-SAVINE — 48°17’45.6”N 4°01’24.2”E
2,9 km – 36” ↔ Hors ville
Exploitations agricoles

THENNELIÈRES — 48°17’36.9”N 4°09’52.5”E
1,2 km – 15” ↔ Hors ville
Autoroute, site de méthanisation

TROYES — 48°18’18.8”N 4°05’56.9”E
2,9 km – 37”

CARCASSONNE — 43°13’38.7”N 2°22’35.1”E
3,4 km – 41” ↔ Zone d'activité

CASTELNAUDARY — 43°19’42.3”N 1°56’36.2”E
2,6 km – 34” ↔ Hors ville

CRUSCADES — 43°12’40.7”N 2°49’31.7”E
2,8 km – 34” ↔ Limites communales

LÉZIGNAN — 43°12’40.7”N 2°49’31.8”E
5,8 km – 1h11 ↔ Hors ville

LIMOUX — 43°04’20.9”N 2°13’44.9”E
2,7 km – 36” ↔ Hors ville

NARBONNE — 43°10’45.7”N 2°58’01.1”E
4,6 km – 59” ↔ Hors ville 4 voies, train

LA PALME — 42°57’28.9”N 2°59’03.1”E
2,2 km – 27” ↔ Hors ville

TRÈBES — 43°12’27.8”N 2°25’18.2”E
2 km – 27” ↔ Hors ville Train

12 aveyron

10 — 3,4 km – 43” — ↔ 100 %
40 % — 0 % — 0 %

DECAZEVILLE — 44°33’00.0”N 2°15’16.8”E
1,8 km – 27” — ↔ Hors ville

LUC-LA-PRIMAUBE — 44°17’45.9”N 2°32’45.4”E
2,9 km – 34” — ↔ Hors ville

MILLAU — 44°07’51.6”N 3°05’51.3”E
4,5 km – 56” — ↔ Hors ville — Autoroute

▶ **MILLAU** — 44°06’14.9”N 3°01’30.3”E
5,5 km – 1h20 — ↔ Hors ville — Autoroute

LE MONASTÈRE — 44°20’07.0”N 2°35’13.1”E
2,7 km – 22” — ↔ Hors ville

ONET-LE-CHÂTEAU — 44°23’11.1”N 2°36’14.1”E
4,8 km – 1h01 — ↔ Hors ville
Carrière, centrale électrique

RODEZ — 44°21’53.3”N 2°38’15.5”E
4,3 km – 50” — ↔ Rocade

▶ **RODEZ** — 44°21’09.9”N 2°33’24.3”E
1,4 km – 16” — ↔ Zone industrielle

SAINTE-AFFRIQUE — 43°55’42.8”N 2°53’53.2”E
3,9 km - 49” ↔ Hors ville

VILLEFRANCHE-DE-ROUERGUE
— 44°19’57.2”N 2°01’26.4”E
2,9 km - 35” ↔ Zone industrielle
Δ Abattoir, déchèterie

13 bouches-du-rhône

11 — 6,1 km – 1h19 — ↔ 72 %
54 % — 9 % — 9 %

AIX-EN-PROVENCE — 43°27'31.1"N 5°18'17.3"E
18,2 km – 3h48 ↔ Hors ville

AIX-EN-PROVENCE — 43°27'16.4"N 5°18'04.1"E
18,2 km – 3h48 ↔ Hors ville

ARLES — 43°39'48.3"N 4°37'57.1"E
1,7 km – 22" Zone d'activité 4 voies

AUBAGNE — 43°16'43.7"N 5°35'18.6"E
1,8 km – 24" Sortie de ville

BOUC-BEL-AIR — 43°25'26.9"N 5°22'56.1"E
1,2 km – 49" ↔ Zone d'activité

FUVEAU — 43°28'39.5"N 5°33'57.8"E
3,7 km – 44" Station d'épuration

ISTRES — 43°29'23.8"N 4°58'05.0"E
3,8 km – 47" ↔ Hors ville Train

MARTIGUES — 43°23'33.5"N 5°03'06.4"E
1,8 km – 24" ↔ Quartier isolé et réservé aux GDV

MIRAMAS — 43°35'58.4"N 4°59'51.5"E
2,4 km – 31" ↔ Zone industrielle
Autoroute, déchèterie, train

13

SAINT-MENET — 43°17'09.5"N 5°30'30.7"E

2,7 km - 33" ↔ Zone industrielle

Δ Autoroute, décharge, terrain motocross — Site seuil haut

SALON-DE-PROVENCE — 43°36'05.8"N 5°05'48.4"E

5,2 km - 1h04 ↔

14 calvados

22 — 2,45 km – 31" — 95 %
42 % — 5 % — 16 %

BASLY — 49°17'22.9"N 0°24'49.6"W
1,7 km – 21" — Hors ville

BAYEUX — 49°16'16.9"N 0°43'21.9"W
1,8 km – 23" — Hors ville

BRETTEVILLE-SUR-ODON — 49°11'11.1"N 0°25'32.7"W
3 km – 38" — Zone d'activité
Autoroute, décharge, train

CORMELLES-LE-ROYAL — 49°08'47.3"N 0°19'24.7"W
1,7 km – 22" — Limites communales

DIVES-SUR-MER — 49°16'30.2"N 0°05'48.2"W
1,6 km – 20" — Zone d'activité

FALAISE — 48°53'55.8"N 0°12'49.2"W
1,9 km – 25" — Limites communales

FLEURY-SUR-ORNE — 49°08'49.0"N 0°21'39.1"W
1,8 km – 22" — Zone d'activité — 4 voies

GIBERVILLE — 49°11'20.4"N 0°17'44.8"W
1,4 km – 19" — Zone industrielle — Déchèterie

HÉROUVILLE-SAINT-CLAIR — 49°12'53.3"N 0°20'04.5"W
2 km – 25" ↔ Hors ville

HÉROUVILLE-SAINT-CLAIR — 49°11'25.6"N 0°19'11.2"W
6,3 km – 1h16 ↔ Hors ville
Station d'épuration Site seuil haut

HONFLEUR — 49°23'47.4"N 0°15'19.8"E
3,5 km – 49" ↔ Zone industrielle

LISIEUX — 49°08'36.3"N 0°16'23.4"E
3,6 km – 50" ↔ Zone d'activité

MÉZIDON-CANON — 49°05'03.1"N 0°04'09.1"W
2 km – 24" ↔ Hors ville Station d'épuration

MONDEVILLE — 49°10'22.7"N 0°17'59.2"W
2,3 km – 29" ↔ Hors ville

MONDEVILLE — 49°11'07.0"N 0°18'55.9"W
1 km – 13" ↔ Hors ville
Station d'épuration Deux sites seuil haut et seuil bas

ORBEC — 49°01'22.1"N 0°24'00.5"E
0,5 km – 6"

14

OSMANVILLE — 49°20’08.0”N 1°03’39.8”W
1,8 km – 22” ↔ Limites communales
Autoroute, usine d’enrobés

OUISTREHAM — 49°15’23.4”N 0°15’22.1”W
3,6 km – 45” ↔ Hors ville
Déchèterie Site seuil bas

TRÉVIÈRES — 49°18’31.4”N 0°53’35.2”W
0,7 km – 9” Sortie de ville

VARAVILLE — 49°14’58.2”N 0°09’53.0”W
4,6 km – 58”

VILLERVILLE — 49°22’38.7”N 0°07’30.2”E
3,5 km – 49” ↔ Hors ville Déchèterie

VIRE — 48°51’34.6”N 0°52’07.6”W
3,3 km – 40” ↔ Zone d'activité

4 3,8 km – 49” ↔ 50 %
25 % 50 % 0 %

ARPAJON-SUR-CÈRE — 44°52’31.4”N 2°26’49.2”E
3,5 km – 44”

AURILLAC — 44°53’51.0”N 2°25’23.5”E
4,3 km – 55” ↔ Zone d'activité Aéroport

CRANDELLES — 44°58’12.3”N 2°22’47.1”E
3,1 km – 40”

SAINT-FLOUR — 45°01’17.4”N 3°03’22.2”E
4,3 km – 57” ↔ Hors ville

16 charente

12 — 2,8 km – 36" — ↔ 58 %
50 % — 33 % — 0 %

ANGOULÊME — 45°38'21.8"N 0°07'48.0"E
4,4 km – 57" — Zone d'activité — Train

BARBEZIEUX — 45°29'11.1"N 0°07'59.9"W
2,6 km – 31" — ↔ Hors ville
Exploitations agricoles

CHATEAUNEUF-SUR-CHARENTE
— 45°35'40.9"N 0°04'18.1"W
1,8 km – 25" — ↔ Zone industrielle — Carrière

COGNAC — 45°42'19.2"N 0°19'00.5"W
1,5 km – 18"

GOND-POUTOUVRE — 45°41'16.4"N 0°10'30.9"E
2,7 km – 36" — ↔ Zone d'activité, zone industrielle
Usine de béton

L'ISLE-D'ESPAGNAC — 45°39'14.7"N 0°11'25.2"E
1,7 km – 22"

JARNAC — 45°41'38.0"N 0°10'17.5"W
1,5 km – 18" — ↔ Hors ville

► **ROULLET-SAINT-ESTÈPHE** — 45°33'17.8"N 0°00'16.0"W
8,5 km – 1h47 — ↔ Limites communales — 4 voies

ROUMAZIÈRES-LOUBERT — 45°52'58.6"N 0°34'17.8"E
1,6 km – 20"

RUELLE-SUR-TOUVRE — 45°41'14.9"N 0°13'19.7"E
1,7 km – 22" Sortie de ville

SAINT-YRIEIX-SUR-CHARENTE
— 45°41'03.8"N 0°06'18.4"E
3,2 km – 41" ↔ Zone industrielle Δ Déchèterie

SOYAUX — 45°37'56.3"N 0°13'07.8"E
2,3 km – 30" ↔ Zone d'activité

17 charente-maritime

16 — 2,3 km – 29” — ↔ 76 %
35 % — 12 % — 0 %

AYTRÉ — 46°07’29.1”N 1°06’50.0”W
1,2 km – 14” ↔ Hors ville
Exploitations agricoles

DOMPIERRE-SUR-MER — 46°11’02.0”N 1°04’31.1”W
1,1 km – 14”

LAGORD — 46°10’50.4”N 1°08’42.8”W
2,5 km – 31” 4 voies

NIEUL-SUR-MER — 46°12’13.2”N 1°11’02.6”W
2,6 km – 32” ↔ Hors ville

PÉRIGNY — 46°08’45.9”N 1°05’43.9”W
1,1 km – 14” ↔ Sortie de ville

PUILBOREAU — 46°11’38.8”N 1°06’09.2”W
1,8 km – 22” ↔ Hors ville

ROCHEFORT — 45°57’28.2”N 0°56’46.6”W
4,1 km – 51” ↔ Zone d'activité
Autoroute, déchèterie, métalerie, train, usine de béton

LA ROCHELLE — 46°10’21.4”N 1°11’25.7”W
4,5 km – 55” ↔ Hors ville Aéroport

S^T GEORGES-DE-DIDONNE — 45°36'12.0"N 0°58'21.9"W
2,1 km – 28" ↔ Zone industrielle Autoroute

SAINT-JEAN-D'ANGÉLY — 45°56'51.5"N 0°29'39.0"W
2,7 km – 34" ↔ Hors ville

SAINT-PIERRE-D'OLÉRON — 45°56'23.7"N 1°18'59.3"W
0,8 km – 11"

SAINTES — 45°43'35.2"N 0°39'13.5"W
2,9 km – 38" ↔ Hors ville
Autoroute, située sur une ancienne décharge

SAUJON — 45°40'03.9"N 0°56'29.1"W
1,4 km – 17" ↔ Zone d'activité

SURGÈRES — 46°05'29.3"N 0°45'11.8"W
1,7 km – 21" ↔ Hors ville

TONNAY-EN-CHARENTE — 45°57'21.3"N 0°56'00.4"W
4 km – 50" ↔ Zone industrielle

TONNAY-EN-CHARENTE — 45°56'33.8"N 0°52'03.7"W
2,3 km – 29" ↔ Hors ville

18 cher

8 — 3,3 km – 42" — 87 %
25 % — 12 % — 0 %

AUBIGNY-SUR-NÈRE — 47°28'59.4"N 2°25'05.7"E
1,9 km – 24" — Sortie de ville
Exploitations agricoles, train

BOURGES — 47°07'07.2"N 2°25'56.8"E
5,7 km – 1h13 — Hors ville

BOURGES — 47°02'43.4"N 2°27'17.9"E
5,9 km – 1h12 — Hors ville

MEHUN-SUR-YÈVRE — 47°08'31.9"N 2°14'51.5"E
2,5 km – 30" — Hors ville

SAINT-AMAND-MONTROND — 46°42'56.6"N 2°31'22.0"E
1,7 km – 21"

SAINT-DOULCHARD — 47°05'58.3"N 2°19'58.6"E
6,3 km – 1h17 — Hors ville
Déchèterie, usine de béton

SAINT-FLORENT-SUR-CHER — 46°59'06.7"N 2°14'02.9"E
1,6 km – 23" — Hors ville

SAINT-GERMAIN-DU-PUY — 47°05'48.9"N 2°28'08.3"E
1,4 km – 17" — Zone industrielle
Station d'épuration, train

5 — 4,42 km – 58” — 100 %
80 % — 0 % — 0 %

BRIVE — 45°09’47.6”N 1°29’11.5”E
4,5 km – 58” — Zone industrielle — 4 voies, train

MALEMORT — 45°09’55.1”N 1°35’15.5”E
2,7 km – 37” — Hors ville

ST PANTALÉON-DE-LARCHE — 45°09’58.0”N 1°27’57.4”E
4,3 km – 53” — Zone industrielle
Incinérateur, station d’épuration

TULLE — 45°17’38.3”N 1°46’34.5”E
3,9 km – 55” — Zone boisée — Déchèterie

USSEL — 45°30’55.8”N 2°15’41.1”E
6,7 km – 85” — Zone d'activité
Autoroute, usine de béton

20 corse

3 5,53 km – 1h10 100 %
100 % 0 % 0 %

AJACCIO — 41°55’57.8”N 8°48’11.7”E
7,5 km – 1h33 Zone industrielle
Aéroport, station d’épuration

CALVI — 42°32’22.4”N 8°47’51.3”E
6,4 km – 1h20 Zone industrielle
Aéroport, centre de recyclage

PROPRIANO — 41°39’41.4”N 8°55’01.5”E
2,7 km – 36” Zone d'activité
Centrale électrique

CHEVIGNY-SAINT-SAUVEUR — 47°18'14.3"N 5°06'19.1"E
2,8 km – 36" ↔ Hors ville

DIJON — 47°18'17.3"N 5°04'17.5"E
3,7 km – 47" ↔ Zone industrielle
Chaufferie biomasse

DIJON — 47°18'21.1"N 5°04'31.0"E
3,7 km – 47" ↔ Zone industrielle
4 voies, chaufferie biomasse

GENLIS — 47°13'56.7"N 5°14'31.4"E
2,2 km – 27" ↔ Zone industrielle
Déchèterie, train

MONTBARD — 47°37'47.5"N 4°21'40.9"E
2,2 km – 31" ↔ Hors ville

22 côtes-d'armor

18 — 2,54 km – 33" — ↔ 66 %
44 % — 28 % — 0 %

HILLION — 48°31'02.3"N 2°40'10.7"W
0,6 km – 7"

LAMBALLE — 48°27'23.2"N 2°30'47.5"W
1,6 km – 22" ↔ Hors ville Autoroute

LANGUEUX — 48°29'14.2"N 2°41'03.3"W
2,8 km – 33" Zone industrielle
Déchèterie, station d'épuration

LANNION — 48°45'37.4"N 3°27'33.1"W
3,8 km – 52" ↔ Zone industrielle

LANNION — 48°43'53.7"N 3°25'08.3"W
3,4 km – 46" Sortie de ville

LOUDÉAC — 48°11'03.6"N 2°47'06.0"W
2,8 km – 35" ↔ Hors ville

PAIMPOL — 48°45'55.4"N 3°03'28.2"W
1,9 km – 25" ↔ Zone industrielle

PLÉDRAN — 48°27'05.0"N 2°43'56.9"W
1,4 km – 17" Sortie de ville

PLÉRIN — 48°32'29.2"N 2°50'04.4"W
5,3 km – 1h07 Sortie de ville, limites communales

PLOUFRAGAN — 48°29'08.4"N 2°48'19.1"W
1,2 km – 16" ↔ Sortie de ville

PLOUMAGOAR — 48°33'06.8"N 3°07'30.8"W
1,6 km – 21" ↔ Hors ville △ Autoroute

PORDIC — 48°32'55.2"N 2°48'11.4"W
3,3 km – 40" ↔ Zone industrielle △ Déchèterie

▶ **PORDIC** — 48°32'38.1"N 2°50'09.5"W
3,9 km – 49" ↔ Hors ville △ Autoroute

QUÉVERT — 48°26'39.1"N 2°05'36.0"W
3,5 km – 46" ↔ Hors ville

▶ **SAINT-AGATHON** — 48°32'53.2"N 3°05'46.7"W
1,5 km – 19" ↔ Hors ville △ Autoroute

SAINT-BRIEUC — 48°30'38.2"N 2°44'05.4"W
2,7 km – 35" Zone d'activité △ Déchèterie

TRÉGUEUX — 48°28'43.5"N 2°45'54.9"W
2,6 km – 34" ↔ Hors ville

22

TRÉLIVAN — 48°26'37.2"N 2°06'40.1"W

1,9 km – 24" ↔ Zone industrielle

4 voies, aérodrome, déchèterie

2 — 1,9 km – 23” — 50 %
50 % — 0 % — 0 %

GUÉRET — 46°10’56.6”N 1°53’29.2”E
2,4 km – 29” — Zone d'activité

LA SOUTERRAINE — 46°14’57.4”N 1°29’05.2”E
1,4 km – 17” — Sortie de ville — Train

24 dordogne

15 2,9 km – 37” ↔ 93 %
60 % 7 % 13 %

BERGERAC — 44°51’13.4”N 0°31’29.7”E
3,4 km – 43” ↔ Zone industrielle
Déchèterie, train Site seuil haut

BERGERAC — 44°50’59.8”N 0°31’34.0”E
3,4 km – 43” ↔ Zone industrielle
Déchèterie, train Site seuil haut

BOULAZAC — 45°09’26.2”N 0°46’49.1”E
1,7 km – 21” ↔ Zone d'activité

CHANCELADE — 45°13’43.3”N 0°40’47.5”E
3,3 km – 41” ↔ Limites communales

COULOUNIEIX-CHAMIERS — 45°09’51.1”N 0°42’48.3”E
5,2 km – 1h08 ↔ Hors ville

MARSAC-SUR-L’ISLE — 45°11’05.2”N 0°39’21.7”E
1,9 km – 23” ↔ Zone industrielle
Dépôt BTP, train

MONTPON-MÉNESTÉROL — 45°00’15.7”N 0°08’11.7”E
2,2 km – 28” ↔ Hors ville Train

NOTRE-DAME-DE-SANILHAC — 45°08'35.6"N 0°40'55.2"E
6,3 km – 1h20 ↔ Hors ville
Autoroute, centrale électrique

PORT-SAINTE-FOY ET PONCHAPT — 44°50'26.5"N 0°10'44.3"E
2,9 km – 36" ↔ Hors ville

RAZAC-SUR-L'ISLE — 45°10'39.9"N 0°37'03.2"E
2 km – 25" ↔ Limites communales Train

RIBÉRAC — 45°15'21.2"N 0°19'32.3"E
2 km – 25" Sortie de ville Centrale électrique

SAINT-ASTIER — 45°07'55.8"N 0°32'04.1"E
2,4 km – 30" ↔ Hors ville

SARLAT-LA-CANÉDA — 44°54'19.3"N 1°11'27.3"E
3,7 km – 53" ↔ Hors ville Déchèterie

SIORAC-EN-PÉRIGORD — 44°49'21.0"N 0°58'21.6"E
1,4 km – 17" ↔ Hors ville Déchèterie

TRÉLISSAC — 45°12'05.4"N 0°48'05.8"E
2 km – 25" ↔ Zone industrielle Aéroport

25 Doubs

18 · 1,8 km – 23" · ↔ 39 %
44 % · 39 % · 0 %

ARBOUANS — 47°29'05.7"N 6°48'53.2"E
1,3 km – 16" · ↔ Zone industrielle
Station d'épuration

AUDINCOURT — 47°28'48.2"N 6°51'59.9"E
2,2 km – 29" · ↔ Hors ville

BAUME-LES-DAMES — 47°21'24.6"N 6°19'59.7"E
2,5 km – 36" · ↔ Hors ville

BESANÇON — 47°13'25.8"N 5°59'06.8"E
3,9 km – 48"

CHAMPAGNEY — 47°14'41.6"N 5°53'50.5"E
2 km – 27" · ↔ Hors ville · Autoroute

GRAND-CHARMONT — 47°31'46.8"N 6°48'58.9"E
0,9 km – 11"

MAÎCHE — 47°14'45.6"N 6°47'01.2"E
1,7 km – 22" · Sortie de ville · Déchèterie

MAMIROLLE — 47°12'01.1"N 6°08'20.0"E
2,1 km – 24" · ↔ Hors ville · Autoroute

MANDEURE — 47°26'49.1'N 6°47'32.0'E
1,8 km – 22" · Limites communales · Centre recyclage

MONTBÉLIARD — 47°31'06.8"N 6°47'55.0"E
1,1 km – 14"

MORTEAU — 47°03'00.8"N 6°35'37.1"E
1,3 km – 15" Train

PIREY — 47°15'51.4"N 5°58'48.3"E
1,5 km – 19" ↔ Hors ville Déchèterie

PONTARLIER — 46°54'07.9"N 6°20'23.2"E
1,8 km – 23" Zone d'activité

PONTARLIER — 46°54'07.9"N 6°20'23.2"E
1,8 km – 23" Zone d'activité

SAÔNE — 47°12'53.9"N 6°08'06.5"E
1,8 km – 25" → Hors ville

THISE — 47°16'15.2"N 6°04'58.3"E
2,2 km – 27"

VALDAHON — 47°09'07.8"N 6°20'05.4"E
1,2 km – 14"

VALENTIGNEY — 47°27'20.0"N 6°48'59.8"E
1,8 km – 23" Sortie de ville

26 drôme

9 — 3,9 km – 50" — 89 %
78 % — 0 % — 11 %

BOURG-LÈS-VALENCE — 44°58'38.8"N 4°53'00.4"E
4 km – 51" — Hors ville
Autoroute, train

LORIOL-SUR-DRÔME — 44°44'29.6"N 4°48'13.2"E
2,2 km – 27" — Zone industrielle — Déchèterie

MONTÉLIMAR — 44°33'22.4"N 4°42'45.5"E
3,8 km – 50" — Hors ville

NYONS — 44°21'19.2"N 5°08'18.2"E
0,9 km – 12" — Hors ville

PORTES-LÈS-VALENCE — 44°52'20.9"N 4°51'50.1"E
9,2 km – 1h55 — Zone industrielle
Autoroute, station d'épuration

ROMANS-SUR-ISÈRE — 45°02'44.6"N 5°05'49.6"E
3,9 km – 50" — Zone industrielle — Déchèterie

SAINT-RAMBERT-D'ALBON — 45°16'34.4"N 4°49'01.0"E
2 km – 24" — Zone industrielle
Exploitations agricoles, station d'épuration, train

VALENCE — 44°53'52.1"N 4°52'35.5"E
4,7 km – 59" — Zone industrielle
Autoroute, train — Site seuil haut

VALENCE — 44°54'07.2"N 4°54'50.4"E

4,4 km – 58" ↔ Hors ville

4 voies, installations haute tension

27 eure

11 — 2,8 km – 35,5" — 64 %
45 % — 27 % — 9 %

ACQUIGNY — 49°11'00.7"N 1°10'16.4"E
1,7 km – 21" Hors ville Autoroute

BERNAY — 49°04'24.3"N 0°34'25.2"E
3,2 km – 42" Hors ville

ÉVREUX — 49°01'08.3"N 1°11'13.2"E
3,2 km – 43" Zone industrielle

GAILLON — 49°09'26.5"N 1°22'50.3"E
3,9 km – 49" Limites communales Déchèterie

GISORS — 49°17'18.2"N 1°46'25.4"E
1,3 km – 17"

GUICHAINVILLE — 48°59'35.6"N 1°11'22.4"E
1,9 km – 23" Zone industrielle Déchèterie

LOUVIERS — 49°12'05.0"N 1°10'45.8"E
2,6 km – 33" Limites communales Autoroute

PONT-AUDEMER — 49°20'24.5"N 0°33'18.1"E
3,8 km – 48" Limites communales

PONT-AUTHOU — 49°14'24.3"N 0°42'02.8"E
0,4 km – 5"

VAL-DE-REUIL — 49°14’54.0”N 1°10’22.3”E

5,1 km – 1h05 ↔ Zone industrielle

Autoroute Site seuil bas

VERNEUIL-SUR-AVRE — 48°42’45.0”N 0°55’14.2”E

3,5 km – 45” ↔ Limites communales

28 eure-et-loir

9 — 3 km – 39” — ↔ 67 %
33 % — 33 % — 0 %

CHARTRES — 48°27’24.4”N 1°32’11.8”E
4 km – 51” — ↔ Limites communales — Autoroute

CHARTRES — 48°27’09.7”N 1°30’08.0”E
1,8 km – 24”

CHATEAUDUN — 48°04’13.0”N 1°21’07.3”E
2 km – 26”

DREUX — 48°44’39.0”N 1°19’32.3”E
9,1 km – 1h57 — ↔ Limites communales

LUCÉ — 48°25’33.3”N 1°26’32.2”E
2,2 km – 27” — ↔ Zone industrielle — Déchèterie

MAINVILLIERS — 48°27’11.4”N 1°26’23.4”E
2 km – 26” — ↔ Hors ville

NOGENT-LE-ROTROU — 48°18’13.8”N 0°48’18.9”E
2,5 km – 33” — ↔ Hors ville

VERNOUILLET — 48°43’57.4”N 1°20’49.9”E
2,1 km – 28” — Train

VOVES — 48°15’47.3”N 1°37’35.6”E
1,2 km – 15” — ↔ Hors ville

BREST — 48°22’40.5”N 4°33’03.6”W
5,5 km – 1h12

CARHAIX — 48°17’27.2”N 3°33’19.1”W
2,3 km – 27” ↔ Hors ville

CHÂTEAULIN — 48°11’30.6”N 4°04’43.7”W
1,3 km – 17” Station d’épuration

CONCARNEAU — 47°54’28.4”N 3°54’36.9”W
4,5 km – 1h ↔ Zone d'activité
Déchèterie, usine recyclage de déchets de poisson

CROZON — 48°15’00.6”N 4°28’46.6”W
1 km – 12”

DOUARNENEZ — 48°04’52.0”N 4°18’49.5”W
1,9 km – 25” Sortie de ville

ERGUÉ — 48°00’27.6”N 4°01’23.6”W
1,5 km – 21” ↔ Zone industrielle
Déchèterie, installations haute tension

GOUESNOU — 48°25’51.4”N 4°28’09.8”W
2,4 km – 32” ↔ Zone d'activité

29

GUILERS — 48°26’00.6”N 4°34’19.6”W
1,8 km – 23” Sortie de ville

GUIPAVAS — 48°25’23.4”N 4°27’22.3”W
1,5 km – 20” ↔ Zone industrielle Δ Déchèterie

LANDERNEAU — 48°26’36.4”N 4°15’44.0”W
1,4 km – 18”

LANDERNEAU — 48°27’32.8”N 4°15’45.6”W
1,8 km – 28”

LANDIVISIAU — 48°30’04.1”N 4°03’40.5”W
1,7 km – 21”

LESNEVEN — 48°34’22.2”N 4°19’05.1”W
0,4 km – 5”

MORLAIX — 48°36’08.2”N 3°49’20.9”W
3,4 km – 47” ↔ Hors ville Δ Aéroport

MOËLAN-SUR-MER — 47°48’36.7”N 3°38’25.8”W
1,2 km – 15”

PLABENNEC — 48°29’50.5”N 4°25’53.0”W
1 km – 12”

PLOUGASTEL-DAOULAS — 48°22’58.5”N 4°22’31.9”W
1,3 km – 17” 4 voies

PLOUGUERNEAU — 48°36’22.6”N 4°29’45.0”W
0,9 km – 12” ↔ Zone d’activité

PLOUZANÉ — 48°22’60.0”N 4°35’09.3”W
1,9 km – 23” ↔ Hors ville

PLUGUFFAN — 47°58’37.2”N 4°10’18.2”W
0,6 km – 7” Aéroport

QUIMPER — 47°59’50.6”N 4°04’12.6”W
2,3 km – 29” Zone d'activité

QUIMPER — 48°00’42.8”N 4°06’04.1”W
2,2 km – 31”

QUIMPERLÉ — 47°52’32.0”N 3°33’16.5”W
0,3 km – 4” Train

LE RELECQ-KERHUON — 48°24’08.9”N 4°24’06.3”W
1 km – 13” Train

ROSPORDEN — 47°57’55.7”N 3°50’10.9”W
1,3 km – 17”

29

SAINT-RENAN — 48°26'05.3"N 4°38'18.5"W
1,5 km – 19" △ Installations haute tension

SCAËR — 48°01'20.1"N 3°42'53.1"W
1,2 km – 14"

6 — 3,2 km – 42" — 83 %
83 % — 0 % — 0 %

30 gard

ALÈS — 44°08'39.6"N 4°04'46.8"E

2,8 km – 35" — Zone industrielle

Déchèterie, scierie

BAGNOLS-SUR-CÈZE — 44°09'14.4"N 4°38'30.9"E

2,2 km – 29" — Train

LAUDUN-L'ARDOISE — 44°05'29.0"N 4°39'12.5"E

1,9 km – 24" — Hors ville

MARGUERITTES — 43°51'45.6"N 4°25'58.4"E

1,8 km – 23" — Zone industrielle — Autoroute

NÎMES — 43°48'45.4"N 4°18'16.9"E

5,7 km – 1h12 — Zone industrielle

Usine de béton

VILLENEUVE-LÈS-AVIGNON — 43°58'31.6"N 4°44'55.3"E

4,9 km – 1h07 — Limites communales

Déchèterie, scierie

31 haute-garonne

33 — 2,26 km – 30" — ↔ 51 %
36 % — 36 % — 6 %

AUCAMVILLE — 43°40'38.2"N 1°24'37.6"E
2,2 km – 28" — Zone d'activité

AUSSONNE — 43°40'01.1"N 1°18'39.8"E
3,8 km – 47" — ↔ Hors ville

BALMA — 43°37'23.7"N 1°29'02.4"E
3,8 km – 45" — Zone d'activité — Autoroute

BLAGNAC — 43°38'56.1"N 1°23'55.4"E
1,8 km – 22" — ↔ Hors ville

CARBONNE — 43°17'13.9"N 1°13'00.0"E
1,3 km – 16" — Sortie de ville

CASTANET-TOLOSAN — 43°31'35.9"N 1°30'52.8"E
1,6 km – 19" — Sortie de ville — Autoroute

CASTELGINEST — 43°42'08.1"N 1°25'46.5"E
1,1 km – 14"

COLOMIERS — 43°36'46.5"N 1°17'55.3"E
3,4 km – 42"

CUGNAUX — 43°31'44.8"N 1°21'38.5"E
1,8 km – 23"

ESCALQUENS — 43°31'03.1"N 1°32'24.6"E
1,7 km – 20" ↔ Zone industrielle
Train, usine de béton Site seuil bas

FONSORBES — 43°31'31.8"N 1°10'18.0"E
1,8 km – 22" ↔ Hors ville

GRENADE — 43°45'59.9"N 1°17'24.4"E
0,7 km – 9"

LABÈGE — 43°31'24.6"N 1°31'22.8"E
1,4 km – 18" ↔ Hors ville Autoroute

LAUNAGUET — 43°40'59.5"N 1°27'31.6"E
1,1 km – 14"

MURET — 43°27'58.5"N 1°17'39.1"E
4,3 km – 55" ↔ Hors ville

PIBRAC — 43°37'50.8"N 1°17'27.9"E
1,8 km – 23" ↔ Hors ville

PLAISANCE-DU-TOUCH — 43°31'58.5"N 1°18'22.0"E
3,9 km – 49" ↔ Hors ville

PORTET-SUR-GARONNE — 43°32'11.0"N 1°23'13.3"E
2,7 km – 34" ↔ Zone industrielle Décharge

RAMONVILLE-SAINT-AGNE — 43°33'15.2"N 1°28'47.1"E
1,4 km – 17" ↔ Zone industrielle
Autoroute, installations haute tension

REVEL — 43°28'40.0"N 2°00'09.1"E
2,8 km – 34" ↔ Hors ville

SAINT-ALBAN — 43°41'32.3"N 1°24'29.0"E
0,8 km – 11" ↔ Zone industrielle Autoroute

SAINT-JEAN — 43°39'15.1"N 1°31'20.7"E
2,1 km – 26" Autoroute

SAINT-GAUDENS — 43°05'50.0"N 0°42'48.4"E
1,7 km – 20" ↔ Zone industrielle Site seuil haut

SAINT-LYS — 43°31'31.8"N 1°10'18.0"E
1,6 km – 21"

SAINT-ORENS-DE-GAMEVILLE
— 43°34'05.4"N 1°33'09.5"E
3,6 km – 44"

SEILH — 43°40'30.2"N 1°22'20.9"E
3 km – 38" ↔ Hors ville
Installations haute tension

SEYSSES — 43°29'32.4"N 1°19'25.4"E
1,5 km – 19" Sortie de ville

TOULOUSE — 43°34'14.0"N 1°22'42.7"E
7 km – 1h30

TOULOUSE — 43°33'42.5"N 1°26'58.4"E
2,5 km – 37" ↔ Zone d'activité

TOURNEFEUILLE — 43°34'37.5"N 1°18'35.1"E
3,8 km – 48"

L'UNION — 43°38'33.4"N 1°30'06.2"E
3,5 km – 43" ↔ Zone industrielle Déchèterie

VILLENEUVE-DE-RIVIÈRE — 43°06'53.0"N 0°41'28.2"E
2,8 km – 34" Autoroute

VILLENEUVE-TOLOSANE — 43°31'03.8"N 1°21'05.5"E
1,6 km – 20"

32 gers

5 3,4 km – 42” ↔ 40 %
40 % 40 % 0 %

AUCH — 43°40’55.0”N 0°36’10.2”E
4,9 km – 1h ↔ Hors ville Aéroport

AUCH — 43°40’13.0”N 0°37’10.8”E
5 km – 1h02 ↔ Hors ville

CONDOM — 43°55’59.1”N 0°21’37.7”E
3,6 km – 45”

FLEURANCE — 43°51’06.3”N 0°40’40.8”E
1,6 km – 21” Sortie de ville

L’ISLE-JOURDAIN — 43°36’07.9”N 1°05’25.4”E
1,8 km – 22” Sortie de ville Centrale électrique

ANDERNOS-LES-BAINS — 44°46'21.5"N 1°03'35.1"W
5,1 km – 1h03 · Hors ville

AUDENGE — 44°41'48.7"N 0°58'26.2"W
4 km – 51" · Hors ville

LE BARP — 44°39'06.4"N 0°44'36.0"W
5,6 km – 1h07 · Hors ville

BÈGLES — 44°47'20.6"N 0°33'46.1"W
2,7 km – 33"

BELIN-BÉLIET — 44°30'55.9"N 0°45'38.4"W
3,8 km – 47" · Sortie de ville

BIGANOS — 44°39'16.6"N 0°56'06.7"W
4,3 km – 53" · Sortie de ville

BORDEAUX — 44°53'44.9"N 0°32'58.1"W
7,3 km – 1h33 · Zone d'activité

BORDEAUX — 44°52'50.8"N 0°33'18.6"W
5,7 km – 1h12 · Zone industrielle
Autoroute, centre de recyclage

33

BRUGES — 44°53’45.3”N 0°36’51.2”W
2 km – 25” ↔ Zone d'activité Train

CASTELNAU-DE-MÉDOC — 45°00’54.8”N 0°48’40.4”W
1,9 km – 23” ↔ Hors ville

CAVIGNAC — 45°06’26.1”N 0°22’52.7”W
1,7 km – 20” 4 voies, train

CESTAS — 44°45’48.9”N 0°42’58.6”W
5 km – 1h02 ↔ Zone industrielle Train

COUTRAS — 45°01’56.7”N 0°03’20.3”W
6,7 km – 1h22

GUJAN-MESTRAS — 44°36’04.8”N 1°03’59.0”W
10,6 km – 2h06 ↔ Hors ville Déchèterie

LACANAU — 44°58’06.9”N 1°04’32.0”W
1,2 km – 14”

LE HAILLAN — 44°53’28.6”N 0°40’08.1”W
3 km – 37” ↔ Zone industrielle

LESPARRE-MÉDOC — 45°17’47.7”N 0°56’49.0”W
1,5 km – 18” ↔ Hors ville Déchèterie

LIBOURNE — 44°54'31.0"N 0°12'42.0"W
3,7 km – 48" Déchèterie

MÉRIGNAC — 44°48'46.5"N 0°41'13.2"W
5,5 km – 1h10 ↔ Hors ville Déchèterie

LE PIAN-MÉDOC/PAREMPUYRE — 44°56'53.0"N 0°37'25.5"W
2 km – 25"
Installations haute tension, station d'épuration

LE PORGE — 44°53'09.7"N 1°03'17.3"W
3,6 km – 45" ↔ Hors ville Déchèterie

PORT-SAINTE-FOY-ET-PONCHAPT — 44°50'26.8"N 0°10'44.1"E
2,9 km – 36"

SAINT-ANDRÉ-DE-CUBZAC — 45°00'52.2"N 0°26'32.5"W
2,6 km – 34" Zone d'activité

SAINT-AUBIN-DE-BLAYE — 45°14'29.8"N 0°33'39.1"W
3,3 km – 41" ↔ Hors ville

SAINT-AUBIN-DE-MÉDOC — 44°56'12.9"N 0°43'10.3"W
3 km – 37" ↔ Hors ville

33

SAINT-DENIS-DE-PILE — 45°00’16.1”N 0°10’31.8”W
2,7 km – 34” ↔ Hors ville Train

SAINT-JEAN-D’ILLAC — 44°48’06.3”N 0°46’00.8”W
2 km – 26” ↔ Hors ville

SAINT-LOUBÈS — 44°55’37.0”N 0°27’13.1”W
2,8 km – 36” ↔ Zone industrielle
Déchèterie, train, usine de béton

SAINT-MÉDARD-EN-JALLES — 44°51’47.6”N 0°42’38.9”W
4,3 km – 55” ↔ Zone d'activité Déchèterie

TAURIAC — 45°03’55.5”N 0°29’04.7”W
3,1 km – 37”

LE TEICH — 44°35’15.1”N 1°00’24.1”W
6,2 km – 1h17 ↔ Hors ville

LA TESTE-DE-BUCH — 44°34’45.6”N 1°06’27.7”W
8,3 km – 1h43 ↔ Hors ville

TOULENNE — 44°32’55.8”N 0°16’29.1”W
1,8 km – 23” Hors ville Autoroute

VILLENAVE-D'ORNON — 44°46'41.8"N 0°33'07.8"W

1,7 km – 22"   Autoroute, train

34 hérault

16 — 3,2 km – 41" — ↔ 81 %
63 % — 12 % — 0 %

AGDE — 43°19'14.0"N 3°29'24.9"E
1,6 km – 20" ↔ Hors ville — Déchèterie

BÉZIERS — 43°22'22.8"N 3°13'25.8"E
3,8 km – 49" ↔ Zone industrielle
Installations haute tension

CASTELNAU-LE-LEZ — 43°37'46.1"N 3°55'57.9"E
3,9 km – 49" ↔ Hors ville

CLERMONT-L'HÉRAULT — 43°37'53.9"N 3°27'14.5"E
2,9 km – 35" ↔ Hors ville — Déchèterie

FRONTIGNAN/BALARUC-LES-BAINS — 43°26'50.7"N 3°42'39.2"E
4 km – 52" ↔ Hors ville
4 voies, terrain de motocross

LA GRANDE MOTTE — 43°33'28.9"N 4°02'16.7"E
4,3 km – 53" ↔ Plage

LATTES — 43°34'53.6"N 3°53'45.0"E
2,5 km – 33" ↔ Hors ville — Autoroute, train

LUNEL — 43°40'28.2"N 4°06'28.7"E
2,4 km – 30"

MARSEILLAN — 43°21'11.2"N 3°30'56.4"E
1,1 km – 15" Sortie de ville Déchèterie

MAUGUIO — 43°37'52.7"N 3°59'57.4"E
4,1 km – 52" ↔ Hors ville Train

MÈZE — 43°26'23.0"N 3°34'28.1"E
3,2 km – 41" ↔ Hors ville Autoroute

MONTPELLIER BIONE — 43°36'08.7"N 3°49'09.0"E
7,8 km – 1h39 ↔ Hors ville 4 voies

PÉROLS — 43°34'37.3"N 3°56'33.3"E
3,2 km – 39" ↔ Zone d'activité
4 voies, aéroport, autoroute, circuit de karting

SAINT-MATHIEU-DE-TRÉVIERS
— 43°45'34.4"N 3°51'31.5"E
1,9 km – 22"

SÉRIGNAN — 43°15'01.0"N 3°15'58.7"E
3,8 km – 47" ↔ Hors ville

VIAS — 43°19'07.4"N 3°25'44.9"E
1,4 km – 18" ↔ Hors ville

35 ille-et-vilaine

38 2 km – 22” ↔ 64 %
38 % 28 % 0 %

ACIGNÉ — 48°08’09.0”N 1°32’48.3”W
1,1 km – 14” ↔ Zone industrielle

BAIN-DE-BRETAGNE — 47°51’03.5”N 1°39’51.5”W
2,2 km – 27” ↔ Hors ville Exploitations agricoles

BETTON — 48°10’28.3”N 1°38’34.7”W
0,9 km – 12”

CANCALE — 48°40’37.3”N 1°51’58.2”W
1,3 km – 16” Zone d'activité

CESSON-SÉVIGNÉ — 48°07’51.7”N 1°36’08.2”W
1,9 km – 26” Sortie de ville

CHANTEPIE — 48°05’43.7”N 1°37’09.9”W
0,8 km – 12” Autoroute

CHARTRES-DE-BRETAGNE — 48°02’37.5”N 1°43’05.0”W
1,1 km – 14”

CHÂTEAUGIRON — 48°02’47.3”N 1°29’22.1”W
1,1 km – 15”

COMBOURG — 48°23’52.4”N 1°45’19.3”W
1,6 km – 19” ↔ Hors ville Exploitations agricoles

DINARD — 48°36'40.2"N 2°04'34.4"W
3,2 km – 43" ↔ Hors ville

DOL-DE-BRETAGNE — 48°32'11.8"N 1°45'42.4"W
2 km – 25" ↔ Sortie de ville

ÉTRELLES — 48°03'50.0"N 1°11'12.4"W
0,8 km – 10" ↔ Hors ville Δ Exploitations agricoles

FOUGÈRES — 48°21'08.8"N 1°10'27.2"W
4,2 km – 53" ↔ Zone industrielle Δ Déchèterie

GUICHEN — 47°57'29.1"N 1°47'32.6"W
1,4 km – 18" ↔ Hors ville

JANZÉ — 47°57'41.8"N 1°28'54.8"W
1,4 km – 16" ↔ Hors ville
Δ Exploitations agricoles, station d'épuration

LIFFRÉ — 48°13'15.4"N 1°29'19.0"W
1,7 km – 22" ↔ Hors ville

LOUVIGNÉ-DU-DÉSERT — 48°29'28.0"N 1°07'11.2"W
1,5 km – 18" ↔ Sortie de ville

35

MELESSE — 48°12’45.0”N 1°41’45.6”W
0,6 km – 7”   Sortie de ville

MONTAUBAN DE BRETAGNE — 48°11’57.5”N 2°01’01.6”W
2,9 km – 38”   ↔   Zone d’activité

MONTGERMONT — 48°09’22.3”N 1°43’43.5”W
1,1 km – 14”   Proche d’habitations, mais en sortie de ville

MORDELLES — 48°04’09.4”N 1°49’57.0”W
1,5 km – 18”   ↔

NOYAL-CHÂTILLON-SUR-SEICHE
— 48°04’09.4”N 1°49’57.0”W
1,5 km – 19”   Sortie de ville

PACÉ — 48°08’54.5”N 1°46’04.1”W
0,6 km – 7”

PLEURTUIT — 48°34’55.9”N 2°05’07.4”W
2,7 km – 33”   ↔   Hors ville
△ Aéroport, exploitations agricoles

PLOUBALAY — 48°34’01.7”N 2°07’03.3”W
2,8 km – 36”   ↔   Hors ville   △ Exploitations agricoles

REDON — 47°40’18.2”N 2°03’16.6”W
3,5 km – 45” ↔ Hors ville

RENNES — 48°07’39.7”N 1°40’52.7”W
2,1 km – 27”

RENNES — 48°06’59.8”N 1°43’29.2”W
3,7 km – 47” ↔ Sortie de ville

LE RHEU — 48°05’17.6”N 1°47’40.9”W
1,7 km – 22” ↔ Zone d'activité/industrielle

SAINT-GILLES — 48°09’10.5”N 1°49’00.4”W
1,3 km – 17” ↔ Sortie de ville

SAINT-GRÉGOIRE — 48°08’55.1”N 1°40’10.0”W
1,4 km – 18” ↔ Hors ville △ Train

SAINT-JACQUES-DE-LA-LANDE
— 48°04’50.0”N 1°43’30.9”W
1,5 km – 18” ↔ Zone industrielle
△ Déchèterie, usine chimique

SAINT-MALO — 48°38’39.8”N 1°59’21.8”W
3,3 km – 52” △ 4 voies

S[T]-NICOLAS-DE-REDON — 47°37'42.2"N 2°03'15.7"W
2,3 km – 29" ↔ Zone industrielle Δ Déchèterie

THORIGNÉ-FOUILLARD — 48°09'53.6"N 1°35'27.7"W
1,6 km – 21" ↔ Zone autoroute

TINTÉNIAC — 48°19'24.1"N 1°51'04.6"W
1,4 km – 21" ↔ Hors ville Δ 4 voies

VAL-D'IZÉ — 48°10'40.0"N 1°18'02.9"W
0,3 km – 4" Centre-ville

VERN-SUR-SEICHE — 48°02'06.7"N 1°35'54.4"W
1,1 km – 14" ↔ Hors ville Δ Déchèterie

4 — 2,7 km – 34" — ↔ 75 %
25 % — 0 % — 0 %

ARGENTON-SUR-CREUSE — 48°04'50.0"N 1°43'30.9"W
1,8 km – 25" ↔ Limites communales

LE BLANC — 48°02'06.7"N 1°35'54.4"W
2,2 km – 28" ↔ Hors ville

CHÂTEAUROUX — 46°47'11.6"N 1°40'19.2"E
4,2 km – 52" Sortie de ville Crématorium

ISSOUDUN — 48°04'09.4"N 1°49'57.0"W
2,5 km – 32" ↔ Hors ville

37 indre-et-loire

28 — 2,6 km – 37" — ↔ 96 %
25 % — 4 % — 4 %

AZAY-LE-RIDEAU — 47°15'26.1"N 0°28'36.6"E
1,2 km – 14" ↔ Hors ville

LE BOULAY — 47°35'16.2"N 0°53'11.6"E
2,7 km – 36" ↔ Hors ville

BOURGUEIL — 47°16'34.3"N 0°09'29.0"E
1,7 km – 20" ↔ Zone industrielle — Entreprise BTP

CHAMBRAY-LÈS-TOURS — 47°19'55.4"N 0°45'00.4"E
4,5 km – 25" ↔ Hors ville — 4 voies, train

CHINON — 47°11'25.4"N 0°14'03.5"E
3,5 km – 45" ↔ Hors ville

CHINON — 47°11'26.9"N 0°13'59.3"E
3,5 km – 45" ↔ Hors ville

CHINON — 47°09'33.1"N 0°14'46.9"E
1,3 km – 16" ↔ Hors ville

CHINON — 47°09'37.1"N 0°14'48.4"E
1,3 km – 16" ↔ Hors ville

CHISSEAUX — 47°20'36.1"N 1°05'39.0"E
1,6 km – 23" ↔ Hors ville

COUESMES — 47°33'00.2"N 0°19'31.5"E
3,9 km – 48" Sortie de ville

DESCARTES — 46°59'10.5"N 0°43'06.6"E
2,3 km – 32" ↔ Hors ville

FONDETTES — 47°23'12.1"N 0°35'44.4"E
2,4 km – 28" ↔ Hors ville

JOUÉ-LÈS-TOURS — 47°22'22.7"N 0°39'33.4"E
3,6 km – 44" ↔ Limites communales

JOUÉ-LÈS-TOURS — 47°22'26.1"N 0°39'35.7"E
3,6 km – 44" ↔ Limites communales

LUYNES — 47°22'36.7"N 0°33'03.4"E
1,2 km – 14" ↔ Hors ville

MONTLOUIS-SUR-LOIRE — 47°24'07.3"N 0°47'35.1"E
3,2 km – 39" ↔ Limites communales

MONTS — 47°15'45.3"N 0°39'40.7"E
2,5 km – 31" ↔ Hors ville Δ Autoroute

NEUILLÉ-PONT-PIERRE — 47°32'36.5"N 0°31'55.5"E
1,3 km – 16" ↔ Zone d'activité

37

PERRUSSON — 47°06’43.0”N 1°00’22.7”E
1,5 km – 19” ↔ Zone d'activité

POCE-SUR-CISSE — 47°25’40.1”N 1°00’07.3”E
4,3 km – 53” ↔ Hors ville

SAINT-AVERTIN — 47°22’20.2”N 0°45’15.7”E
2,8 km – 34” ↔ Limites communales

SAINT-CYR-SUR-LOIRE — 47°25’50.5”N 0°39’07.4”E
4,2 km – 54” ↔ Hors ville 4 voies

SAINT-MARTIN-LE-BEAU — 47°20’57.2”N 0°54’31.3”E
0,8 km – 11” ↔ Hors ville Station d’épuration

SAINT-PIERRE-DES-CORPS — 47°22’50.7”N 0°44’50.0”E
3,1 km – 39” ↔ Zone industrielle Site seuil haut

SAINT-RÈGLE — 47°24’59.1”N 1°01’52.2”E
2,5 km – 32” ↔ Zone industrielle Déchèterie

TOURS — 47°22’27.3”N 0°39’42.6”E
3,9 km – 49” ↔ Limites communales

VEIGNÉ — 47°17’30.5”N 0°45’06.5”E
2,1 km – 26” ↔ Hors ville

VOUVRAY — 47°24'03.0"N 0°49'04.1"E

2,4 km – 30" ↔ Hors ville

38 isère

43 — 2,2 km – 28” — 60 %
60 % — 28 % — 5 %

LES ABRETS — 45°32’17.6”N 5°35’47.1”E
1,4 km – 17”

APPRIEU — 45°22’37.0”N 5°29’12.5”E
3,1 km – 37” — Hors ville — Autoroute

BEAUCROISSANT — 45°21’22.7”N 5°26’59.1”E
2,8 km – 39” — Hors ville — Carrière, train

BOURGOIN-JALLIEU — 45°36’03.9”N 5°15’06.0”E
2,5 km – 30” — Zone industrielle
Station d’épuration — Site seuil haut

CHANAS — 45°18’37.0”N 4°48’49.3”E
1,7 km – 22” — Hors ville — Autoroute

CHARVIEU-CHAVAGNEUX — 45°44’53.9”N 5°10’02.0”E
0,5 km – 7”

CHASSE-SUR-RHÔNE — 45°35’14.6”N 4°48’16.1”E
1,3 km – 17” — Zone industrielle
Autoroute, déchèterie

COLOMBE — 45°23’59.7”N 5°27’50.6”E
1,2 km – 16” — Autoroute

CROLLES — 45°16’12.4”N 5°54’01.1”E
3,3 km – 40” ↔ Hors ville Δ Autoroute

DOMÈNE — 45°12’36.4”N 5°50’28.2”E
1,3 km – 15”

EYBENS — 45°08’52.6”N 5°45’29.1”E
0,7 km – 9”

LE FONTANIL — 45°14’26.5”N 5°39’29.5”E
2,6 km – 31” ↔ Zone industrielle Δ Carrière

FRONTONAS — 45°38’33.4”N 5°10’56.8”E
0,9 km – 11”

LE GRAND-LEMPS — 45°23’39.4”N 5°24’18.5”E
1,2 km – 15” ↔ Hors ville

GRENOBLE — 45°09’35.2”N 5°43’08.4”E
3,7 km – 47”

GRENOBLE — 45°09’32.0”N 5°42’40.5”E
1,8 km – 24” ↔ Zone d'activité
Δ 4 voies, autoroute, train

38

L'ISLE-D'ABEAU — 45°37'39.9"N 5°12'26.6"E
2,4 km – 29" Déchèterie

MEYLAN — 45°12'07.6"N 5°46'33.2"E
2,2 km – 26" ↔ Hors ville Autoroute

LA MÛRE — 44°56'01.2"N 5°47'08.8"E
3,5 km – 45" ↔ Zone industrielle

LES SABLONS — 45°20'19.1"N 4°46'59.2"E
2,9 km – 35" ↔ Hors ville Site seuil haut

PONTCHARRA — 45°26'46.4"N 6°00'53.5"E
2,1 km – 26" ↔ Limites communales
Train

PONT-ÉVÊQUE — 45°32'03.8"N 4°54'51.4"E
0,8 km – 10"

RIVES — 45°20'40.8"N 5°31'08.0"E
1,5 km – 21

SAINT-ISMIER — 45°14'06.4"N 5°49'53.7"E
2 km – 23" ↔ Hors ville Déchèterie

SAINT-JEAN-DE-SOUDAIN — 45°33’45.3”N 5°25’29.4”E

1,9 km – 23” ↔ Zone industrielle

Autoroute, décheterie

SAINT-MARCELLIN — 45°08’22.6”N 5°19’34.4”E

1,9 km – 23”

SAINT-MARTIN-D’HÈRES — 45°10’47.2”N 5°46’38.6”E

2 km – 24” 4 voies

SAINT-MARTIN-LE-VINOUX — 45°13’01.1”N 5°41’15.1”E

3,3 km – 41” Train

SAINT-MAURICE-L’EXIL — 45°23’29.6”N 4°45’56.5”E

1,4 km – 16” ↔ Hors ville

Station d’épuration, usine de béton

ST QUENTIN-FALLAVIER — 45°38’56.2”N 5°08’14.1”E

3,3 km – 39” ↔ Zone d’activité

SASSENAGE — 45°13’34.0”N 5°39’29.0”E

2,3 km – 29” ↔ Hors ville

SEYSSINS — 45°09’26.2”N 5°41’50.1”E

1,5 km – 19”

38

SEYSSINET-PARISET — 45°10’47.4”N 5°41’07.1”E
1,5 km – 19”

LA TRONCHE — 45°11’49.0”N 5°45’34.7”E
2,6 km – 33” ↔ Zone industrielle
Δ Usine d’incinération

TULLIN — 45°18’00.2”N 5°30’09.4”E
2 km – 24” Δ Déchèterie

VARCES — 45°06’33.3”N 5°40’51.2”E
2,9 km – 35” ↔ Hors ville
Δ Autoroute, usine de béton

VIENNE — 45°30’46.0”N 4°55’14.5”E
4,6 km – 1h10 ↔ Hors ville

VIF — 45°03’21.0”N 5°41’05.9”E
1,6 km – 20” ↔ Zone d’activité Δ Autoroute

VILLARD-BONNOT — 45°14’07.0”N 5°51’27.3”E
2,8 km – 34” ↔ Zone industrielle
Δ Décharge (zone compost)

VILLEFONTAINE — 45°37’49.7”N 5°09’58.9”E
4,8 km – 58” ↔ Hors ville Δ Autoroute

VILLETTE-D'ANTHON — 45°47'07.0"N 5°04'45.2"E
4,2 km – 51" ↔ Hors ville Autoroute

VIZILLE — 45°05'00.3"N 5°47'14.2"E
1,8 km – 23"

VOIRON — 45°23'20.1"N 5°34'27.6"E
3,6 km – 52" ↔ Zone d'activité 4 voies

39 jura

5 — 2,7 km – 35" — 100 %
40 % — 0 % — 0 %

CHAMPAGNOLE — 46°45'50.7"N 5°54'10.9"E
2,2 km – 30" — Hors ville — Train

DOLE — 47°24'03.0"N 0°49'04.1"E
3,3 km – 44" — Zone industrielle — Déchèterie

MONTMOROT — 47°16'34.3"N 0°09'29.0"E
1,8 km – 23" — Hors ville

POLIGNY — 46°49'23.5"N 5°41'30.1"E
1,8 km – 24" — Hors ville

SAINT-CLAUDE — 47°33'00.2"N 0°19'31.5"E
4,4 km – 56" — Hors ville

AUREILHAN — 43°15’40.3”N 0°06’01.4”E
2,3 km – 27” ↔ Zone d'activité

AIRE-SUR-L’ADOUR — 43°38’53.7”N 0°16’14.2”W
6,5 km – 1h25 ↔ Hors ville

BISCARROSSE — 44°22’36.1”N 1°08’12.7”W
3,8 km – 47” ↔ Hors ville

CAPBRETON — 43°36’35.9”N 1°26’04.0”W
4 km – 50” ↔ Limites communales

DAX — 43°41’04.7”N 1°05’07.3”W
5,1 km – 1h04

LABOUHEYRE — 44°13’02.3”N 0°55’50.8”W
1,2 km – 16” ↔ Hors ville Station d’épuration

MIMIZAN — 44°09’00.2”N 1°09’30.9”W
9 km – 1h50 ↔ Hors ville Aérodrome

MONT-DE-MARSAN — 43°54’35.0”N 0°27’20.8”W
3,2 km – 41” ↔ Zone industrielle Site seuil haut

MONT-DE-MARSAN — 43°54’42.3”N 0°26’56.2”W
6,1 km – 1h18 ↔ Zone industrielle Déchèterie

40

▶ **MORCENX** — 44°03’56.2”N 0°50’59.6”W
7,6 km – 1h34 ↔ Hors ville

▶ **ONDRES** — 43°34’37.2”N 1°26’03.1”W
2,1 km – 26” ↔ Hors ville △ Carrière

PARENTIS-EN-BORN — 44°20’41.9”N 1°03’44.8”W
1,4 km – 18” ↔ Zone industrielle
△ Usine chimique

▶ **ST-MARTIN-DE-SEIGNANX**— 43°32’41.1”N 1°25’56.2”W
5,6 km – 1h09 ↔ Limites communales △ Autoroute

SAINT-PAUL-LES-DAX — 43°44’21.8”N 1°01’15.4”W
4,3 km – 53” ↔ Zone d’activité △ Train

SAINT-PAUL-LES-DAX— 43°44’23.2”N 1°05’28.2”W
4,7 km – 1h ↔ Hors ville △ Autoroute

SAINT-PIERRE-DU-MONT — 43°51’27.8”N 0°31’06.4”W
3,3 km – 42” ↔ Limites communales
△ Installations haute tension

SAINT-VINCENT-DE-TYROSSE
— 43°38’35.4”N 1°17’43.3”W
2,7 km – 33” ↔ Hors ville

SANGUINET — 44°28’50.6”N 1°03’30.4”W
1,6 km – 20” ↔ Hors ville

SOUSTONS — 43°45’47.7”N 1°23’30.9”W
6,3 km – 1h19 ↔ Hors ville Station d’épuration

TARNOS — 43°32’33.0”N 1°29’59.7”W
4,2 km – 52” ↔ Zone industrielle

TOSSE — 43°42’32.0”N 1°20’12.9”W
2,5 km – 30” ↔ Limites communales

41 loir-et-cher

22 — 2,1 km – 26" — ↔ 59 %
41 % — 18 % — 0 %

BLOIS — 47°34'21.6"N 1°19'21.9"E
1,7 km – 22"

LA-CHAUSSÉE-SAINT-VICTOR — 47°37'21.3"N 1°21'20.6"E
2,7 km – 32" — ↔ Limites communales — Stand tir

CHISSAY-EN-TOURAINE — 47°20'13.6"N 1°09'51.0"E
2,8 km – 34" — Sortie de ville

CONTRES — 47°25'10.3"N 1°25'12.9"E
0,9 km – 11" — Station d'épuration

FRÉTEVAL — 47°53'33.6"N 1°12'42.6"E
0,8 km – 10" — Train

GIÈVRES — 47°16'14.3"N 1°39'53.2"E
0,7 km – 8" — ↔ Sortie de ville
Station d'épuration

LAMOTTE-BEUVRON — 47°36'11.3"N 2°01'09.8"E
0,5 km – 7" — Sortie de ville — Train

MER — 47°41'47.4"N 1°29'41.1"E
1,2 km – 15" — Sortie de ville

MONTOIRE-SUR-LOIR — 47°45’51.4”N 0°51’10.5”E
2,4 km – 30” ↔ Zone industrielle

NAVEIL — 47°48’26.2”N 1°01’11.3”E
2,1 km – 27” ↔ Limites communales

NOYERS-SUR-CHER — 47°16’37.7”N 1°25’11.0”E
1,7 km – 21” ↔ Sortie de ville

OZAIN — 47°29’46.5”N 1°11’43.8”E
2,1 km – 25” Sortie de ville Δ Train

ROMORANTIN-LANTHENAY — 47°23’44.3”N 1°44’39.6”E
4,7 km – 1h ↔ Hors ville

SAINT-AIGNAN — 47°15’34.3”N 1°22’08.2”E
1,1 km – 14”

SAINT-LAURENT-NOUAN — 47°43’28.4”N 1°37’51.8”E
1,8 km – 23” ↔ Hors ville

SALBRIS — 47°24’42.8”N 2°03’09.4”E
2,5 km – 31” ↔ Sortie de ville

41

SARGÉ-SUR-BRAYE — 47°58'13.5"N 0°53'19.9"E
6,7 km – 1h23 ↔ Zone industrielle
Station d'épuration

SAVIGNY-SUR-BRAYE — 47°52'33.0"N 0°49'44.5"E
1,7 km – 23" ↔ Hors ville Déchèterie

SELLES-SUR-CHER — 47°16'01.4"N 1°32'59.3"E
1,6 km – 20" ↔ Hors ville

VENDÔME — 47°48'31.3"N 1°01'41.5"E
3,7 km – 48" ↔ Hors ville

VINEUIL — 47°35'34.9"N 1°21'41.2"E
2,4 km – 29" ↔ Limites communales

15 — 2,3 km – 30,5” — 80 %
27 % — 20 % — 20 %

ANDRÉZIEUX-BOUTHÉON — 45°32’07.3”N 4°17’59.9”E
7,9 km – 1h39 — Zone aérodrome
Aérodrome, circuit — Site seuil haut

FEURS — 45°42’58.8”N 4°13’44.1”E
3,5 km – 44” — Hors ville — Déchèterie
Site seuil bas

FIRMINY — 45°23’11.2”N 4°18’04.9”E
1,6 km – 21” — Zone industrielle — 4 voies

MABLY — 46°05’09.2”N 4°02’37.2”E
1,6 km – 21” — Hors ville

MONTBRISON — 45°35’04.3”N 4°05’16.9”E
3,6 km – 45” — Limites communales

ROANNE — 46°02’53.4”N 4°05’28.0”E
2,3 km – 28” — Zone industrielle

ROCHE-LA-MOLIÈRE — 45°26’23.2”N 4°19’32.0”E
1,1 km – 13” — Zone d'activité — Site seuil bas

RIVE-DE-GIER — 45°31’17.4”N 4°36’38.1”E
1,5 km – 21”

42

SAINT-CHAMOND — 45°28'11.4"N 4°32'22.8"E
2,7 km – 35" Zone d'activité

SAINT-CYPRIEN — 45°32'25.1"N 4°13'13.3"E
1,6 km – 19" Zone industrielle

SAINT-GENEST-LERPT — 45°25'55.5"N 4°21'03.4"E
2,2 km – 28" Hors ville

ST-JUST-SAINT-RAMBERT — 45°30'48.7"N 4°13'46.4"E
2,2 km – 27" Hors ville

SORBIERS — 45°28'43.9"N 4°27'09.1"E
1,5 km – 18"

SURY-LE-COMTAL — 45°31'35.2"N 4°11'43.1"E
2,1 km – 26" Hors ville

LA TALAUDIÈRE — 45°28'36.1"N 4°26'50.3"E
1 km – 13" Zone d'activité

BRIOUDE — 45°17’54.9”N 3°23’17.1”E
0,6 km – 8”

LANGEAC — 45°05’06.3”N 3°30’23.8”E
2,1 km – 27” ↔ Zone industrielle Déchèterie

MONISTROL-SUR-LOIRE — 45°16’18.6”N 4°11’56.9”E
3,8 km – 52” ↔ Zone industrielle Déchèterie

LE PUY-EN-VELAY — 45°00’25.3”N 3°52’02.3”E
4,6 km – 1h09 ↔ Hors ville

LE PUY-EN-VELAY — 45°00’26.1”N 3°51’54.1”E
4,6 km – 1h09 ↔ Hors ville

YSSINGEAUX — 45°07’40.8”N 4°07’45.8”E
1,9 km – 24” ↔ Zone d’activité

44 loire-atlantique

40 3 km – 37” ↔ 61 %
Δ 41 % 37 % 2 %

ANCENIS — 47°23’06.3”N 1°12’00.4”W
3 km – 40” Sortie de ville

BASSE-GOULAINE — 47°12’16.5”N 1°26’56.8”W
3,2 km – 39” ↔ Δ 4 voies

LA BAULE-ESCOUBLAC — 47°17’58.5”N 2°18’04.0”W
8,8 km – 1h50 ↔ Zone industrielle
Δ Station d’épuration

BLAIN — 47°27’15.8”N 1°46’37.0”W
3 km – 37” ↔ Hors ville

BOUAYE — 47°09’17.2”N 1°40’42.0”W
2,3 km – 30”

BOUGUENAIS — 47°10’02.3”N 1°36’11.5”W
2,7 km – 34”

CHÂTEAUBRIANT — 47°42’14.3”N 1°24’26.5”W
3,9 km – 50” ↔ Zone d'activité
Δ Centre de tri, déchèterie

CLISSON — 47°05’58.7”N 1°16’38.7”W
1,4 km – 18”

COUËRON — 47°13'31.9"N 1°42'53.7"W
2,1 km – 27" Hors ville

DONGES — 47°19'45.3"N 2°05'00.9"W
1,5 km – 19"

GENESTON — 47°03'37.4"N 1°31'51.0"W
1,4 km – 16" ↔ Hors ville

GUÉRANDE — 47°20'33.7"N 2°24'53.5"W
2,5 km – 31"

LE LOROUX-BOTTEREAU — 47°14'40.9"N 1°20'19.2"W
1,5 km – 19" ↔ Zone d'activité

MACHECOUL — 46°59'08.4"N 1°50'54.6"W
2,8 km – 35" ↔ Hors ville

MONTOIR-DE-BRETAGNE — 47°19'37.8"N 2°09'50.7"W
1,1 km – 14" Sortie de ville Δ Déchèterie

NANTES — 47°14'00.1"N 1°29'10.0"W
8 km – 1h39 ↔ Hors ville Δ Carrière, train

44

NANTES — 47°11'46.6"N 1°36'43.4"W

6,9 km – 1h28 ↔ Zone industrielle

4 voies, train, usines Site seuil bas

NORT-SUR-ERDRE — 47°26'12.5"N 1°31'13.0"W

1,7 km – 21" ↔ Zone industrielle

ORVAULT — 47°15'37.3"N 1°37'19.0"W

1,6 km – 22" ↔ Zone d'activité 4 voies

PONTCHÂTEAU — 47°11'58.8"N 1°28'38.8"W

4 km – 51" ↔ Hors ville 4 voies

PORNICHET — 47°16'20.9"N 2°19'06.5"W

2,8 km – 34" ↔ Hors ville Déchèterie

LE POULIGUEN — 47°16'27.2"N 2°26'20.1"W

1,6 km – 20"

REZÉ — 47°10'19.7"N 1°33'30.0"W

2,8 km – 37"

SAINT-BRÉVIN-LES-PINS — 47°16'07.0"N 2°08'58.8"W

3,1 km – 39"

SAINT-JEAN-DE-BOISEAU — 47°10'57.8"N 1°42'57.6"W
1,8 km – 23" ↔ Hors ville
Installations haute tension

St-JULIEN-DE-CONCELLES — 47°15'36.4"N 1°23'26.1"W
1 km – 13" Hors ville

SAINT-HERBLAIN — 47°14'24.6"N 1°38'27.1"W
3,9 km – 50" ↔ Hors ville Décharge

SAINTE-LUCE-SUR-LOIRE — 47°14'16.6"N 1°29'06.3"W
1,8 km – 22" ↔ Hors ville 4 voies, carrière, train

SAINT-NAZAIRE — 47°18'19.4"N 2°11'08.1"W
4,9 km – 1h01 ↔ Zone d'activité 4 voies, train

SAINT-PHILBERT-DE-GRAND-LIEU
— 47°01'01.6"N 1°36'31.2"W
4,1 km – 51" ↔ Hors ville Déchèterie

SAINT-SÉBASTIEN — 47°11'58.8"N 1°28'38.8"W
2,3 km – 29" ↔ Hors ville

SAUTRON — 47°16'29.5"N 1°43'00.8"W
3,8 km – 47"

44

SAVENAY — 47°22'13.1"N 1°55'50.8"W
1,7 km – 24" Hors ville

LES SORINIÈRES — 47°08'33.6"N 1°32'49.2"W
1,6 km – 20"

SUCÉ-SUR-ERDRE — 47°19'16.5"N 1°32'10.4"W
2,7 km – 33" ↔ Hors ville △ Train

THOUARÉ-SUR-LOIRE — 47°17'20.8"N 1°24'26.6"W
3,5 km – 43" ↔ Hors ville

TRELLIÈRES — 47°19'46.4"N 1°35'46.0"W
2 km – 25" ↔ Hors ville

TRIGNAC — 47°17'54.5"N 2°13'37.2"W
5,1 km – 1h04 Hors ville

VALLET — 47°10'01.8"N 1°15'04.4"W
1,7 km – 22" ↔ Hors ville

VERTOU — 47°10'37.1"N 1°27'33.9"W
1,8 km – 22" ↔ Hors ville △ Déchèterie

AMILLY — 48°00’06.7”N 2°46’50.0”E
3,7 km – 45” ↔ Zone industrielle

BRIARE — 47°37’31.9”N 2°45’11.5”E
2 km – 26” ↔ Hors ville

CHÂTEAUNEUF-SUR-LOIRE — 47°43’44.7”N 1°55’46.9”E
1,6 km – 19” ↔ Zone industrielle Déchèterie

CHÉCY — 47°54’17.8”N 2°02’26.0”E
2,4 km – 30” ↔ Zone d'activité 4 voies

LA FERTÉ-SAINT-AUBIN — 47°43’44.7”N 1°55’46.9”E
2,2 km – 27” ↔ Zone industrielle Train

GIEN — 47°43’31.8”N 2°38’44.0”E
3,9 km – 48” ↔ Hors ville

INGRÉ — 47°54’13.8”N 1°48’52.3”E
2,6 km – 31” ↔ Hors ville Autoroute

LE MALESHERBOIS — 48°17’12.9”N 2°23’59.2”E
0,5 km – 7” ↔ Zone d'activité

ORLÉANS — 47°49’53.5”N 1°54’57.8”E
5,7 km – 1h13 ↔ Zone d'activité

45

PITHIVIERS — 48°10’47.2”N 2°14’36.5”E

1,6 km – 20” ↔ Zone industrielle Site seuil haut

SULLY-SUR-LOIRE — 47°44’11.4”N 2°21’02.6”E

4 km – 51” ↔ Hors ville Exploitations agricoles

VILLEMANDEUR — 47°57’55.6”N 2°42’34.3”E

3,5 km – 43” ↔ Hors ville

4 3,15 km – 40" ↔ 100 %
25 % 0 % 0 %

FIGEAC — 44°34'22.1"N 2°01'34.4"E
4,6 km – 1h04 ↔ Hors ville

FONTANES — 44°20'37.0"N 1°30'08.3"E
4,7 km – 1h ↔ Hors ville Autoroute, train

GOURDON — 44°43'24.3"N 1°22'53.6"E
2 km – 24" ↔ Hors ville

PUY-L'ÉVÊQUE — 44°30'45.1"N 1°07'40.1"E
1,3 km – 15" ↔ Hors ville

47 lot-et-garonne

12 — 2,2 km – 28" — 69 %
58 % — 17 % — 0 %

AGEN — 44°11'34.0"N 0°38'44.0"E
3 km – 39" — Zone d'activité — Train

BOÉ — 44°10'31.1"N 0°39'53.1"E
0,5 km – 6" — Zone industrielle
Déchèterie, train

BON-ENCONTRE — 44°11'19.0"N 0°41'18.0"E
1,8 km – 23" — Limites communales

FOULAYRONNES — 44°14'50.9"N 0°38'22.9"E
1,5 km – 21" — Zone d'activité

LAFOX — 44°09'36.8"N 0°42'58.5"E
2 km – 26"

MARMANDE — 44°30'18.0"N 0°08'27.8"E
2,5 km – 31" — Zone industrielle
Station d'épuration

▶ **MARMANDE** — 44°30'34.2"N 0°09'09.3"E
2,5 km – 31" — Zone industrielle — Train

NÉRAC — 44°07'11.8"N 0°20'43.3"E
2 km – 25"

LE PASSAGE — 44°09’49.7”N 0°35’52.5”E

5,2 km – 1h07 ↔ Zone industrielle

Autoroute, déchèterie

SAINT-LIVRADE-SUR-LOT — 44°23’39.3”N 0°36’24.4”E

2 km – 26” Sortie de ville

Installations haute tension

TONNEINS — 44°23’50.2”N 0°17’55.6”E

1,3 km – 16” ↔ Zone industrielle

Station d’épuration

VILLENEUVE-SUR-LOT — 44°24’04.1”N 0°43’13.3”E

2,4 km – 30” ↔ Zone boisée

48 lozère

4 — 1,5 km – 20" — 100 %
25 % — 0 % — 0 %

FLORAC — 44°18'58.1"N 3°36'15.0"E
1,3 km – 17" — Hors ville, limites communales

MARVEJOLS — 44°32'18.5"N 3°17'18.8"E
1,4 km – 18" — Hors ville, limites communales

MENDE — 44°31'20.9"N 3°31'29.7"E
2,2 km – 29" — Hors ville, limites communales

SAINT-CHÉLY-D'APCHER — 44°48'02.7"N 3°17'15.4"E
1,1 km – 15" — Hors ville, limites communales
Δ Abattoir

ALLONNES — 47°18’03.7”N 0°01’29.2”W
4,3 km – 53”

ANGERS — 47°29’35.5”N 0°33’51.3”W
6,7 km – 1h27 Autoroute

ANGERS — 47°29’54.1”N 0°33’27.0”W
7,1 km – 1h30 ↔ Hors ville Autoroute

ANGERS — 47°27’44.2”N 0°34’23.1”W
2,3 km – 28” Déchèterie

BEAUFORT-EN-ANJOU — 47°25’53.4”N 0°13’38.4”W
1,5 km – 18” ↔ Hors ville

BEAUPRÉAU-EN-MAUGE — 47°12’48.9”N 1°00’06.1”W
1,7 km – 23” ↔ Zone d'activité Déchèterie

BOUCHEMAINE — 47°25’19.1”N 0°36’57.2”W
0,8 km – 11” Sortie de ville Site seuil haut

BRAIN-SUR-ALLONNES — 47°17’22.6”N 0°03’28.8”E
1,5 km – 18” Sortie de ville

CHALONNES-SUR-LOIRE — 47°20’38.3”N 0°45’54.5”W
1 km – 13” Station d’épuration

49

CHEMILLÉ-EN-ANJOU — 47°12'11.5"N 0°46'05.4"W
3,7 km – 46" ↔ Hors ville Δ Autoroute

CHOLET — 47°03'47.8"N 0°49'00.2"W
5,2 km – 1h09 ↔ Hors ville

CHOLET — 47°03'47.8"N 0°49'06.0"W
5,2 km – 1h09 ↔ Hors ville

DISTRÉ — 47°13'17.3"N 0°05'34.9"W
1,9 km – 24" ↔ Hors ville, limites communales
Δ Exploitations agricoles

DOUÉ-EN-ANJOU — 47°12'22.0"N 0°17'51.1"W
2,6 km – 32" ↔ Hors ville

GENNES-VAL DE LOIRE — 47°22'00.3"N 0°13'34.6"W
2,2 km – 27" ↔ Hors ville Δ Train

LES HAUTS D'ANJOU — 47°40'28.3"N 0°28'56.9"W
0,9 km – 11" ↔ Hors ville

LE LION D'ANJOU — 47°37'26.8"N 0°43'40.7"W
1,5 km – 19" ↔ Hors ville Δ 4 voies

LONGUÉ-JUMELLES — 47°22’46.2”N 0°07’35.0”W
1,7 km – 21” ↔ Hors ville Δ Station d’épuration

MONTREUIL-BELLAY — 47°08’24.3”N 0°08’37.6”W
1,6 km – 19” ↔ Hors ville
Δ Station d’épuration, déchèterie

MONTREUIL-JUIGNÉ — 47°33’05.0”N 0°36’16.9”W
3,3 km – 39” ↔ Hors ville

OMBRÉE-D’ANJOU — 47°44’10.8”N 1°09’04.3”W
1,7 km – 21” ↔ Hors ville Δ Décharge

LES PONTS-DE-CÉ — 47°26’02.2”N 0°28’35.0”W
5,2 km – 1h04 ↔ Hors ville

POUANCÉ — 47°44’10.7”N 1°09’04.3”W
1,7 km – 21” ↔ Hors ville Δ Déchèterie

SAINT-BARTHÉLEMY-D’ANJOU
— 47°27’38.5”N 0°30’01.5”W
1,3 km – 16” Δ Train

ST-PHILBERT-DU-PEUPLE — 47°24’05.8”N 0°02’19.5”W
1,2 km – 14” ↔ Hors ville

49

SAUMUR — 47°17'27.6"N 0°02'24.8"W

4,6 km – 59" Hors ville 4 voies

SEGRÉ-EN-ANJOU BLEU — 47°41'36.7"N 0°53'20.0"W

1,7 km – 21" Hors ville 4 voies

SÈVREMOINE — 47°07'54.1"N 0°59'48.9"W

1 km – 12" Sortie de ville Station d'épuration

VIVY — 47°18'51.0"N 0°04'18.3"W

2,7 km – 33" Hors ville

AVRANCHES — 48°41'42.3"N 1°20'13.3"W
2,6 km – 33" ↔ Zone industrielle
Carrière, déchèterie

CARENTAN-LES-MARAIS — 49°18'49.9"N 1°14'43.0"W
2,6 km – 33" ↔ Hors ville

CHERBOURG-EN-COTENTIN — 49°37'11.4"N 1°38'44.4"W
4,4 km – 55" ↔ Hors ville 4 voies

COUTANCES — 49°04'10.7"N 1°26'36.2"W
2,8 km – 37" ↔ Limites communales

GRANVILLE — 48°49'45.7"N 1°32'40.5"W
4,2 km – 56" ↔ Hors ville

PÉRIERS — 49°10'28.2"N 1°25'07.6"W
1,8 km – 23" ↔ Hors ville

SAINT-HILAIRE-DU-HARCOUËT
— 48°34'35.5"N 1°06'30.1"W
1,3 km – 16" ↔ Hors ville
Déchèterie, installations haute tension, station d'épuration

SAINT-LÔ — 49°05'58.4"N 1°06'22.4"W
2,5 km – 33" 4 voies

50

TOURLAVILLE — 49°37'44.9"N 1°33'16.2"W
2,6 km – 36" ↔ Hors ville

VALOGNES — 49°29'42.5"N 1°27'57.1"W
1,5 km – 19" ↔ Zone industrielle △ 4 voies

11 2,4 km – 31" ↔ 63 %
27 % 36 % 0 %

BÉTHENY — 49°17'11.5"N 4°01'51.3"E
4 km – 50" ↔ Zone d'activité
Train, 4 voies

ÉPERNAY — 49°01'25.7"N 3°58'08.1"E
3 km – 38" ↔ Sortie de ville

CHÂLONS-EN-CHAMPAGNE — 48°59'01.4"N 4°22'54.1"E
3,5 km – 47" Sortie de ville

CORMONTREUIL — 49°12'42.9"N 4°02'58.8"E
1,5 km – 20" ↔ Zone d'activité 4 voies

FISMES — 49°18'50.8"N 3°41'14.6"E
1,3 km – 16" ↔ Hors ville

LA NEUVILLETTE — 49°17'38.1"N 3°59'58.7"E
0,6 km – 8"

PLIVOT — 49°00'09.4"N 4°04'43.6"E
1,9 km – 24" ↔ Hors ville

REIMS — 49°14'26.5"N 4°03'57.3"E
3,1 km – 41"

51

SARRY — 48°56'15.8"N 4°25'18.2"E
3,9 km – 49" ↔ Hors ville Exploitations agricoles

SÉZANNE — 48°42'38.7"N 3°43'24.0"E
1,6 km – 19" ↔ Hors ville

VITRY-LE-FRANÇOIS — 48°44'09.8"N 4°35'44.8"E
2,3 km – 28"

BOURBONNE-LES-BAINS — 47°57'41.3"N 5°43'37.8"E
2,2 km – 28" ↔ Zone industrielle Déchèterie

CHAUMONT — 48°04'34.4"N 5°09'21.6"E
4,2 km – 54" ↔ Hors ville

CHAUMONT — 48°04'35.5"N 5°09'25.0"E
4,2 km – 54" ↔ Hors ville

HUMES-JORQUENAY — 47°54'30.5"N 5°16'13.7"E
3 km – 42" ↔ Hors ville

LANGRES — 47°52'55.2"N 5°20'13.9"E
2,6 km – 31" ↔ Hors ville Station d'épuration

SAINT-DIZIER — 48°38'12.5"N 4°59'25.9"E
3,3 km – 43" ↔ Hors ville

SAINT-DIZIER — 48°38'12.9"N 4°59'37.3"E
3,3 km – 43" ↔ Hors ville

53 mayenne

10 — 2,12 km – 25” — 20 %
50 % — 40 % — 10 %

CHANGÉ — 48°06’23.5”N 0°47’27.0”W
1,1 km – 14”

CHÂTEAU-GONTIER — 47°49’38.3”N 0°43’50.7”W
2,2 km – 28”

CRAON — 47°50’29.5”N 0°56’27.6”W
1,3 km – 17”

► **CRAON** — 47°50’50.7”N 0°58’15.9”W
1,9 km – 24” — Zone d'activité — Déchèterie

ERNÉE — 48°17’22.3”N 0°56’18.2”W
1,2 km – 15” — Sortie de ville — Station d’épuration

ÉVRON — 48°09’55.9”N 0°24’02.9”W
1,1 km – 14” — Sortie de ville, zone industrielle
Déchèterie — Site seuil haut

► **LAVAL** — 48°02’47.7”N 0°48’05.7”W
3,9 km – 52” — Zone d'activité — 4 voies

LAVAL — 48°03’44.2”N 0°43’52.2”W
4 km – 52” — Zone d'activité

MAYENNE — 48°18'07.1"N 0°35'36.5"W

2,7 km – 37"

SAINT-BERTHEVIN — 48°04'46.3"N 0°49'35.8"W

1,8 km – 23" △ 4 voies, train

54 meurthe-et-moselle

12 2,25 km – 29” ↔ 50 %
75 % 17 % 8 %

JARNY — 49°08’12.8”N 5°53’29.9”E
2,5 km – 32” ↔ Zone d'activité Train

LONGLAVILLE — 49°31’41.9”N 5°47’00.2”E
1,3 km – 17” Déchèterie

LONGUYON — 49°27’29.6”N 5°36’09.0”E
1,7 km – 22” Sortie de ville Train

LUNÉVILLE — 48°35’56.5”N 6°30’46.6”E
2 km – 25”

MAXÉVILLE — 48°42’36.6”N 6°08’59.8”E
1,8 km – 27” Autoroute

MONT-SAINT-MARTIN — 49°32’16.3”N 5°47’24.3”E
1,9 km – 24” ↔ Limites communales
Train

NEUVES-MAISONS — 48°36’53.0”N 6°06’36.0”E
2 km – 25” ↔ Zone industrielle
Acierie, train, usine de béton Site seuil bas

POMPEY — 48°47’08.2”N 6°07’39.2”E
2,4 km – 29” ↔ Zone industrielle
Train, usines

PONT-À-MOUSSON — 48°55'20.4"N 6°05'02.7"E
3,7 km – 50" ↔ Hors ville Déchèterie

TOMBLAINE — 48°40'59.0"N 6°12'43.0"E
0,4 km – 5"

TOUL — 48°41'52.5"N 5°53'42.2"E
3,1 km – 40" Sortie de ville

TOUL — 48°42'20.6"N 5°53'17.7"E
4,2 km – 53" ↔ Hors ville Déchèterie

55 meuse

7 — 2 km – 25” — ↔ 14 %
71 % — 29 % — 0 %

BAR-LE-DUC — 48°47’03.3”N 5°08’50.0”E
2,3 km – 29” — Train

COMMERCY — 48°45’05.1”N 5°35’10.8”E
1,5 km – 20” — Sortie de ville

FAINS-VÉEL — 48°47’25.0”N 5°08’30.6”E
2 km – 25” — ↔ Hors ville — Station d’épuration

GIVRAUVAL — 48°40’22.1”N 5°19’39.9”E
2,2 km – 27” — Sortie de ville — Train

SAINT-MIHIEL — 48°53’12.0”N 5°33’41.0”E
1,5 km – 20” — Sortie de ville

STENAY — 49°29’28.9”N 5°10’32.1”E
2,2 km – 26” — Sortie de ville — Usine chimique

THIERVILLE-SUR-MEUSE — 49°10’14.2”N 5°22’44.9”E
2,3 km – 28” — Zone industrielle
Déchèterie, train

30 — 2,5 km – 31” — ↔ 50 %
67 % — 23 % — 3 %

ALLAIRE — 47°38’06.1”N 2°10’42.7”W
1,5 km – 18” — 4 voies

AURAY — 47°40’04.2”N 3°00’19.5”W
2,2 km – 27” — ↔ Zone d'activité

CAUDAN — 47°48’14.9”N 3°20’41.7”W
0,8 km – 10” — Zone industrielle — Station d’épuration

GUER — 47°53’29.2”N 2°07’23.3”W
6,6 km – 1h20 — ↔ Hors ville — Station d’épuration

GUIDEL — 47°46’54.4”N 3°29’37.0”W
1 km – 12” — ↔ Hors ville — Station d’épuration

HENNEBONT — 47°47’34.2”N 3°16’51.7”W
2,1 km – 25” — ↔ Hors ville — Station d’épuration

INZINZAC-LOCHRIST — 47°49’51.0”N 3°16’12.7”W
2,3 km – 29” — ↔ Hors ville

JOSSELIN — 47°56’39.7”N 2°32’35.4”W
1,7 km – 23” — Limites communales
Station d’épuration

56

KERVIGNAC — 47°45’22.2”N 3°14’17.7”W

1 km – 13”

LANESTER — 47°46’40.4”N 3°19’21.4”W

2,8 km – 36” Limites communales

Site seuil haut

LANGUIDIC — 47°50’48.3”N 3°10’21.6”W

2,1 km – 27” Sortie de ville

Installations haute tension

LARMOR-PLAGE — 47°43’15.7”N 3°24’32.5”W

2,9 km – 39” Limites communales Déchèterie

LOCMINÉ — 47°52’43.1”N 2°50’34.6”W

1,5 km – 18” Station d’épuration

LORIENT — 47°45’48.8”N 3°24’24.0”W

4,2 km – 54” Zone industrielle

Train, aéroport

MUZILLAC — 47°32’55.7”N 2°28’09.2”W

1,7 km – 21” Hors ville 4 voies

PÉNESTIN — 47°28’25.2”N 2°25’56.4”W

3,9 km – 49” Limites communales Déchèterie

PLOEMEUR — 47°43’56.9”N 3°27’25.5”W
3,1 km – 40” ↔ Hors ville Carrière

PLOËRMEL — 47°54’35.0”N 2°24’23.8”W
4,6 km – 57” ↔ Hors ville 4 voies

PONTIVY — 48°04’57.2”N 2°56’46.7”W
2,7 km – 36”

PLOUGOUMELEN — 47°39’48.5”N 2°52’34.7”W
4 km – 51” ↔ Limites communales

PLOUHINEC — 47°41’30.7”N 3°13’58.3”W
1,6 km – 19” ↔ Hors ville Station d’épuration

PLUVIGNER — 47°47’24.1”N 3°00’36.1”W
1,6 km – 19” Sortie de ville Train

QUESTEMBERT — 47°39’30.1”N 2°27’50.1”W
1,5 km – 19”

QUIBERON — 47°29’49.9”N 3°07’29.5”W
1,9 km – 25”
Déchèterie, installations haute tension, train

RIANTEC — 47°42’35.1”N 3°16’23.3”W
3,1 km – 39” Limites communales

SAINT-AVÉ — 47°41’30.8”N 2°43’41.0”W
0,8 km – 10”

SARZEAU — 47°30’55.0”N 2°47’45.9”W
2,8 km – 35” Sortie de ville

SÉNÉ — 47°38’29.0”N 2°44’05.3”W
4,1 km – 51” Sortie de ville

THEIX-NOYALO — 47°38’07.0”N 2°40’03.4”W
1,9 km – 24” ↔ Zone d'activité Δ 4 voies

VANNES — 47°40’07.2”N 2°44’27.0”W
3 km – 38” ↔ Zone industrielle
Δ 4 voies, installations haute tension, train

FAULQUEMONT — 49°02'50.9"N 6°36'54.6"E
1,9 km – 23" ↔ Zone industrielle
Station d'épuration, train

FREYMING-MERLEBACH — 49°08'48.1"N 6°48'26.6"E
0,9 km – 11" Train

HETTANGE-GRANDE — 49°24'42.0"N 6°09'13.8"E
0,7 km – 9" Train

MARANGE-SILVANGE — 49°13'52.3"N 6°08'51.5"E
5,6 km – 1h09 ↔ Zone industrielle Usine béton

MARLY — 49°03'14.3"N 6°08'08.5"E
2,6 km – 33" ↔ Hors ville Déchèterie

METZ — 49°07'46.6"N 6°11'23.5"E
1,7 km – 20" ↔ Zone industrielle Incinérateur

MONDELANGE — 49°16'08.1"N 6°10'06.4"E
1,1 km – 14" Déchèterie, train

NILVANGE — 49°20'43.3"N 6°02'08.5"E
1,4 km – 18" Déchèterie

57

SAINT-AVOLD — 49°06’44.6”N 6°43’33.8”E
2,2 km - 28” ↔ Zone industrielle

SARREBOURG — 48°42’58.5”N 7°02’33.1”E
3 km - 39” ↔ Zone d'activité
4 voies, carrière

SARREBOURG — 48°42’57.2”N 7°02’24.8”E
3 km - 39” ↔ Zone d'activité
4 voies, carrières

SARREGUEMINES — 49°05’51.3”N 7°04’36.4”E
1,7 km - 22” ↔ Zone industrielle
Déchèterie, train

STIRING-WENDEL — 49°12’04.9”N 6°55’14.3”E
0,6 km - 10” Limites communales Déchèterie

THIONVILLE — 49°21’01.1”N 6°06’16.4”E
6,2 km - 1h20 ↔ Hors ville 4 voies

VOLSTROFF — 49°18’03.2”N 6°13’36.6”E
3 km - 37” ↔ Hors ville

YUTZ — 49°20’17.3”N 6°13’04.7”E
4 km - 51” ↔ Hors ville 4 voies

LA-CHARITÉ-SUR-LOIRE — 47°11'30.7"N 3°01'43.4"E
2,2 km – 28" Zone d'activité Autoroute

LA-CHARITÉ-SUR-LOIRE — 47°11'30.7"N 3°00'38.3"E
2,1 km – 25" Zone d'activité
Station d'épuration

LA-CHARITÉ-SUR-LOIRE — 47°12'11.5"N 3°00'56.7"E
3,4 km – 43" Limites communales Autoroute

DECIZE — 46°48'37.0"N 3°26'39.7"E
2,8 km – 35" Hors ville

NEVERS — 46°58'45.9"N 3°09'09.6"E
1,8 km – 22" Train

NEVERS — 46°58'43.5"N 3°12'13.5"E
5,4 km – 1h04

VARENNES — 47°03'13.4"N 3°08'24.9"E
4,8 km – 1h01 Hors ville

59 nord

37 — 2,1 km – 27” — 83 %
△ 78 % — 6 % — 0 %

ARMENTIÈRES — 50°40’47.2”N 2°53’53.8”E
1,9 km – 24” — Limites communales
△ Installations haute tension, train

AULNOYE-AYMERIES — 50°11’27.0”N 3°49’20.4”E
2,6 km – 31” — Zone industrielle
△ Déchèterie, station d’épuration, train, usine métallurgie

BAILLEUL — 50°43’41.6”N 2°44’42.3”E
2,3 km – 27” — Zone d'activité
△ 4 voies, train

LE CATEAU-CAMBRÉSIS — 50°05’56.4”N 3°32’07.1”E
1,5 km – 20”

CAUDRY — 50°06’30.0”N 3°25’10.8”E
2,7 km – 35” — Zone industrielle — △ Train

COMINES — 50°45’14.5”N 3°01’33.5”E
1,8 km – 23” — Hors ville — △ 4 voies

DECHY — 50°21’30.4”N 3°07’29.2”E
0,7 km – 9”

DENAIN — 50°20’01.9”N 3°22’38.9”E
1,6 km – 20” — Hors ville — △ Train

LA ESCAUDAIN — 50°19'07.0"N 3°20'30.0"E
1,5 km – 20" ↔ Limites communales
Δ Centrale électrique, train

FEIGNIES — 50°17'09.9"N 3°54'39.8"E
1,5 km – 19" ↔ Hors ville Δ Exploitations agricoles

FRESNES-SUR-ESCAUT — 50°25'38.5"N 3°34'02.2"E
1,2 km – 15" Δ Déchèterie

FOURMIES — 50°01'14.3"N 4°01'51.1"E
1,6 km – 21" ↔ Zone d'activité Δ Déchèterie

GRANDE-SYNTHE — 51°00'08.6"N 2°18'18.2"E
2,1 km – 26" ↔ Zone industrielle
Δ Autoroute, station d'épuration, train

► **HAUTMONT** — 50°15'20.3"N 3°55'30.4"E
1,3 km – 16" Δ 4 voies

HAZEBROUCK — 50°42'52.5"N 2°33'25.5"E
2,9 km – 36" ↔ Sortie de ville

HELLEMMES-RONCHIN — 50°36'57.6"N 3°05'41.0"E
4,1 km – 51" ↔ Zone industrielle
Δ Concasserie, déchèterie, exploitations agricoles, train,
usine de béton

59

JEUMONT — 50°17’03.5”N 4°06’02.6”E

1,7 km – 24” Sortie de ville

Exploitations agricoles

LAMBRES-LEZ-DOUAI — 50°21’54.4”N 3°02’12.1”E

2,9 km – 36” Zone industrielle Déchèterie

LEFFRINCKOUCKE — 51°02’47.8”N 2°27’32.8”E

2,3 km – 28” Zone industrielle

Usine Ascométal

LILLE — 50°36’58.6”N 3°02’34.5”E

1,8 km – 22” Zone industrielle

Autoroute, chenil, train

LOMME — 50°39’08.4”N 2°59’51.9”E

2,5 km – 31” 8 voies, décharge

LOUVROIL — 50°15’41.5”N 3°56’07.8”E

2,1 km – 26” Zone industrielle

Usine matériaux construction

MARLY — 50°20’05.7”N 3°33’23.1”E

2,1 km – 29” Hors ville Autoroute

MERVILLE — 50°37’17.1”N 2°38’01.6”E

3,9 km – 49” Zone industrielle Aérodrome

MONS-EN-BARŒUL — 50°38’48.1”N 3°07’26.1”E

1,4 km – 18” ↔ Zone déchèterie

Autoroute, déchèterie, train

ONNAING — 50°24’16.0”N 3°35’37.4”E

2,9 km – 36” ↔ Limites communales Décharge

PÉRENCHIES — 50°39’31.3”N 2°58’16.5”E

1,4 km – 18” ↔ Zone industrielle

Déchèterie, train, usine

PETITE-SYNTHE — 51°01’00.5”N 2°21’29.9”E

2 km – 24” ↔ Zone d'activité

QUESNOY-SUR-DEÛLE — 50°43’05.1”N 3°00’50.1”E

1,3 km – 15” ↔ Hors ville

RAISMES — 50°23’06.6”N 3°25’57.6”E

4,9 km – 1h02 ↔ Limites communales

SAINT-ANDRÉ — 50°39’04.6”N 3°03’14.6”E

1,8 km – 23” ↔ Hors ville

Autoroute, train

SECLIN — 50°32’36.5”N 3°02’49.9”E

2,3 km – 28” ↔ Zone industrielle

Centrale électrique, déchèterie, usine

59

TÉTEGHEM — 51°01’57.2”N 2°26’17.4”E

2,1 km – 26” ↔ Hors ville Autoroute

TRITH-SAINT-LÉGER — 50°19’33.8”N 3°30’10.5”E

2,5 km – 32” ↔ Zone inhabitée

Train, usine désafectée devenue décharge

VILLENEUVE-D’ASCQ — 50°36’08.6”N 3°08’26.5”E

2,8 km – 36” ↔ Zone industrielle

WATTIGNIES — 50°35’02.6”N 3°03’21.6”E

0,9 km – 12” Train

WATTRELOS — 50°42’42.9”N 3°12’13.9”E

1,6 km – 20”

BEAUVAIS — 49°26'33.7"N 2°06'51.1"E
3,7 km – 48" ↔ Hors ville 8 voies, aéroport

BEAUVAIS — 49°26'26.4"N 2°06'54.7"E
3,7 km – 48" ↔ Hors ville 8 voies, aéroport

CHAMBLY — 49°09'57.6"N 2°16'40.3"E
2,5 km – 32" ↔ Sortie de ville
Déchèterie, silos agricoles, station d'épuration, train

CLERMONT — 49°22'53.1"N 2°25'54.3"E
1,8 km – 21" ↔ Sortie de ville

COMPIÈGNE — 49°23'57.9"N 2°49'29.3"E
3,2 km – 40" ↔ Sortie de ville

CRÉPY-EN-VALOIS — 49°13'09.9"N 2°54'41.2"E
1,9 km – 23" ↔ Sortie de ville

GOUVIEUX — 49°12'34.5"N 2°26'46.6"E
4,2 km – 53" ↔ Dans les bois Carrière

JAUX — 49°24'37.3"N 2°45'54.6"E
4,5 km – 59" ↔ Hors ville

60

LAIGNEVILLE — 49°18’41.2”N 2°27’01.6”E
2,5 km – 30” ↔ Hors ville 8 voies

MÉRU — 49°12’59.6”N 2°07’52.8”E
2,6 km – 34” ↔ Zone industrielle Autoroute

MÉRU — 49°14’01.8”N 2°06’31.5”E
3 km – 39” ↔ Hors ville Autoroute

NOYON — 49°35’26.2”N 3°00’08.4”E
1,3 km – 18” Sortie de ville

SAINT-JUST-EN-CHAUSSÉE — 49°29’48.9”N 2°26’26.0”E
1,1 km – 13” ↔ Sortie de ville
Station d’épuration

6 — 2,5 km – 32" — ↔ 83 %
83 % — 17 % — 0 %

L'AIGLE — 48°44'45.7"N 0°35'41.8"E

4 km – 50" — Limites communales

ARGENTAN — 48°44'44.4"N 0°01'59.1"W

2,1 km – 26" — ↔ Zone industrielle
Train, 4 voies

LA FERTÉ-MACÉ — 48°36'44.6"N 0°21'06.4"W

2,9 km – 39" — ↔ Hors ville — Stockage de lisier

FLERS — 48°43'47.0"N 0°34'15.0"W

2,7 km – 35" — ↔ Zone industrielle — Déchèterie

SAINT-GERMAIN-DE-CLAIREFEUILLE — 48°42'11.1"N 0°15'01.4"E

2 km – 25" — ↔ Hors ville
Autoroute, train

VALFRAMBERT — 48°27'36.8"N 0°07'22.6"E

1,5 km – 18" — ↔ Hors ville
Autoroute, usine chimique

62 pas-de-calais

31 — 2,4 km – 30" — ↔ 32 %
61 % — 19 % — 10 %

ACHICOURT — 50°16'45.5"N 2°44'35.0"E
2 km – 26" — ↔ Zone d'activité
Usine de béton

AGNY — 50°15'12.2"N 2°46'30.2"E
1,9 km – 25" — ↔ Hors ville

AIRE-SUR-LA-LYS — 50°38'42.2"N 2°24'10.4"E
1,1 km – 14" — Station d'épuration

ARRAS — 50°16'52.9"N 2°48'12.6"E
2,7 km – 37"

BERCK — 50°24'33.3"N 1°36'18.6"E
1,5 km – 18" — Sortie de ville

BERCK — 50°23'53.0"N 1°34'56.1"E
1,5 km – 19" — Sortie de ville

BÉTHUNE — 50°32'46.3"N 2°38'47.8"E
2,4 km – 30" — Station d'épuration

BLENDECQUES — 50°43'42.9"N 2°16'41.1"E
1,1 km – 14" — Limites communales — 4 voies

BRUAY-LA-BUISSIÈRE — 50°29'01.7"N 2°31'09.6"E
4,2 km – 54"

BULLY-LES-MINES — 50°27'09.9"N 2°43'33.8"E
1,8 km – 23" Train

CALAIS — 50°57'02.5"N 1°55'12.1"E
5,3 km – 1h03 Déchèterie

CALAIS — 50°56'55.2"N 1°55'15.4"E
5,3 km – 1h06 Déchèterie

CALAIS — 50°57'01.0"N 1°55'07.2"E
5,3 km – 1h06 Déchèterie

ÉTAPLES — 50°31'22.9"N 1°37'46.2"E
1,3 km – 16" Train

GRENAY — 50°27'26.2"N 2°45'10.2"E
1,9 km – 24" Sortie de ville

HOUDAIN — 50°27'43.8"N 2°33'35.9"E
2,4 km – 31"

ISBERGUES — 50°36'51.2"N 2°28'41.8"E
1 km – 12" Zone industrielle
Station d'épuration Site seuil haut

LEFOREST — 50°25'35.0"N 3°03'37.2"E
0,8 km – 10" Limites communales Train

LILLERS — 50°33'52.3"N 2°29'30.0"E
1 km – 12" Site seuil bas

LONGUENESSE — 50°43'28.0"N 2°14'34.8"E
2,2 km – 28" ↔ Limites communales Déchèterie

LOOS-EN-GOHELLE — 50°26'21.8"N 2°45'35.3"E
3,8 km – 48" ↔ Zone d'activité, limites communales
Autoroute

MARLES-LES-MINES — 50°30'25.4"N 2°30'04.1"E
1 km – 13"

MÉRICOURT — 50°24'34.3"N 2°51'53.2"E
1,7 km – 21" 4 voies

MONCHY-LE-PREUX — 50°15'24.6"N 2°54'39.5"E
2,8 km – 23" ↔ Hors ville

NŒUX-LES-MINES — 50°28'32.0"N 2°41'25.3"E

2,1 km – 28" ↔ Hors ville, limites communales

Autoroute, train

OUTREAU — 50°41'39.2"N 1°34'30.4"E

2,3 km – 29" Sortie de ville

SAINT-LAURENT-BLANGY — 50°17'23.3"N 2°47'53.0"E

1,9 km – 26" ↔ Zone industrielle Train

SAINT-MARTIN-BOULOGNE — 50°43'35.3"N 1°40'42.2"E

3,8 km – 47" ↔ Zone d'activité

SAINT-OMER — 50°44'56.3"N 2°16'58.3"E

2,4 km – 30" ↔ Zone d'activité Train

VERTON — 50°24'27.7"N 1°36'21.4"E

4,2 km – 51" ↔ Limites communales

WIMEREUX — 50°45'00.5"N 1°36'31.4"E

2,5 km – 33" Sortie de ville Train

63 puy-de-dôme

20 2,46 km – 31" ↔ 100 %
50 % 0 % 0 %

AMBERT — 45°32'13.6"N 3°43'53.0"E
2,1 km – 26" ↔ Zone industrielle

AUBIÈRE — 45°45'20.7"N 3°09'09.3"E
3,5 km – 44" ↔ Zone industrielle
4 voies, train, usine de béton

BILLOM — 45°43'52.6"N 3°20'25.1"E
1,1 km – 12" ↔ Sortie de ville

BRASSAC-LES-MINES — 45°25'13.7"N 3°20'10.9"E
1,1 km – 13" ↔ Zone d'activité
Station d'épuration

CÉBAZAT — 45°50'34.9"N 3°06'45.7"E
2,3 km – 30" ↔ Zone industrielle
Centre de stockage des ordures, transformateur électrique, usine de béton,

LE CENDRE — 45°42'24.6"N 3°11'40.9"E
2,2 km – 30" ↔ Limites communales, exploitations agricoles

CHÂTEL-GUYON — 45°55'17.3"N 3°05'19.2"E
2,2 km – 27" ↔ Sortie de ville

CLERMONT-FERRAND — 45°45’40.8”N 3°09’02.4”E
6,3 km – 1h17 Hors ville
4 voies, casse automobile, usine de béton

COURNON — 45°43’39.6”N 3°10’27.9”E
2,1 km – 26” Zone industrielle

ENVAL — 45°53’23.9”N 3°04’04.4”E
2 km – 23” Zone industrielle
Centrale électrique, train

GERZAT — 45°49’38.1”N 3°07’52.2”E
1,5 km – 20” Sortie de ville Déchèterie

ISSOIRE — 45°33’18.5”N 3°16’14.1”E
2,2 km – 27” Zone industrielle
Déchèterie, station d’épuration, usine béton, zone inondable

MARINGUES — 45°54’30.2”N 3°19’00.5”E
2 km – 26” Sortie de ville

PONT-DU-CHÂTEAU — 45°47’11.4”N 3°15’51.3”E
3,8 km – 48” Hors ville Usine béton

RANDAN — 46°01’04.2”N 3°23’01.3”E
3 km – 37” Zone boisée

63

RIOM — 45°52'40.4"N 3°07'25.5"E

2,3 km – 27" ↔ Zone industrielle

4 voies, déchèterie, usine

SAINT-BONNET-PRÈS-RIOM — 45°55'14.8"N 3°05'30.4"E

2,1 km – 26" ↔ Sortie de ville

SAINT-OURS-LES-ROCHES — 45°51'16.7"N 2°54'23.0"E

1,5 km – 20" ↔ Hors ville

THIERS — 45°50'44.5"N 3°30'17.3"E

4,4 km – 57" ↔ Hors ville Station d'épuration

VOLVIC — 45°51'45.7"N 3°02'33.2"E

1,5 km – 19" ↔ Hors ville

11 3,2 km – 41" ↔ 81 %
45 % 18 % 0 %

BAYONNE — 43°27'26.3"N 1°29'39.0"W
7 km – 1h30 ↔ Hors ville

COARRAZE — 43°10'14.9"N 0°14'12.3"W
0,6 km – 8"

ITXASSOU — 43°20'48.9"N 1°24'56.2"W
2,2 km – 28" ↔ Zone d'activité
Déchèterie, usine

LESCAR — 43°20'53.6"N 0°26'08.2"W
4 km – 53" ↔ Hors ville Autoroute

LESCAR — 43°21'11.3"N 0°25'35.6"W
4,7 km – 1h ↔ Hors ville Autoroute

LONS — 43°18'09.6"N 0°25'22.8"W
3 km – 37" ↔ Zone industrielle

MOURENX — 43°22'49.1"N 0°37'56.2"W
2 km – 24" ↔ Hors ville

OLORON-SAINTE-MARIE — 43°12'00.0"N 0°37'44.3"W
2,8 km – 36" ↔ Zone d'activité Déchèterie

64

PAU — 43°18'38.8"N 0°19'23.4"W

5,5 km – 1h10

PRÉCILHON — 43°10'42.6"N 0°34'26.3"W

2,3 km – 31" ↔ Hors ville, limites communales

SAINT-JEAN-DE-LUZ — 43°24'22.8"N 1°37'55.6"W

1,4 km – 18" ↔ Hors ville

Δ Autoroute, train

15 2,7 km – 29" ↔ 66 %
47 % 13 % 0 %

AUREILHAN — 43°15'40.5"N 0°06'01.1"E
4,6 km – 57" ↔ Zone d'activité

BAGNÈRES-DE-BIGORRE — 43°04'40.0"N 0°09'05.5"E
1,6 km – 20" ↔ Zone d'activité

BORDÈRES-SUR-L'ÉCHEZ — 43°16'18.5"N 0°04'38.2"E
3 km – 37" ↔ Hors ville Usine

IBOS — 43°14'52.1"N 0°00'04.9"W
1,9 km – 24" ↔ Hors ville

IBOS — 43°13'03.7"N 0°01'01.3"E
2,8 km – 35" ↔ Hors ville 4 voies

LALOUBÈRE — 43°12'54.6"N 0°05'12.3"E
2,2 km – 26" ↔ Zone industrielle
Autoroute, déchèterie

LANNEMEZAN — 43°07'07.4"N 0°22'29.4"E
1,2 km – 15" Sortie de ville

LOURDES — 43°05'10.5"N 0°03'06.8"W
1,6 km – 20" ↔ Hors ville

65

MAUBOURGUET — 43°28’05.5”N 0°00’52.6”E
1,7 km – 22”

ODOS — 43°12’05.9”N 0°03’09.9”E
0,6 km – 8”

SOUES — 43°12’57.5”N 0°05’39.3”E
1,5 km – 18” Zone industrielle Δ Autoroute

TARBES — 43°13’17.9”N 0°05’33.0”E
2 km – 26” Zone industrielle Δ Usine

TARBES — 43°13’39.5”N 0°02’21.5”E
4 km – 50” ↔ Zone d’activité
Δ Installations haute tension, train

TARBES — 43°13’42.8”N 0°02’26.6”E
4 km – 50” ↔ Zone d’activité
Δ Installations haute tension, train

VIC-EN-BIGORRE — 43°23’16.6”N 0°01’46.2”E
2,7 km – 33” ↔ Hors ville

11 3,2 km – 41" ↔ 63 %
54 % 18 % 0 %

66 pyrénées-orientales

ARGELÈS-SUR-MER — 42°35'04.0"N 3°01'47.2"E
4,5 km – 55" ↔ Limites communales

LE BARCARÈS — 42°47'00.1"N 3°01'54.3"E
0,8 km – 10"

CABESTANY — 42°40'51.0"N 2°55'13.1"E
1,8 km – 22" ↔ Limites communales

CANET — 42°41'43.4"N 2°59'55.5"E
1,7 km – 22" ↔ Hors ville

ELNE — 42°36'38.0"N 2°59'03.1"E
2 km – 25" Zone d'activité 4 voies

PERPIGNAN — 42°40'15.1"N 2°51'38.8"E
6,3 km – 1h21 ↔ Hors ville Autoroute

PIA — 42°45'57.1"N 2°53'41.6"E
4 km – 50" Limites communales Autoroute

RIVESALTES — 42°44'48.1"N 2°52'40.5"E
2,9 km – 36" ↔ Hors ville
4 voies, aéroport, train

66

➤ RIVESALTES — 42°44'38.6"N 2°52'43.2"E

6,8 km – 1h25 ↔ Hors ville

△ 4 voies, aéroport, train

➤ SAINT-CYPRIEN — 42°38'04.6"N 3°00'26.7"E

2,7 km – 34"

THUIR — 42°37'47.9"N 2°44'06.8"E

2,1 km – 28" ↔ Hors ville △ Déchèterie

22 — 2,8 km – 34” — ↔ 68 %
50 % — 23 % — 5 %

BARR — 48°23’47.0”N 7°27’35.4”E
1,9 km – 24” — ↔ Zone d’activité — Déchèterie

BENFELD — 48°21’20.2”N 7°36’16.9”E
2,6 km – 33” — ↔ Hors ville

BISCHHEIM — 48°38’10.0”N 7°46’44.3”E
3,5 km – 42” — ↔ Hors ville

BISCHWILLER — 48°46’49.1”N 7°51’00.4”E
2 km – 25” — Sortie de ville — Déchèterie

BRUMATH — 48°43’00.3”N 7°42’51.2”E
2,8 km – 34”

ECKBOLSHEIM — 48°34’10.7”N 7°41’08.1”E
1,1 km – 13” — Sortie de ville

ERSTEIN — 48°25’54.0”N 7°40’36.3”E
1,9 km – 23” — ↔ Sortie de ville
Déchèterie, station d’épuration

ESCHAU — 48°29’35.5”N 7°45’59.7”E
4,7 km – 57” — ↔ Hors ville — 4 voies

67

GEISPOLSHEIM — 48°31’40.8”N 7°40’57.9”E
4,5 km – 55” ↔ Zone industrielle
Autoroute, centrale électrique

HAGUENAU — 48°48’21.2”N 7°49’10.5”E
3,1 km – 38” Station d’épuration

ILLKIRCH-GRAFFENSTADEN
— 48°30’36.8”N 7°43’43.5”E
3 km – 38” ↔ Hors ville

MOLSHEIM — 48°31’54.9”N 7°30’58.5”E
2,8 km – 36” ↔ Zone industrielle

MUTZIG — 48°31’57.7”N 7°28’39.6”E
2,1 km – 26” ↔ Hors ville Train

OBERNAI — 48°26’57.9”N 7°29’30.4”E
1,8 km – 23” ↔ Hors ville

OSTWALD — 48°32’41.0”N 7°41’37.5”E
2,4 km – 30” ↔ Zone industrielle Train

SAVERNE — 48°44’09.4”N 7°23’08.2”E
1,9 km – 23” Zone industrielle

SCHILTIGHEIM — 48°37’23.4”N 7°46’52.3”E
4 km – 50”

SÉLESTAT — 48°14’51.1”N 7°26’25.8”E
2,4 km – 30” ↔ Zone d’activité

STRASBOURG — 48°35’15.2”N 7°47’20.2”E
3,8 km – 48” ↔ Zone industrielle
Déchèterie Entourée de sites seuil haut

VENDENHEIM — 48°40’53.9”N 7°43’03.1”E
2,4 km – 29” ↔ Hors ville Train

WASSELONNE — 48°38’46.2”N 7°26’37.0”E
1,4 km – 19”

WISSEMBOURG — 49°01'24.4'N 7°59'49.2'E
4,7 km – 58” ↔ Hors ville Station d'épuration

15 — 2,7 km – 34” — 53 %
73 % — 13 % — 20 %

ALTKIRCH — 47°37’38.0”N 7°13’46.3”E
1,1 km – 14” — Zone industrielle
Train — Site seuil haut

CERNAY — 47°48’33.3”N 7°11’40.1”E
2,4 km – 30” — Zone industrielle
4 voies, motocross, station d’épuration
Site seuil haut à 600 mètres

COLMAR — 48°05’58.5”N 7°21’17.6”E
2,5 km – 32” — Zone d’activité — Aérodrome

COLMAR — 48°03’54.1”N 7°23’03.4”E
3,6 km – 47” — Hors ville — Autoroute

ENSISHEIM — 47°52’06.2”N 7°20’16.4”E
1,5 km – 18” — Zone industrielle
Silos agricoles, usine de béton

HORBOURG-WIHR — 48°05’48.0”N 7°24’06.1”E
2,4 km – 30” — Hors ville

HUNINGUE — 47°35’12.0”N 7°34’31.3”E
1,2 km – 15” — Zone industrielle
Train — Site seuil haut

KINGERSHEIM — 47°47'36.6"N 7°18'34.3"E

2,7 km – 33" ↔ Zone d'activité

4 voies, déchèterie

MULHOUSE — 47°46'10.2"N 7°20'17.2"E

3 km – 36" ↔ Hors ville Autoroute

RIEDISHEIM — 47°45'14.2"N 7°21'49.0"E

1,9 km – 24" Déchèterie, train

RIXHEIM — 47°46'21.0"N 7°23'38.0"E

4,2 km – 51"

RIXHEIM — 47°44'50.2"N 7°25'51.6"E

3,1 km – 39" ↔ Hors ville Aérodrome

SAINT-LOUIS — 47°37'43.5"N 7°31'26.6"E

5,8 km – 1h13 ↔ Sortie de ville

WITTELSHEIM — 47°48'55.8"N 7°16'02.0"E

2,4 km – 29" ↔ Hors ville Train

WITTENHEIM — 47°48'43.2"N 7°18'25.4"E

3 km – 38" Zone d'activité

69 rhône

30 — 3 km – 37,1" — ↔ 83 %
57 % — 10 % — 3 %

L'ARBRESLE — 45°50'21.7"N 4°36'15.5"E
1,4 km – 17" ↔ Sortie de ville

ANSE — 45°57'32.5"N 4°43'00.8"E
4,6 km – 57" ↔ Hors ville — Autoroute, train

BRIGNAIS — 45°40'12.0"N 4°46'07.3"E
1,4 km – 19" ↔ Sortie de ville — Autoroute

BRINDAS — 45°42'36.0"N 4°41'28.5"E
1,3 km – 16" ↔ Hors ville

BRON — 45°43'40.3"N 4°55'44.4"E
1,7 km – 22" — Aéroport, déchèterie

CALUIRE-ET-CUIRE — 45°48'12.5"N 4°51'59.7"E
2,2 km – 29" ↔ Zone industrielle — Déchèterie

CHASSIEU — 45°43'21.9"N 4°57'37.8"E
2,6 km – 33" ↔ Zone industrielle — Déchèterie

CORBAS — 45°40'34.3"N 4°54'47.5"E
1,7 km – 20" ↔ Zone industrielle

CRAPONNE — 45°45'03.2"N 4°44'23.3"E
2,7 km – 32"

69

DARDILLY — 45°49'03.6"N 4°45'54.7"E
2,2 km – 28" | Hors ville | Autoroute

ÉCULLY — 45°47'48.5"N 4°46'03.4"E
3 km – 39" | Zone d'activité

FRANCHEVILLE — 45°43'45.4"N 4°46'22.7"E
1,7 km – 24" | Hors ville | Déchèterie

GENAS — 45°44'45.3"N 5°01'46.5"E
6,1 km – 1h17 | Hors ville

GIVORS — 45°34'47.2"N 4°43'44.3"E
4,1 km – 52" | Zone autoroute | Autoroute

GRIGNY — 45°36'24.8"N 4°46'08.7"E
2 km – 25" | Zone industrielle

LENTILLY — 45°49'18.1"N 4°41'36.2"E
3,5 km – 44" | Hors ville | Autoroute

LYON — 45°46'10.7"N 4°47'38.5"E
2,3 km – 28" | Autoroute, déchèterie

69

LYON – FEYZIN — 45°43’08.5”N 4°50’50.7”E
6,4 km – 1h20 ↔ Zone industrielle
Site haut seuil

MEYZIEU — 45°45’36.6”N 5°02’13.3”E
6,4 km – 1h20 ↔ Hors ville Δ Décharge BTP

MONTAGNY — 45°38’49.7”N 4°44’48.1”E
4 km – 50” ↔ Hors ville

NEUVILLE-SUR-SAÔNE — 45°53’28.2”N 4°51’32.9”E
2,4 km – 33” ↔ Zone boisée Δ Stand de tir

RILLIEUX-LA-PAPE — 45°49’41.4”N 4°54’58.8”E
2,1 km – 27” ↔ Hors ville

SAINT-BONNET-DE-MURE — 45°40’25.6”N 5°01’04.2”E
2,2 km – 27” ↔ Zone industrielle
Δ Carrière, déchèterie, usine de béton

SAINT-GENIS-LAVAL — 45°41’22.4”N 4°48’34.8”E
2,2 km – 28”

SAINT-JEAN-D’ARDIÈRES — 46°07’59.2”N 4°44’20.0”E
1,3 km – 17” ↔ Hors ville

SAINT-LAURENT-DE-MURE — 45°40'20.9"N 5°00'58.8"E

3,1 km – 38" ↔ Zone industrielle

Carrière, déchèterie, usine de béton

SAINT-MARCEL-L'ÉCLAIRÉ — 45°53'16.5"N 4°27'18.4"E

3,7 km – 27" ↔ Zone industrielle

Station d'épuration, train, usine de béton

SAINT-PRIEST — 45°43'16.5"N 4°57'34.4"E

4,1 km – 52" ↔ Zone industrielle Déchèterie

VENISSIEUX — 45°41'19.5"N 4°52'43.1"E

1,2 km – 15"

VILLEURBANNE — 45°46'53.4"N 4°56'43.3"E

6,1 km – 1h17 ↔ Zone d'activité

70 haute-saône

8 2km – 27" 62 %
38 % 38 % 0 %

ÉCHENOZ-LA-MÉLINE — 47°34'43.6"N 6°08'10.7"E
2,6 km – 36" ↔ Limites communales

GRAY — 47°25'44.8"N 5°36'23.4"E
2,3 km – 29" ↔ Hors ville Aérodrome

GY — 47°24'16.9"N 5°48'28.1"E
1,1 km – 13"

LURE — 47°41'30.8"N 6°28'31.0"E
2,2 km – 28" ↔ Hors ville Usine, usine béton

LUXEUIL-LES-BAINS — 47°49'31.4"N 6°21'49.9"E
2 km – 26"

PUSEY — 47°38'56.7"N 6°06'24.7"E
1,7 km – 21" ↔ Zone d'activité
Déchèterie, station d'épuration

RONCHAMP — 47°41'35.9"N 6°37'30.7"E
1,3 km – 16" Zone d'activité

VESOUL — 47°38'45.8"N 6°09'52.6"E
3,4 km – 43" ↔ Zone d'activité

16 — 2,8 km – 35” — 69 %
62 % — 19 % — 6 %

AUTUN — 46°58’33.1”N 4°15’46.9”E
4,4 km – 54” — Hors ville — Aérodrome

BOURBON LANCY — 46°37’52.2”N 3°43’48.6”E
3,8 km – 45”

CHALON-SUR-SAÔNE — 46°48’51.9”N 4°51’45.8”E
4,5 km – 58” — Zone industrielle
Dépot, usine chimique, usine de béton

DIGOIN — 46°29’24.7”N 3°58’47.3”E
1,4 km – 18”

GUEUGNON — 46°35’16.9”N 4°03’17.2”E
2,1 km – 26” — Sortie de ville
Déchèterie, station d’épuration

LOUHANS — 46°38’08.9”N 5°12’27.1”E
1,4 km – 17” — Station d’épuration, train

LOUHANS — 46°38’03.9”N 5°12’32.6”E
1,4 km – 17” — Station d’épuration, train

MÂCON — 46°17’25.3”N 4°47’40.2”E
3,3 km – 41” — Zone industrielle
Aérodrome, autoroute, déchèterie

71

MÂCON — 46°20’05.4”N 4°50’27.0”E
4,3 km – 55” ↔ Zone d’activité

MONTCEAU-LES-MINES — 46°40’49.3”N 4°20’45.1”E
3,9 km – 50” ↔ Sortie de ville
4 voies, déchèterie

MONTCHANIN — 46°43’56.9”N 4°28’30.3”E
2,1 km – 26” ↔ Zone industrielle

PARAY-LE-MONIAL — 46°25’09.9”N 4°05’38.1”E
4,5 km – 56” ↔ Hors ville Stockage de lisier

SAINT-MARCEL — 46°46’58.3”N 4°53’19.5”E
1,3 km – 16”

TORCY — 46°47’17.7”N 4°26’50.9”E
1,6 km – 21” ↔ Zone industrielle
Nombreuses usines Site seuil bas

TOURNUS — 46°32’58.4”N 4°54’43.6”E
1,6 km – 22” ↔ Zone industrielle
Autoroute, déchèterie, station d’épuration

VARENNES-LE-GRAND — 46°41’52.4”N 4°50’49.8”E
3,5 km – 42” ↔ Hors ville

20 2,27 km – 29” 90 %
60 % 0,5 % 0 %

ARÇONNAY — 48°23’39.7”N 0°04’18.6”E
1,5 km – 19” Hors ville Exploitations agricoles

AUBIGNÉ-RACAN — 47°41’19.4”N 0°17’00.2”E
1,1 km – 14” Hors ville

BEILLÉ — 48°04’06.8”N 0°29’21.6”E
2,8 km – 33” Hors ville

BONNÉTABLE — 48°11’34.2”N 0°25’43.6”E
2 km – 25” Sortie de ville

BOULOIRE — 47°58’20.0”N 0°34’26.6”E
2 km – 26” Hors ville

CHAMPAGNÉ — 48°01’23.5”N 0°20’23.3”E
1,2 km – 15” Zone industrielle
Déchèterie, usine béton

CHANGÉ — 47°59’28.3”N 0°16’50.9”E
0,7 km – 9” Limites communales, zone boisée
Autoroute

CHÂTEAU-DU-LOIR — 47°41’38.1”N 0°25’40.1”E
1 km – 14” Exploitations agricoles

72

LA-CHARTRE-SUR-LE-LOIR — 47°44’38.8”N 0°35’27.6”E

2,3 km – 29” Zone industrielle Déchèterie

ÉCOMMOY — 47°49’17.2”N 0°18’07.7”E

2,6 km – 33” Zone boisée Autoroute

LA FERTÉ-BENARD — 48°10’13.0”N 0°37’31.8”E

3,5 km – 44” Zone industrielle Déchèterie

LA FLÈCHE — 47°41’14.0”N 0°03’19.4”W

2,3 km – 29” Zone boisée

LE MANS — 47°57’09.5”N 0°11’12.3”E

7,3 km – 1h33 Zone industrielle

Entrepôt de déchets industriels, usine

MULSANNE — 47°55’32.0”N 0°13’33.9”E

3,1 km – 38” Zone boisée

NEUVILLE-SUR-SARTHE — 48°03’33.8”N 0°12’32.9”E

2,5 km – 32” Hors ville Autoroute

ROÉZÉ-SUR-SARTHE — 47°54’03.3”N 0°02’47.5”E

2,4 km – 29” Hors ville, zone boisée

4 voies, décharge

SAINT-JEAN-D'ASSÉ — 48°09'15.5"N 0°07'13.1"E
0,5 km – 7"

SAINT-MARCEAU — 48°11'15.7"N 0°07'47.2"E
1,1 km – 15" ↔ Limites communales, zone boisée
Δ Ancienne décharge

THORIGNÉ-SUR-DUÉ — 48°03'06.1"N 0°31'02.4"E
4,5 km – 53" ↔ Hors ville

YVRÉ-L'ÉVÊQUE — 48°00'30.7"N 0°16'49.9"E
1,1 km – 14" ↔ Hors ville
Δ Décharge, polluants, train

73 Savoie

8 — 2,7 km – 34” — 75 %
88 % — 0 % — 0 %

AIX-LES-BAINS — 45°42’07.6”N 5°55’49.7”E
2,8 km – 40” — Hors ville — Autoroute

ALBERTVILLE — 45°39’39.7”N 6°24’48.1”E
3,2 km – 39” — Hors ville
4 voies, centrale électrique

BOURG-SAINT-MAURICE — 45°36’27.6”N 6°46’10.0”E
1,3 km – 17” — Déchèterie, train

CHAMBÉRY — 45°35’16.8”N 5°54’16.1”E
5,2 km – 1h06 — Zone d’activité — Autoroute, train

MONTMÉLIAN — 45°29’45.9”N 6°02’39.0”E
1,7 km – 22” — Train

LA RAVOIRE — 45°32’16.7”N 5°57’56.6”E
3,1 km – 39” — Limites communales
Autoroute, train

TOURNON — 45°38’08.7”N 6°19’43.8”E
2,3 km – 28” — Zone d’activité

VOGLANS — 45°38’30.2”N 5°53’24.2”E
1,8 km – 22” — Limites communales — Aéroport

18 — 2,7 km – 35" — 66 %
39 % — 11 % — 0 %

ALLINGES — 46°19'42.0"N 6°26'06.3"E
4 km – 47" — Train

ANNEMASSE — 46°11'57.0"N 6°16'24.6"E
4,4 km – 58" — Zone d'activité

ANNEMASSE — 46°11'52.3"N 6°16'26.3"E
4,4 km – 58" — Zone d'activité

BONS-EN-CHABLAIS — 46°16'16.1"N 6°21'06.3"E
1,9 km – 23" — Zone industrielle — Train

DOUVAINE — 46°19'14.9"N 6°17'37.9"E
2,5 km – 31"

ÉPAGNY — 45°55'43.8"N 6°05'30.4"E
2,8 km – 35" — Aéroport

MARIGNIER — 46°05'16.2"N 6°30'48.5"E
1,1 km – 14" — Train

PASSY — 45°55'11.7"N 6°40'16.2"E
1,8 km – 24" — Hors ville — Autoroute

PUBLIER — 46°22'45.8"N 6°32'41.8"E
2 km – 33" — Limites communales

74

REIGNIER — 45°55'43.8"N 6°05'30.4"E
3,4 km – 41" ↔ Limites communales

RUMILLY — 45°53'03.1"N 5°56'04.2"E
2,2 km – 27" ↔ Hors ville

SALLANCHES — 45°57'42.6"N 6°37'43.6"E
3,2 km – 38" ↔ Hors ville
Δ Autoroute, déchèterie, station d'épuration, train

ST-PIERRE-EN-FAUCIGNY — 46°04'44.9"N 6°22'29.7"E
2,9 km – 36" ↔ Hors ville Δ Autoroute

SILLINGY — 45°56'33.6"N 6°03'33.3"E
2,2 km – 27"

THONON-LES-BAINS — 46°20'54.3"N 6°27'24.3"E
3,8 km – 50" ↔ Limites communales

THYEZ — 46°04'32.5"N 6°31'25.0"E
2,1 km – 26" ↔ Limites communales

VEIGY — 46°16'22.1"N 6°17'32.7"E
3,2 km – 41" ↔ Limites communales

VIRY — 46°06'54.1"N 6°01'29.7"E
1,6 km – 16" ↔ Hors ville

2 4,5 km – 55” ↔ 100 %
0 % 0 % 0 %

VINCENNES — 48°49’12.2”N 2°27’11.4”E
4,2 km – 52” ↔ Zone boisée

PARIS XVIE — 48°51’25.5”N 2°13’45.0”E
4,7 km – 57” ↔ Zone boisée

76 seine-maritime

26 — 1,8 km – 24" — ↔ 72 %
64 % — 12 % — 12 %

BARENTIN — 49°33'27.0"N 0°56'55.5"E
2,2 km – 30" ↔ Hors ville
Train (modéré)

BOIS-GUILLAUME — 49°29'01.3"N 1°08'02.6"E
4,5 km – 56" ↔ Hors ville
4 voies, décharge

BOLBEC — 49°35'13.7"N 0°28'47.1"E
2 km – 26" ↔ Hors ville — Déchèterie

DARNÉTAL — 49°26'46.4"N 1°09'13.5"E
1,6 km – 20" ↔ Zone d'activité
Centre de collecte des ordures ménagères, déchèterie, train, usine bois

DIEPPE — 49°54'42.1"N 1°05'56.1"E
2,3 km – 28" ↔ Zone d'activité
Déchèterie, station d'épuration

ELBEUF — 49°17'32.0"N 1°00'21.1"E
0 km – 0"

EU — 50°04'07.5"N 1°25'47.7"E
3 km – 42" ↔ Zone aéroportuaire — Aéroport

FÉCAMP — 49°44'47.9"N 0°23'27.8"E

1,9 km – 27"   Zone d'habitation   Stand de tir

GONFREVILLE — 49°44'47.9"N 0°23'27.8"E

0,9 km – 11"

GOURNAY-EN-BRAY — 49°28'25.0"N 1°42'46.4"E

1,1 km – 14"   ↔   Sortie de ville, cimetière

Déchèterie

GRAND-COURONNE — 49°22'01.0"N 1°00'55.0"E

1,2 km – 18"   ↔   Zone industrielle

Déchèterie   Site seuil haut

LE GRAND-QUEVILLY — 49°24'04.3"N 1°01'50.1"E

2,5 km – 31"   ↔   Zone industrielle

Déchèterie, train, voie rapide

Site seuil haut

HARFLEUR — 49°30'58.4"N 0°11'47.3"E

1,2 km – 16"

LE HAVRE — 49°29'35.7"N 0°09'34.9"E

4,2 km – 53"   Zone industrielle

LE HAVRE — 49°31'37.6"N 0°10'06.7"E

1,3 km – 18"   ↔   Hors ville

MONTIVILLIERS — 49°32'25.3"N 0°12'09.4"E
2,3 km – 32" ↔ Zone d'activité

NEUFCHÂTEL-EN-BRAY — 49°43'17.8"N 1°26'09.7"E
1,6 km – 20" ↔ Sortie de ville
Autoroute, casse automobile

NOTRE-DAME-DE-BONDEVILLE
— 49°29'57.5"N 1°02'26.8"E
1,7 km – 20" ↔ Zone boisée

OISSEL — 49°21'02.4"N 1°05'52.1"E
0,1 km – 2" Déchèterie

PETIT-QUEVILLY — 49°26'10.9"N 1°03'05.8"E
0,9 km – 11" ↔ Zone industrielle
Silos à blé Deux sites seuil haut et seuil bas

ROUEN — 49°26'08.4"N 1°08'03.6"E
2,7 km – 34" ↔ Zone industrielle
Casse automobile, train

ST-ÉTIENNE-DU-ROUVRAY — 49°22'36.6"N 1°05'39.4"E
0,9 km – 11" ↔ Sortie de ville

ST-PIERRE-LÈS-ELBEUFS — 49°16'32.4"N 1°03'24.5"E
1,6 km – 20" ↔ Hors ville

SOTTEVILLE-LÈS-ROUEN — 49°25’15.2”N 1°06’35.4”E

2 km – 26” ↔ Zone industrielle

Déchèterie, fabrique de bois

LE TRAIT — 49°29’24.7”N 0°47’49.3”E

2 km – 24” Légèrement excentrée

YVETOT — 49°36’25.9”N 0°45’25.6”E

1,3 km – 15” ↔ Hors ville

Déchèterie, station d’épuration

77 seine-et-marne

32 — 2,38 km – 30” — ↔ 80 %
△ 54 % — 16 % — 0 %

BAILLY-ROMAINVILLIERS — 48°51’05.8”N 2°47’53.4”E
4,7 km – 57” ↔ Zone industrielle △ Déchèterie

BRIE-COMTE-ROBERT — 48°41’54.3”N 2°37’49.4”E
1,8 km – 23” ↔ Zone industrielle

▶ **CHAMBRY** — 49°00’42.0”N 2°53’50.3”E
2,5 km – 31” ↔ Limites communales

CHAMPAGNE-SUR-SEINE — 48°23’31.3”N 2°47’33.9”E
1,3 km – 16” Limites communales

CHESSY — 48°52’48.3”N 2°46’50.8”E
1,6 km – 20” ↔ Limites communales △ Train

▶ **CLAYE-SOUILLY** — 48°57’22.3”N 2°43’07.2”E
7,2 km – 1h28 ↔ Hors ville
△ Décharge, installations haute tension, train

COMBS-LA-VILLE — 48°38’56.4”N 2°33’40.7”E
2,1 km – 28” ↔ Zone industrielle △ Train

COULOMMIERS — 48°47’52.6”N 3°05’46.3”E
2,3 km – 31” ↔ Sortie de ville △ 4 voies

DAMMARTIN-EN-GOËLE — 49°02'58.1"N 2°40'25.2"E
0,9 km – 11"

LA FERTÉ-SOUS-JOUARRE — 48°57'21.2"N 3°08'05.1"E
0,7 km – 10"

GUIGNES — 48°38'06.4"N 2°47'16.8"E
1,2 km – 15" Limites communales
Δ Exploitations agricoles

LÉSIGNY — 48°45'04.9"N 2°36'40.8"E
1,1 km – 14" ↔ Hors ville

LIEUSAINT — 48°38'19.1"N 2°33'37.5"E
1,4 km – 31"

MAGNY-LE-HONGRE — 48°52'34.4"N 2°49'31.1"E
1,5 km – 17" ↔ Sortie de ville

MAISONCELLES-EN-BRIE — 48°50'58.5"N 2°59'57.3"E
2,7 km – 33" ↔ Hors ville Δ Déchèterie

MEAUX — 48°57'35.8"N 2°55'44.4"E
5,2 km – 1h05 ↔ Limites communales
Δ Installations haute tension, train

77

MELUN — 48°33'33.1"N 2°38'53.1"E
2,7 km – 31" ↔ Hors ville

NANGIS — 48°32'48.3"N 3°01'02.6"E
1,1 km – 14" Sortie de ville

NEMOURS — 48°16'48.7"N 2°41'40.5"E
1,8 km – 22" ↔ Limites communales

NOISIEL — 48°49'32.9"N 2°36'48.0"E
5,9 km – 1h17 ↔ Zone boisée Δ Autoroute

PONTAULT-COMBAULT — 48°46'44.0"N 2°37'00.6"E
4 km – 50" ↔ Sortie de ville
Δ Nationale, déchèterie

QUINCY-VOISINS — 48°54'41.1"N 2°52'47.5"E
1,6 km – 20" ↔ Limites communales Δ Déchèterie

ROISSY-EN-BRIE — 48°46'58.4"N 2°38'55.6"E
1,3 km – 16" ↔ Hors ville
Δ Centrale électrique, déchèterie

ST-FARGEAU-PONTHIERRY — 48°32'28.7"N 2°30'36.5"E
2,9 km – 38" ↔ Limites communales

SAINT-PIERRE-LÈS-NEMOURS
— 48°16'51.6"N 2°41'17.2"E
2,2 km – 27" ↔ Zone industrielle
Déchèterie, station d'épuration, usine chimique, usine de verre

SAINT-THIBAULT-DES-VIGNES
— 48°52'23.8"N 2°40'07.7"E
2,2 km – 26" ↔ Zone industrielle Autoroute

SAVIGNY-LE-TEMPLE — 48°35'28.7"N 2°35'15.9"E
0,9 km – 11" ↔ Zone industrielle
Déchèterie, train

SOUPPES-SUR-LOING — 48°10'16.8"N 2°44'09.2"E
1,7 km – 21" ↔ Limites communales

SOURDIN — 48°33'15.2"N 3°19'19.1"E
3,1 km – 37" ↔ Limites communales

TOURNAN-EN-BRIE — 48°43'54.2"N 2°47'57.2"E
2,8 km – 36" ↔ Zone industrielle Déchèterie

VAUX-LE-PÉNIL — 48°32'26.5"N 2°41'18.2"E
2,8 km – 36" ↔ Zone industrielle Déchèterie

VILLEPARISIS — 48°56'03.0"N 2°37'30.6"E
1,2 km – 17" ↔ Zone industrielle Décharge

78 yvelines

20 — 2,6 km – 34” — 89 %
74 % — 11 % — 10 %

AUBERGENVILLE — 48°58’23.0”N 1°51’35.5”E
2,9 km – 36” — Zone industrielle — Déchèterie

BEYNES — 48°50’12.4”N 1°51’54.2”E
2,6 km – 35” — Hors ville
Déchèterie — Site seuil haut

BUCHELAY — 48°59’25.0”N 1°41’15.5”E
2,1 km – 26” — Zone industrielle — Train

CONFLANS-ST-HONORINE — 48°59’14.3”N 2°04’56.6”E
1,4 km – 17” — Zone industrielle — Déchèterie

ÉLANCOURT — 48°46’36.0”N 1°58’01.0”E
2,1 km – 26”

LES ESSARTS-LE-ROI — 48°43’44.8”N 1°53’54.3”E
1,6 km – 19” — Hors ville

FRENEUSE — 49°03’23.1”N 1°36’31.0”E
1,1 km – 14” — Hors ville
Déchèterie, usine de béton

GARGENVILLE — 48°59’14.0”N 1°48’10.0”E
0,8 km – 10”

78

GUYANCOURT — 48°47’30.0”N 2°03’39.0”E

3,1 km – 39” ↔ Zone isolée

Δ Installations haute tension

JOUY-EN-JOSAS — 48°46’52.8”N 2°09’22.5”E

2,5 km – 35” ↔ Hors ville Δ Autoroute, train

LIMAY — 48°59’05.2”N 1°44’26.8”E

1,3 km – 16” ↔ Hors ville

Δ 4 voies, station d’épuration

MAUREPAS — 48°46’53.0”N 1°55’03.0”E

3,6 km – 43” ↔ Hors ville Δ Station d’épuration

LE MESNIL-SAINT-DENIS — 48°45’18.0”N 1°58’08.0”E

1,9 km – 23” ↔ Hors ville Δ Station d’épuration

MONTESSON — 48°54’52.0”N 2°09’29.0”E

4,2 km – 53” ↔ Autoroute

Δ Autoroute, déchèterie

LES MUREAUX — 48°58’58.0”N 1°54’16.6”E

1,5 km – 19” ↔ Zone industrielle

PLAISIR — 48°48’00.0”N 1°57’30.0”E

2,9 km – 39” ↔ Zone industrielle

Δ Déchèterie, nationale

78

RAMBOUILLET — 48°39’35.0”N 1°50’10.0”E
2,2 km – 28” ↔ Zone boisée Δ Déchèterie

S[T]-ARNOULT-EN-YVELINES — 48°33’34.0”N 1°54’46.0”E
2,9 km – 37” ↔ Zone boisée Δ Déchèterie

SAINT-GERMAIN-EN-LAYE — 48°59’07.0”N 2°07’05.0”E
11,4 km – 2h23 ↔ Zone industrielle
Δ Station d’épuration Site seuil haut

TRAPPES — 48°46’59.0”N 1°58’22.0”E
2,5 km – 31” ↔ Zone industrielle

79 deux-sèvres

14 — 2,9 km – 38" — 50 %
21 % — 36 % — 0 %

AIFFRES — 46°16'46.6"N 0°25'07.4"W
1,1 km – 13" Train

BRESSUIRE — 46°49'43.5"N 0°29'46.6"W
1,8 km – 22" Train

CHAURAY — 46°20'03.2"N 0°23'29.4"W
4,2 km – 52" ↔ Hors ville

LA CRÈCHE — 46°22'05.5"N 0°16'52.3"W
1,9 km – 24" ↔ Hors ville, limites communales

MAULÉON — 46°55'45.5"N 0°46'38.4"W
2,3 km – 30" ↔ Sortie de ville

MELLE — 46°12'51.5"N 0°09'17.1"W
1,9 km – 24" ↔ Hors ville

NIORT — 46°19'59.6"N 0°24'01.3"W
6 km – 1h18 ↔ Hors ville Train

NIORT-MINERAIE — 46°20'50.8"N 0°26'44.9"W
3,6 km – 47"

NIORT-NORON — 46°20'01.1"N 0°29'17.4"W
2,5 km – 31"

79

NUEIL-LES-AUBIERS — 46°57'19.6"N 0°34'35.7"W
3,3 km – 43" Sortie de ville

PARTHENAY — 46°38'23.4"N 0°13'10.4"W
3,7 km – 48" ↔ Zone d'activité

PARTHENAY — 46°38'26.5"N 0°13'08.1"W
3,7 km – 48" ↔ Hors ville

SAINT-MAIXENT-L'ÉCOLE — 46°24'29.7"N 0°13'19.3"W
1,6 km – 22"

THOUARS — 46°58'23.5"N 0°10'28.3"W
3,6 km – 46" Limites communales

ABBEVILLE — 50°05’42.8”N 1°49’17.5”E
2,4 km – 30”

ALBERT — 49°59’50.1”N 2°40’04.9”E
1,8 km – 23” ↔ Hors ville Déchèterie

ALBERT — 49°59’46.7”N 2°40’05.9”E
1,8 km – 23” ↔ Hors ville Déchèterie

AMIENS — 49°54’21.1”N 2°14’44.6”E
4,2 km – 55” ↔ Hors ville

AMIENS — 49°55’34.2”N 2°17’33.1”E
4,9 km – 1h03 ↔ Zone d’activité

BOVES — 49°51’32.4”N 2°23’01.4”E
2,2 km – 28” ↔ Hors ville
Autoroute, station d’épuration

CORBIE — 49°55’32.1”N 2°30’58.8”E
3 km – 38” ↔ Hors ville Train

HAM — 49°44’40.1”N 3°04’51.4”E
1,1 km – 14” Site seuil bas

80

LONGUEAU — 49°51'55.6"N 2°20'50.3"E
1,3 km – 16" Limites communales Train

MONTDIDIER — 49°38'59.2"N 2°33'13.1"E
1,8 km – 21" Train

PÉRONNE — 49°56'34.3"N 2°57'08.8"E
1,6 km – 21" ↔ Hors ville

PÉRONNE — 49°56'36.1"N 2°57'10.1"E
1,6 km – 21" ↔ Hors ville Déchèterie

ROYE — 49°42'41.0"N 2°46'36.2"E
2,3 km – 30" Autoroute

7 3,6 km – 45" ↔ 57 %
42 % 28 % 0 %

ALBI — 43°55'39.7"N 2°10'39.6"E
3,1 km – 40" Zone d'activité

AUSSILLON — 43°30'44.8"N 2°22'05.8"E
2,3 km – 27" ↔ Zone industrielle
Déchèteries, usines chimiques

CASTRES — 43°34'34.7"N 2°14'18.8"E
3,6 km – 48" ↔ Hors ville

GAILLAC — 43°54'09.1"N 1°52'10.5"E
2,7 km – 34" Zone d'activité

GRAULHET — 43°46'16.9"N 1°58'50.9"E
1,9 km – 24" ↔ Zone industrielle

LAVAUR — 43°43'56.3"N 1°45'24.2"E
7,1 km – 1h27 Zone industrielle Silo agricole, train

SAINT-SULPICE-LA-POINTE — 43°45'12.0"N 1°39'48.0"E
4,6 km – 57" ↔ Hors ville Autoroute

82 tarn-et-garonne

7 — 3,6 km – 44” — 57 %
29 % — 43 % — 0 %

CASTELSARRASIN — 44°02’04.8”N 1°11’13.1”E
6,9 km – 1h24 — Zone d’activité

CASTELSARRASIN — 44°01’52.1”N 1°05’41.3”E
1,6 km – 20” — Sortie de ville

CAUSSADE — 44°09’00.4”N 1°31’13.2”E
2,4 km – 30” — Hors ville

MOISSAC — 44°05’48.5”N 1°03’24.7”E
2,7 km – 33” — Hors ville — Train

MONTAUBAN — 44°02’43.7”N 1°24’27.2”E
6,4 km – 1h22

MONTAUBAN — 43°59’31.3”N 1°20’44.2”E
3,5 km – 44” — Hors ville — Autoroute

POMMEVIC — 44°05’47.7”N 0°55’21.1”E
1,5 km – 18” — Hors ville

10 — 3,77 km – 46" — 90 %
70 % — 10 % — 10 %

BRIGNOLES — 43°22'59.7"N 6°02'49.5"E
3,4 km – 44" — Hors ville — Carrière

COGOLIN — 43°15'44.2"N 6°33'57.8"E
3,8 km – 45" — Hors ville

LA CRAU — 43°07'31.7"N 6°05'06.0"E
4,2 km – 53" — Derrière autoroute
Autoroute, exploitations agricoles, terrain innodable, zone znieff

LA FARLÈDE — 43°09'41.5"N 6°02'25.5"E
0,8 km – 11"

FRÉJUS — 43°25'22.9"N 6°42'43.9"E
3,2 km – 40" — Zone industrielle
Déchèterie, industries

LA GARDE — 43°09'05.7"N 6°02'05.9"E
6,2 km – 1h03 — Zone industrielle
Autoroute

LE-LUC-EN-PROVENCE — 43°23'47.8"N 6°16'12.7"E
4,3 km – 58" — Zone résidentielle

PUGET-SUR-ARGENS — 43°26'47.6"N 6°41'11.5"E
1,5 km – 17" — Hors du tissu urbain
Site seuil haut

83

SIX-FOURS — 43°07'08.7"N 5°50'16.2"E

4,5 km – 57" ↔ Zone industrielle

Autoroute, train

VIDAUBAN — 43°24'11.2"N 6°23'18.3"E

5,8 km – 1h14 ↔ Hors ville Autoroute, train

84 vaucluse

12 2,3 km – 28” 75 %
83 % 8 % 8 %

AVIGNON — 43°56’22.4”N 4°47’24.8”E

2,2 km – 27” Zone industrielle
Déchèterie, station d’épuration, train

BOLLÈNE — 44°18’35.1”N 4°43’57.1”E

5,2 km – 1h04 Zone industrielle
Déchèterie, centrale électrique, centrale nucléaire

CARPENTRAS — 44°03’23.9”N 5°01’49.7”E

2,4 km – 29” 4 voies

CAVAILLON — 43°50’16.6”N 5°01’05.7”E

2,2 km – 27” Zone d’activité

ENTRAIGUES-SUR-LA-SORGUE — 43°59’13.5”N 4°55’54.5”E

3,3 km – 40” Zone industrielle
Site seuil bas

L’ISLE-SUR-LA-SORGUE — 43°54’46.4”N 5°02’51.4”E

0,8 km – 11”

MORIÈRES-LÈS-AVIGNON — 43°56’58.4”N 4°54’42.8”E

1,2 km – 16” Hors ville Autoroute

ORANGE — 44°07’37.0”N 4°47’44.7”E

1,7 km – 21” Autoroute, station d’épuration

84

SORGUES — 44°01’26.5”N 4°52’57.0”E

2,3 km – 28” ↔ Zone industrielle Déchèterie

LE THOR — 43°55’24.0”N 4°58’21.6”E

1,9 km – 24” ↔ Hors ville

Déchèterie, station d’épuration, train

VAISON-LA-ROMAINE — 44°14’07.0”N 5°03’19.0”E

2,2 km – 28” ↔ Hors ville Déchèterie, carrière

VEDÈNE — 43°58’00.9”N 4°53’31.9”E

1,8 km – 23” ↔ Zone industrielle

Carrière, déchèterie

29 3,1 km – 40" ↔ 72 %
38 % 14 % 0 %

AIZENAY — 46°45'16.1"N 1°38'03.1"W
4,4 km – 54" ↔ Zone industrielle

BOUFFÉRÉ — 46°58'29.8"N 1°21'07.5"W
2,1 km – 26" ↔ Hors ville Déchèterie

BRÉTIGNOLLES-SUR-MER — 46°38'25.7"N 1°50'30.0"W
2,2 km – 29" ↔ Hors ville

CHALLANS — 46°51'17.6"N 1°49'50.0"W
4,2 km – 55" ↔ Hors ville

CHANTONNAY — 46°41'47.4"N 1°03'50.9"W
1,9 km – 24" ↔ Hors ville

FONTENAY-LE-COMTE — 46°26'44.0"N 0°47'13.1"W
3,3 km – 41" ↔ Hors ville
Déchèterie, Aérodrome

FONTENAY-LE-COMTE — 46°26'56.5"N 0°47'35.4"W
2,8 km – 35" ↔ Zone industrielle Déchèterie

LES HERBIERS — 46°52'06.0"N 0°58'30.8"W
2,9 km – 38" Sortie de ville

85

LES HERBIERS — 46°52'01.1"N 0°58'41.4"W
2,9 km – 38" Sortie de ville

ÎLE DE NOIRMOUTIER — 47°00'17.3"N 2°15'22.0"W
1,2 km – 16"

LUÇON — 46°28'16.0"N 1°09'23.1"W
2,6 km – 33" ↔ Hors ville

MORTAGNE-SUR-SÈVRE — 46°58'47.0"N 0°55'37.2"W
2,7 km – 35" ↔ Zone industrielle

LA MOTHE-ACHARD — 46°36'34.7"N 1°38'50.3"W
1,6 km – 20" ↔ Zone industrielle

MOUILLERON-LE-CAPTIF — 46°41'36.8"N 1°28'05.1"W
4 km – 49" ↔ Hors ville

OLONNE-SUR-MER — 46°32'01.0"N 1°47'02.9"W
1,9 km – 24"

LE POIRÉ-SUR-VIE — 46°44'49.7"N 1°26'46.0"W
6 km – 1h16 ↔ Zone industrielle

POUZAUGES — 46°45'56.8"N 0°51'28.2"W
2,7 km – 32" ↔ Hors ville

LA ROCHE-SUR-YON — 46°42'10.3"N 1°25'06.2"W
4,3 km – 54" ↔ Limites communales Δ Déchèterie

LA ROCHE-SUR-YON — 46°38'38.3"N 1°23'29.2"W
4 km – 50" ↔ Hors ville Δ Autoroute

LES SABLES-D'OLONNE — 46°29'18.0"N 1°43'27.8"W
5,2 km – 1h09 ↔ Zone d'activité
Δ Station d'épuration

LES SABLES-D'OLONNE — 46°30'47.1"N 1°44'09.5"W
4,6 km – 59" Δ 4 voies

LES SABLES-D'OLONNE — 46°30'36.5"N 1°48'36.8"W
3,4 km – 43" ↔ Hors ville

SAINT-FLORENT-DES-BOIS — 46°35'10.5"N 1°18'12.0"W
1,4 km – 17" Sortie de ville

SAINT GILLES-CROIX-DE-VIE
— 46°42'10.1"N 1°56'16.0"W
1,3 km – 18" ↔ Hors ville Δ Station d'épuration

SAINT-HILAIRE-DE-RIEZ — 46°42'22.9"N 1°56'29.0"W
1,9 km – 23" ↔ Zone industrielle
Δ Station d'épuration

85

SAINT-HILAIRE-DE-RIEZ — 46°46’11.3”N 2°02’03.8”W
9,9 km – 2h03

SAINT-JEAN-DE-MONTS — 46°48’05.1”N 2°04’10.1”W
1,6 km – 20”

TALMONT-SAINT-HILAIRE — 46°27’29.3”N 1°35’44.9”W
3 km – 37” ↔ Zone d’activité
Station d’épuration

TALMONT-SAINT-HILAIRE — 46°27’33.5”N 1°35’38.5”W
2,9 km – 37” ↔ Hors ville Station d’épuration

CHÂTELLERAULT — 46°50’08.1”N 0°31’50.8”E
3,2 km – 40” ↔ Zone d’activité

CHAUVIGNY — 46°32’22.2”N 0°40’32.3”E
4,6 km – 1h ↔ Hors ville

CIVRAY — 46°08’05.7”N 0°18’25.5”E
2 km – 27” ↔ Hors ville

FONTAINE-LE-COMTE — 46°30’55.0”N 0°14’38.3”E
3,2 km – 42” ↔ Hors ville △ Train

▶ **FONTAINE-LE-COMTE** — 46°30’52.6”N 0°14’34.0”E
3,2 km – 42” ↔ Hors ville △ Train

JAUNAY-CLAN — 46°41’43.7”N 0°21’59.5”E
1,6 km – 21” ↔ Hors ville △ Autoroute, train

LENCLOÎTRE — 46°47’59.9”N 0°20’18.9”E
2 km – 24” ↔ Hors ville

LOUDUN — 47°00’40.2”N 0°03’59.9”E
1,6 km – 19”

LUSSAC-LES-CHÂTEAUX — 46°24’08.3”N 0°44’17.9”E
1,3 km – 16” Sortie de ville

86

MIREBEAU — 46°47’27.2”N 0°09’53.6”E
1,6 km – 18” ↔ Limites communales, zone industrielle

MONTMORILLON — 46°25’33.5”N 0°51’12.4”E
1,4 km – 19” Sortie de ville

NAINTRÉ — 46°44’36.9”N 0°28’41.1”E
2,6 km – 32” ↔ Hors ville △ Train

POITIERS — 46°37’03.8”N 0°19’52.1”E
4,8 km – 1h01 ↔ Hors ville △ 4 voies, train

POITIERS-BEAULIEU — 46°34’32.5”N 0°23’33.1”E
4,8 km – 1h

POITIERS-C.H.U. — 46°33’33.3”N 0°22’53.1”E
4,6 km – 58”

PRESSAC — 46°06’58.0”N 0°35’10.1”E
1,6 km – 20” ↔ Hors ville

LA ROCHE-POSAY — 46°45’24.1”N 0°50’31.3”E
4,3 km – 52” ↔ Hors ville

SAINT-BENOÎT — 46°31’54.5”N 0°23’52.7”E
7,1 km – 1h31 ↔ Hors ville

SAINT-GENEST-D'AMBIÈRE — 46°49'51.3"N 0°21'41.1"E

1,8 km – 21" Hors ville

SCORBÉ-CLAIRVAUX — 46°48'13.7"N 0°25'13.3"E

1,6 km – 19" Hors ville Station d'épuration

87 haute-vienne

11 — 3,01 km – 40" — ↔ 27 %
36 % — 55 % — 0 %

AIXE-SUR-VIENNE — 45°47'03.0"N 1°07'10.3"E
2,3 km – 31"

BELLAC — 46°07'42.3"N 1°04'07.5"E
2,5 km – 32"

COUZEIX — 45°52'07.9"N 1°15'31.9"E
2,2 km – 26" — Zone d'activité

FEYTIAT — 45°48'30.5"N 1°18'14.8"E
3 km – 36"

FEYTIAT — 45°49'45.8"N 1°19'48.9"E
3,6 km – 44" — Sortie de ville — Déchèterie

ISLE — 45°47'20.3"N 1°12'21.3"E
2,9 km – 36"

LIMOGES — 45°49'21.5"N 1°12'44.9"E
4,1 km – 52"

LE-PALAIS-SUR-VIENNE — 45°52'55.3"N 1°19'48.2"E
2,2 km – 30" — Train

PANAZOL — 45°51'25.8"N 1°19'21.6"E
3,2 km – 39" — ↔ Hors ville — Train

SAINT-JUNIEN — 45°53'56.5"N 0°55'57.7"E

3,4 km - 46" ↔ Zone industrielle Δ Déchèterie

SAINT-YRIEIX-LA-PERCHE — 45°33'03.7"N 1°11'53.0"E

5,1 km - 1h06 ↔ Zone d'activité

11 — 2,47 km – 32" — 73 %
82 % — 18 % — 9 %

CAPAVENIR - THAON-LES-VOSGES — 48°15'19.8"N 6°25'14.1"E
0,7 km – 10"

ÉPINAL-RAZIMONT — 48°10'45.3"N 6°29'28.5"E
3,3 km – 47" — Zone boisée — Déchèterie

GÉRARDMER — 48°05'10.0"N 6°53'31.7"E
2,2 km – 27" — Sortie de ville — Déchèterie

GOLBEY — 48°12'48.7"N 6°25'51.9"E
2,6 km – 33" — Zone industrielle
Train — Site seuil bas

MIRECOURT — 48°18'11.7"N 6°08'51.5"E
1,3 km – 17" — Sortie de ville
4 voies, installations haute tension

NEUFCHÂTEAU — 48°22'48.3"N 5°42'56.7"E
3,5 km – 46" — Zone boisée — 4 voies

RAMBERVILLIERS — 48°20'14.0"N 6°37'59.5"E
1,2 km – 15"

RAON-L'ÉTAPE — 48°24'10.2"N 6°51'35.2"E
1,5 km – 20" — Hors ville — Carrière

SAINT-DIÉ-DES-VOSGES — 48°18'49.9"N 6°55'46.5"E

4,6 km - 1h ↔ Hors ville

Δ Centre de stockage d'ordures ménagères

SAINT-NABORD — 48°04'15.5"N 6°36'28.1"E

3,9 km - 48" ↔ Zone industrielle

Δ Silos, transformateur électique, usine Béton

VITTEL — 48°11'09.5"N 5°56'58.7"E

2,4 km - 32" ↔ Hors ville

Δ 4 voies, installations haute tension

89 yonne

8 · 2,5 km – 32" · ↔ 88 %
25 % · 0 % · 0 %

AUXERRE — 47°47'25.4"N 3°32'13.0"E
3,1 km – 41" · Déchèterie

AVALLON — 47°29'55.8"N 3°53'31.8"E
2 km – 25" · ↔ Zone d'activité

AVALLON — 47°30'03.7"N 3°53'23.4"E
2 km – 25" · ↔ Zone d'activité

JOIGNY — 47°57'51.4"N 3°23'09.8"E
3,2 km – 42" · ↔ Hors ville

MIGENNES — 47°58'22.5"N 3°32'38.2"E
1,9 km – 23" · ↔ Zone d'activité · Train

SENS — 48°12'42.4"N 3°18'31.0"E
2 km – 25" · ↔ Hors ville

SENS — 48°10'26.2"N 3°16'30.7"E
3,4 km – 42" · ↔ Hors ville

TONNERRE — 47°50'50.4"N 3°59'06.6"E
1,7 km – 21" · ↔ Hors ville

90 territoire de belfort

7 1,5 km – 20” ↔ 14 %
29 % 71 % 0 %

BAVILLIERS — 47°36’47.8”N 6°50’25.6”E
1,4 km – 18” ↔ Zone d’activité
Station d’épuration, train

BEAUCOURT — 47°29’47.3”N 6°55’58.1”E
1,3 km – 17”

BELFORT — 47°38’47.7”N 6°52’41.3”E
1,6 km – 22”

DELLE — 47°30’13.7”N 7°00’48.1”E
1,6 km – 20” Train

FONTAINE — 47°39'13.6'N 7°00'15.8'E
2,1 km – 27”

GRANDVILLARS — 47°32’41.0”N 6°57’57.8”E
1,3 km – 17”

VALDOIE — 47°40’24.2”N 6°50’46.6”E
1,3 km – 17”

91 essonne

24 — 2 km – 25" — ↔ 63 %
46 % — 25 % — 0 %

BALLANCOURT-SUR-ESSONNE — 48°32'24.1"N 2°23'04.7"E
2,6 km – 32" ↔ Zone d'activité

BREUILLET — 48°34'47.1"N 2°10'32.3"E
1,8 km – 24"

CHILLY-MAZARIN — 48°42'38.7"N 2°19'26.6"E
2,5 km – 31"

DOURDAN — 48°31'05.2"N 2°01'03.3"E
1,5 km – 19" ↔ Zone d'activité

ÉGLY — 48°34'52.2"N 2°12'49.8"E
0,9 km – 10" Train

ÉTAMPES — 48°26'35.9"N 2°08'11.3"E
2,5 km – 34" ↔ Zone d'activité

GRIGNY — 48°39'48.1"N 2°23'31.0"E
1,2 km – 14"

ITTEVILLE — 48°29'53.2"N 2°21'01.5"E
2,6 km – 33" ↔ Zone d'activité

LARDY — 48°31’42.5”N 2°16’04.1”E
1,2 km – 17” ↔ Hors ville Δ Train

LIMOURS — 48°38’59.9”N 2°04’57.4”E
0,8 km – 12” ↔ Hors ville

LISSES — 48°34’59.6”N 2°25’31.5”E
1,8 km – 23” ↔ Hors ville

LISSES — 48°35’56.9”N 2°26’28.9”E
1,8 km – 23” ↔ Zone d’activité Δ Autoroute

MARCOUSSIS — 48°39’38.6”N 2°12’29.9”E
2,9 km – 37”

MASSY — 48°43’02.9”N 2°16’24.2”E
1,8 km – 24” ↔ Zone industrielle
Δ Usine d’incinération

MASSY — 48°43’03.3”N 2°16’20.8”E
1,8 km – 24” ↔ Zone industrielle
Δ Usine d’incinération

MENNECY — 48°33’58.8”N 2°27’09.0”E
1,6 km – 20” ↔ Zone d’activité

91

MONTGERON — 48°41’25.2”N 2°27’11.8”E

2,7 km – 34” Hors ville

4 voies

MORANGIS — 48°42’36.0”N 2°19’54.6”E

1,3 km – 16” Déchèterie

SAINT-PIERRE-DU-PERRAY — 48°37’48.3”N 2°30’59.8”E

2,2 km – 27” Zone d’activité 4 voies

SAULX-LES-CHARTREUX — 48°41’07.7”N 2°15’07.5”E

1,2 km – 16”

LES ULIS — 48°40’22.7”N 2°11’59.2”E

5,5 km – 1h10 Hors ville Autoroute

VERRIÈRES-LE-BUISSON — 48°44’49.8”N 2°16’49.2”E

2 km – 24” Zone d’activité Train

VILLEBON-SUR-YVETTE — 48°42’05.7”N 2°14’56.6”E

2 km – 26” Autoroute

LA VILLE-DU-BOIS — 48°40’05.7”N 2°16’17.6”E

1,4 km – 17”

2 — 2,5 km – 32” — 50 %
100 % — 0 % — 0 %

COLOMBES — 48°54’58.9”N 2°13’21.8”E
2,7 km – 35” — Autoroute

NANTERRE — 48°54’22.3”N 2°12’34.0”E
2,4 km – 30” — Zone d’activité — Autoroute

93 seine-saint-denis

9 2 km – 25” ↔ 56 %
78 % 0 % 22 %

AUBERVILLIERS — 48°55’24.2”N 2°22’29.3”E
1,6 km – 20” ↔ Zone industrielle Train

AULNAY-SOUS-BOIS — 48°57’47.8”N 2°28’12.6”E
3,3 km – 44” ↔ Limites communales
Décharge, autoroute

LE BLANC-MESNIL — 48°56’29.0”N 2°28’39.9”E
1,3 km – 16” Autoroute

LA COURNEUVE — 48°56’01.1”N 2°24’08.0”E
1,3 km – 17”

DRANCY — 48°55’47.9”N 2°26’51.2”E
1,2 km – 15” Train

GAGNY — 48°53’02.2”N 2°33’07.2”E
1,6 km – 23”

NEUILLY-PLAISANCE — 48°51’58.7”N 2°30’57.3”E
1,2 km – 16” ↔ Zone industrielle Déchèterie

ROSNY-SOUS-BOIS — 48°52’52.2”N 2°28’04.1”E
2,3 km – 29” ↔ Zone d'activité

93

TREMBLAY-EN-FRANCE — 48°59'19.2"N 2°33'21.1"E

5,6 km – 1h10 ↔ Zone industrielle

Δ Aéroport, crématorium, installations haute tension

94 val-de-marne

3 — 2,3 km – 29" — ↔ 66 %
66 % — 0 % — 0 %

CRÉTEIL — 48°46'44.9"N 2°26'32.8"E
1,8 km – 23" — ↔ Zone d'activité — Autoroute

VILLENEUVE-ST-GEORGES — 48°43'40.8"N 2°28'20.6"E
2,5 km – 33" — ↔ Zone d'activité, limites communales

VITRY-SUR-SEINE — 48°46'29.9"N 2°24'22.8"E
2,5 km – 31" — Autoroute, train

24 1,9 km – 24" ↔ 58 %
58 % 29 % 0 %

BEAUMONT-SUR-OISE — 49°08'51.8"N 2°18'09.0"E
1,6 km – 20"

BESSANCOURT — 49°01'57.2"N 2°12'05.1"E
1,4 km – 17" ↔ Hors ville Autoroute

BEZONS — 48°54'45.0"N 2°11'59.3"E
2,4 km – 30" ↔ Zone industrielle
Déchèterie, train

CERGY — 49°03'04.0"N 2°03'54.9"E
2,5 km – 31" ↔ Zone d'activité
4 voies, déchèterie, centrale électrique

CORMEILLES-EN-PARISIS — 48°57'22.2"N 2°11'00.7"E
2,7 km – 32"

DOMONT — 49°02'35.3"N 2°19'28.5"E
2,3 km – 28" ↔ Limites communales Train

EAUBONNE — 49°00'05.7"N 2°16'44.4"E
1,4 km – 19"

ERMONT — 48°59'34.7"N 2°14'47.2"E
1,1 km – 15" Limites communales Autoroute

FRANCONVILLE — 48°58'39.6"N 2°13'47.9"E
1,4 km – 19" ↔ Hors ville Autoroute

L'ISLE-ADAM — 49°07'43.0"N 2°14'24.6"E
2,5 km – 31" ↔ Zone d'activité

JOUY-LE-MOUTIER — 49°00'51.7"N 2°01'25.0"E
2,3 km – 31"

LOUVRES — 49°01'48.7"N 2°30'12.3"E
2,5 km – 30" ↔ Hors ville, limites communales
4 voies

MONTIGNY-LÈS-CORMEILLES — 48°59'45.2"N 2°11'07.6"E
1,7 km – 21" ↔ Zone d'activité Autoroute

MONTMAGNY — 48°58'41.7"N 2°21'14.7"E
1,1 km – 14"

OSNY — 49°04'26.5"N 2°05'13.1"E
2,5 km – 33" ↔ Hors ville

PARMAIN — 49°06'41.7"N 2°11'56.3"E
1,1 km – 17" ↔ Hors ville

PERSAN — 49°09’10.1”N 2°17’18.5”E
2 km – 25” ↔ Zone d’activité Train

PIERRELAYE — 49°00’59.9”N 2°10’18.7”E
1,3 km – 16” ↔ Zone d’activité Train

PONTOISE — 49°02’15.6”N 2°05’33.6”E
2,1 km – 27” ↔ Hors ville Autoroute

SAINT-BRICE-SOUS-FORÊT — 49°00’47.7”N 2°21’10.9”E
2,7 km – 35” 4 voies

SAINT-LEU-LA-FORÊT — 49°00’18.8”N 2°14’59.6”E
0,6 km – 7”

SAINT-OUEN-L’AUMÔNE — 49°02’08.2”N 2°06’04.4”E
1,2 km – 15” Autoroute

SANNOIS — 48°58’19.0”N 2°14’12.5”E
2 km – 30”

TAVERNY — 49°01’36.7”N 2°12’11.1”E
2,3 km – 29” ↔ Zone d’activité Autoroute

REMBLAY–EN–FRANCE
8°59'19.2"N 2°33'21.1"E

MANOSQU
43°47’34.0”N 5°48’37.5”

ALLAURIS – MOUGIN
3°35'39.8"N 7°02'47.8"E

CALV
42°32'22.4"N 8°47'51.3"